運動科学総合研究所所長
高岡英夫

キレッキレ股《こ》関《かん》節《せつ》でパフォーマンスは上がる！

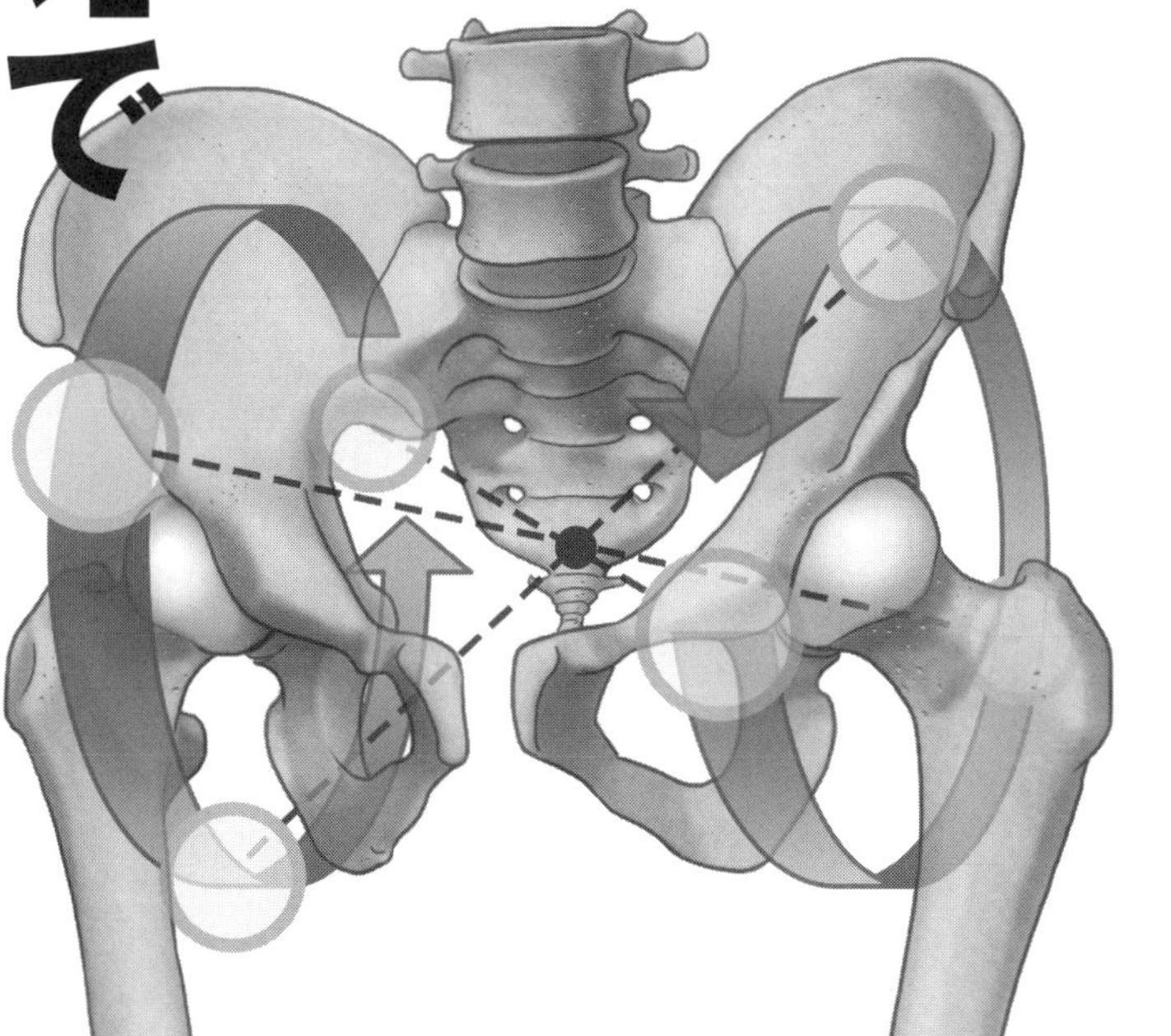

KANZEN

■全身筋肉図（前面）

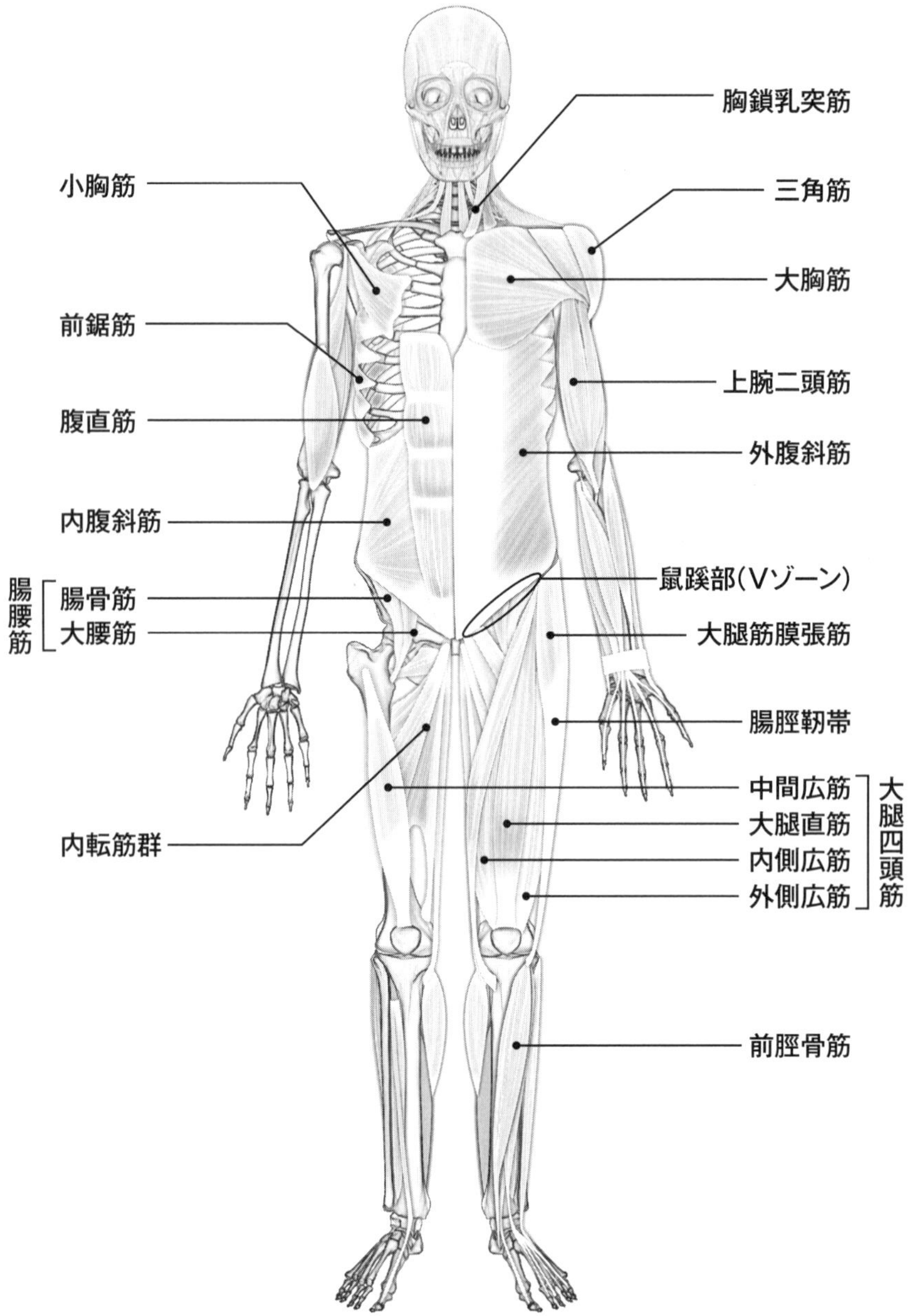

胸鎖乳突筋
小胸筋
三角筋
大胸筋
前鋸筋
上腕二頭筋
腹直筋
外腹斜筋
内腹斜筋
鼠蹊部(Vゾーン)
腸腰筋
腸骨筋
大腰筋
大腿筋膜張筋
腸脛靭帯
中間広筋
大腿直筋
内側広筋
外側広筋
大腿四頭筋
内転筋群
前脛骨筋

■全身筋肉図（背面）

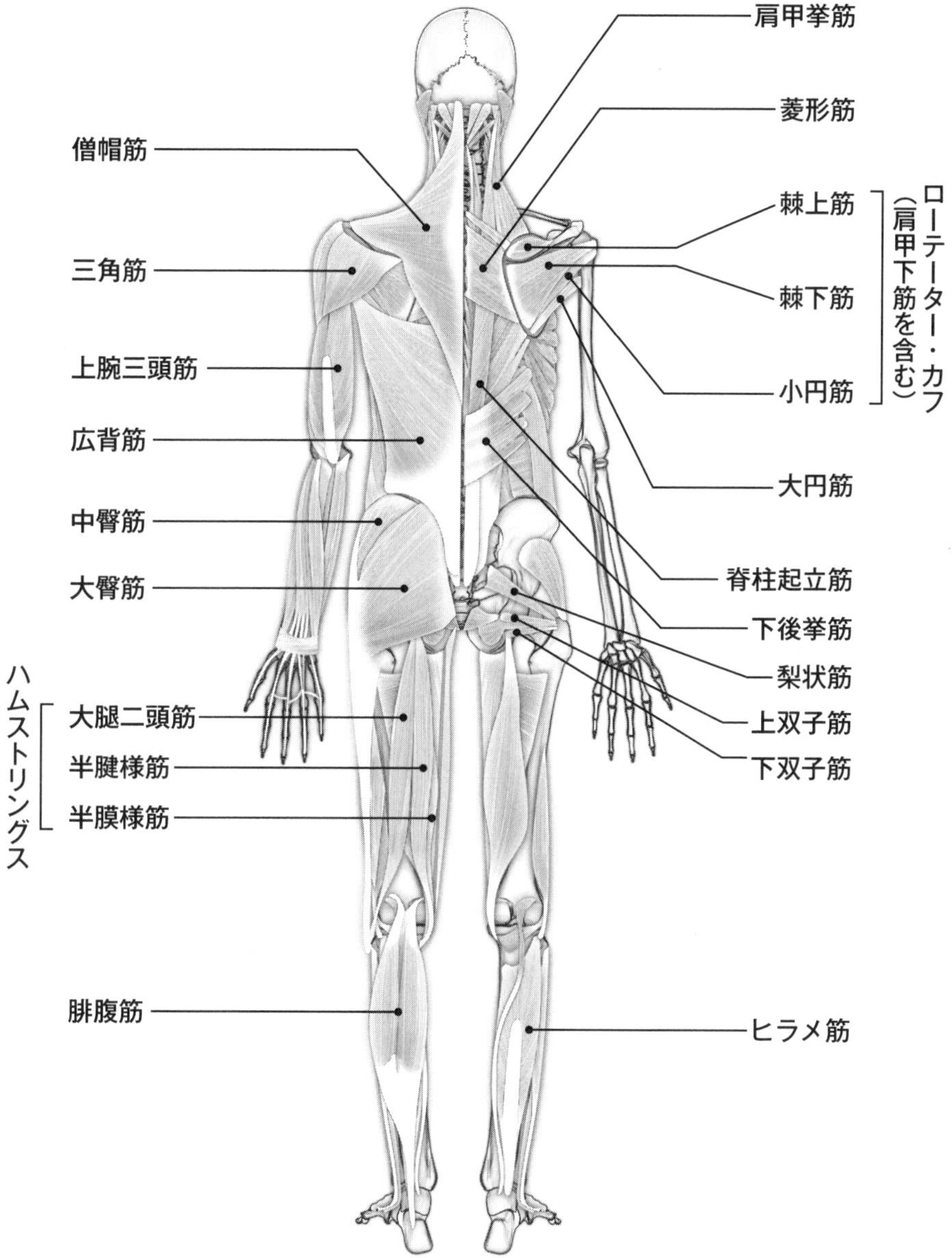
肩甲挙筋
菱形筋
僧帽筋
棘上筋
ローテーター・カフ
（肩甲下筋を含む）
三角筋
棘下筋
上腕三頭筋
小円筋
広背筋
大円筋
中臀筋
脊柱起立筋
大臀筋
下後挙筋
梨状筋
ハムストリングス
大腿二頭筋
上双子筋
半腱様筋
下双子筋
半膜様筋
腓腹筋
ヒラメ筋

■全身骨格図（前面）

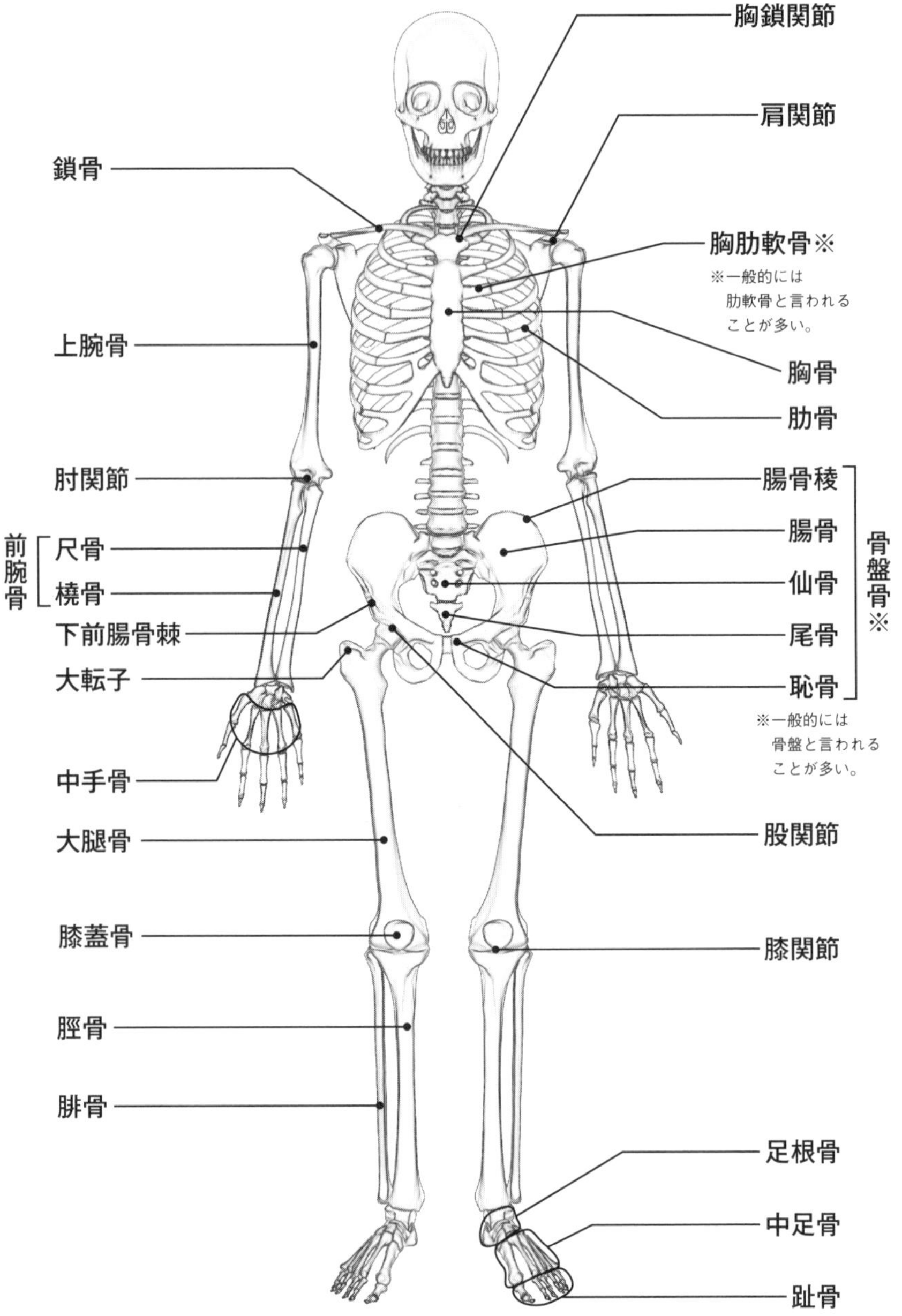

胸鎖関節
肩関節
鎖骨
胸肋軟骨※
※一般的には
肋軟骨と言われる
ことが多い。
上腕骨
胸骨
肋骨
肘関節
腸骨稜
腸骨
前腕骨
尺骨
橈骨
仙骨
骨盤骨※
下前腸骨棘
尾骨
大転子
恥骨
※一般的には
骨盤と言われる
ことが多い。
中手骨
股関節
大腿骨
膝蓋骨
膝関節
脛骨
腓骨
足根骨
中足骨
趾骨

■全身骨格図（背面）

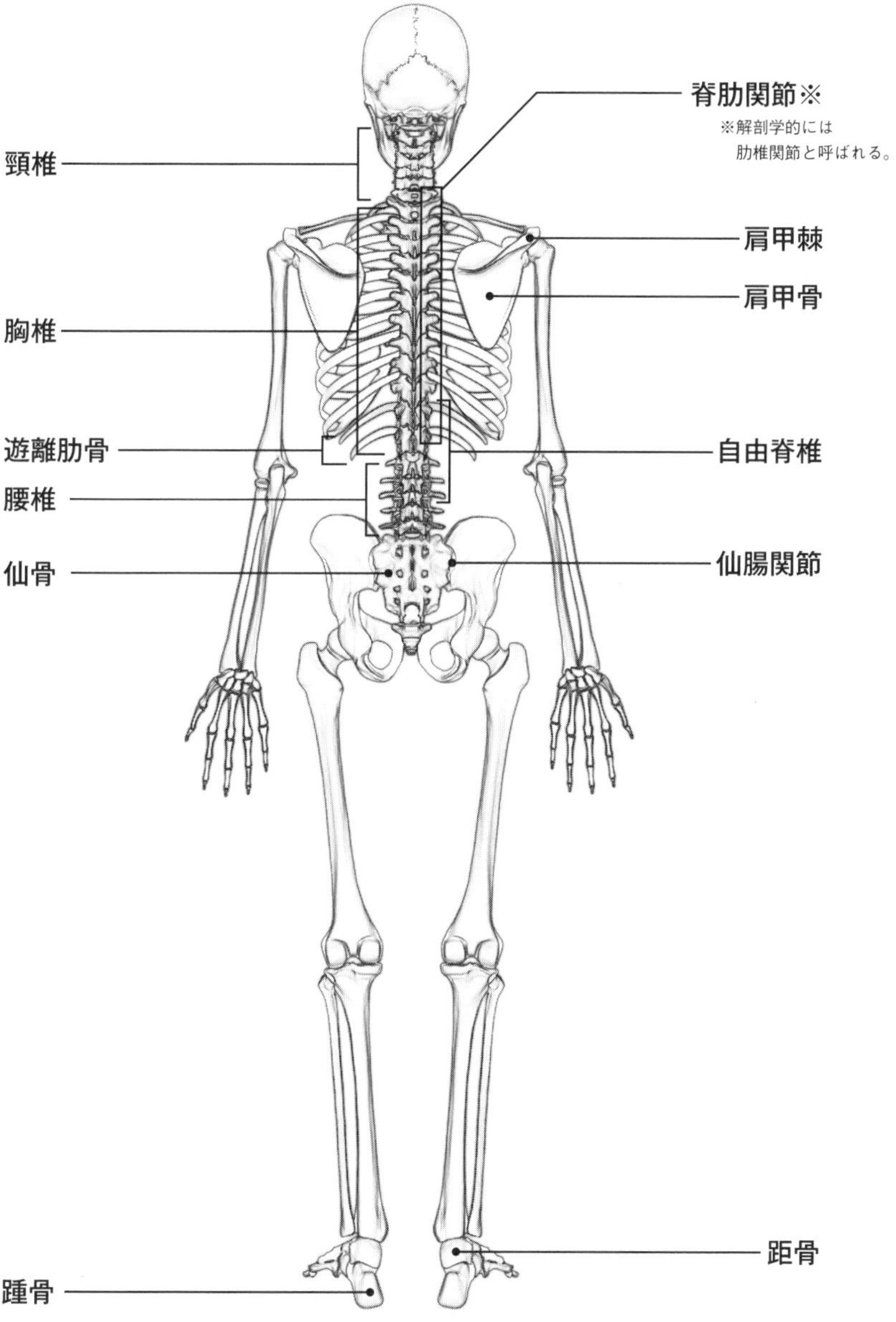

目次

第4章
〝転腸連動〟が最強帝国を作る
——キレッキレの転子は腸骨を巨大な軍事力に変える

序章

なぜキレッキレ股関節がスポーツパフォーマンスに革命を起こすのか

すべては「股関節」にアリ

かつては〝ドサドサ〟走っていたJリーガーたち

股関節がなぜ、あらゆる種目のスポーツパフォーマンスに革命を起こすほど重要なのかということを、身近なスポーツアスリートのシーンを通して、まずは語っておきましょう。

多くの種目の中からサッカーを例にとってみると、日本のJリーガーたちもここ数年、明らかにその印象が変わってきています。

２００６年のドイツW杯や、それ以前のJリーグの選手たち、日本代表の選手たちの印象を思い出してみてください。

彼らは、〝モッコリ〟という表現がふさわしいほど太く、たくましい太ももの持ち主ばかりでした。そして大地をドサドサと踏みしめながら走るという印象が残っています。

それに対し、最近の若いJリーガー、とくに日本代表に選ばれるような選手たちは、そうした印象がずいぶん変わってきているはずです。

最近の選手は、太もものあたりがスッキリとしてきて、大地をドサドサという感じがかなり減ってきているのが見て取れます。ドサドサというより、ササッと走っているような感じに変わってきたことが、サッカーファンならよくわかるのではないでしょうか。

私もこれまでに、サッカー関係のトレーニング本・啓発本を4冊発表してきましたが、この4冊の中で、この印象について徹底的に語ってきました。

太ももの前側の筋肉が発達してしまう状態、いわゆる「前ももモッコリ」。一方、太ももの裏側の筋肉が発達している状態「前ももスッキリ」。このことについて、多くのページを割いて、丁寧な説明を積み重ねてきたわけです。

本書では、それらの現象のもととなる、最大の要因をテーマとして取り上げます。それが実は股関節なのです。

サッカーで言えば、クリスティアーノ・ロナウド。彼は普段からパフォーマンスが高いからこそ、バロンドール（※ヨーロッパサッカーの年間最優秀選手）を5度も受賞しているわけですが、そんなロナウドは絶好調のとき、人間とは思えないような活躍ぶりを見せてくれます。

そうしたときのロナウドの動きを、情景として、シーンとして思い出してみてください。

絶好調のロナウドは、非常にスッキリと立って、重心が高く、まさにサッサッサッサッ、スッスッスッスッといった誰にも真似できないような動きをしています。

ディフェンスが何人つこうとも、サッサッサッサ、スッスッスッスといなし、体勢も崩れることなく、どんな際どい状況でもバランスよく、そして見事なシュートを放っていきます。

そのときのシュートの印象は、「ドサッ」とか「バコーン」というシュートではなく、「スパッ」あるいは「スッ」としか言いようがないような、切れ味のいいシュートになっています。

この〝切れ味がいい〟ものと言えば、日本刀であったり、身近なものならカミソリのような鋭利な刃物を思い浮かべるはずです。

切れ味のいい動き＝キレッキレ股関節

本書はスポーツトレーニングの専門書であるにもかかわらず、「印象」「シーン」「雰囲気」の話をするのはなぜ？　と疑問に思うかもしれませんが、実はこの「印象」「シーン」「雰囲気」といったものの見方は、直感的ではありますが、非常に重要な意味を持っているからです。

なぜなら、ロナウドやメッシやイニエスタのような世界の一流プレーヤーの動きは体現できなかったとしても、前述の通り「印象」「シーン」「雰囲気」で、彼らのパフォーマンスを見て、感じる力は、誰にでも備わっているからです。

ここが非常に重要なところで、これは他のどんな種目でも同じことが言えます。

彼らの切れ味のいいシュートや、サッサッサッサッ、スッスッスッという切れ味のいい動きを体現するためには、実は股関節の切れ味がよくなることが欠かせないのです。

大事なことなので、ズバリ結論からお話ししてしまいましょう。

通常のスポーツ選手たち、ほとんどすべてのスポーツ選手の股関節は、ドタドタ、ドサドサとガッチリと固まって動きづらい状態になってしまっているのです。

一方で、クリスティアーノ・ロナウドなど、ほんの一握りの世界のトップアスリートが絶好調のときだけは、まさにカミソリのような切れ味のいい股関節に仕上がっています。

これを『キレッキレ股関節』と呼ぶわけです。

この『キレッキレ股関節』がスポーツパフォーマンスにおいてどんな働きをするのか、科学的な観点を多彩に使って分析し、読者の皆さんに「なるほど」と興味深く納得していただきながら、自分が『キレッキレ股関節』になるための画期的なトレーニングの方法を順次お届けしていくのが、本書の役割です。

股関節の開発は1万メートルの登山と同じ

本書では、その具体的なトレーニング方法を惜しまず紹介していくわけですが、実は股関節をキレッキレに変えるためのスタートは、そう難しいことではありません。

私が紹介していく方法に取り組んでいただければ、必ず股関節の切れ味は鋭くなります。とくに1番目のメソッド「股関節チェック法」の立位はかなり簡単な方法ですが、それを実践していただくだけで、多くの人がその変化を実感できるはずです。2番目に紹介する方法「斜めクロス」を行えばさらに変わりますし、3番目「横開脚法」の中の「片屈膝横開脚法」と進むにつれ、ますます股関節のキレッキレ開発は進んでいきます。

「それほど効果があるなら、3番目までのトレーニングを実践すれば、絶好調のクリスティアーノ・ロナウド並みのキレッキレ股関節になれるのでは?」と思う方もいるかもしれません。

期待してしまった方には悪いのですが、さすがにそうは問屋がおろしません。

「3つのトレーニングをやることで、どんどん股関節が開発されるという話だったのでは?」

という声も聞こえてきそうですが、それはまさにその通りで、ひとつも偽りはありません。3つの方法で十分に股関節の開発が進むことは約束いたします。うまく取り組んでいただければ、見違えるように変わることでしょう。

とはいえ、それだけでは絶好調のクリスティアーノ・ロナウドの股関節には届きません。なぜかと言うと、股関節を開発できる伸び代は、信じられないぐらい奥深いからです。

山の高さで考えてみましょう。たとえば、標高が1000メートルの山なら、300メートルと少しを登ることを3回繰り返せば登頂できます。

ところが1万メートルの山であれば、どうでしょう（※実際はエベレストでも8848メートル）。300メートルと少しずつ、3回に分けて登ったぐらいでは、頂上ははるか先です。

しかも山は登れば登るほど気温が下がり、風が吹き、雪や氷に閉ざされて、どんどん条件が厳しくなっていきます。

股関節もまったく同じで、その開発による伸び代はエベレストを超える1万メートル級の登山に匹敵すると思ってください。その股関節という山について、ロナウドなど世界トップの天才的アスリートは、相当な高さのところまで到達できていると言っていいでしょう。1万メートルの山でたとえれば、最も開発が進んでいるアスリートは、6000メートルぐらいのところまでたどり着いています。

股関節には専門的なトレーニングが必要

それに対し、日本の平均的なJリーガーはズバリ、1000メートルレベルでしかありません。つまり、股関節の開発度は、日本の低い山並みと一緒です。

「あまりにも厳しい評価では？」と思うかもしれませんが、Jリーガーや他のプロスポーツ選手も、スポーツをしているという理由で普通の人の範囲を超えて股関節が開発されているわけではなく、普通の範囲の股関節レベルのまま、一所懸命にそのスポーツに取り組んで、スキルや体力、戦術的な知識などを身につけるから、その種目がうまくなっただけなのです。

しかし股関節に関しては、専門的にトレーニングしたわけではないので、普通の人の中の優れた人とあまり変わりません。だから海抜で言えば日本の低い山並みのままなのです。

完全に普通の人、つまり国民全体の中の標準的な人は海抜ゼロメートルなので、それよりもっと股関節が使えない人はオランダの干拓地や東京の下町ではありませんが、海抜はマイナスになります。さらに使えない人は海抜マイナス100、200メートルといった具合になるわけです。

不幸にも怪我などで股関節が故障してしまった人の場合は、海抜マイナス3000メートル、5000メートルというレベルもあり得ます。股関節を痛めて歩けない人、痛くてたまらない状態で、通院が欠かせない人などは、海抜ゼロ以下のマイナスの世界にいるわけです。

本書の読者の多くは、股関節の開発度が海抜ゼロメートル以上500メートル未満の方でしょうが、スポーツはかなりできるはずです。

そしてもし、股関節開発の海抜が200～300メートルぐらいまで進んでいる人がいたとしたら、その人はチームや仲間の中でもセンスのいい人です。周囲からも「いい動きをするな」と一目置かれるような存在でしょう。

さらに、300〜500メートルぐらいまで開発が進んでいたとしたら、各都道府県レベルのスポーツ界では目立って注目が集まるような選手になります。

だとすれば、サッカーや野球の日本代表選手たちの股関節開発度の標高が気になってくるでしょうが、ざっくり言うと彼らは、海抜1000〜3000メートルぐらいのレベルにいます。

では「前ももモッコリ」時代の、かつての日本代表はどうだったかと言うと、その多くが海抜1000メートルレベルということになります。

さて先ほど、本書中の方法を行っていくことで、どんどん股関節が変わってくると言いましたが、では、その「どんどん」とは実際にどのくらいの変化のことなのか。

ひとつ目のトレーニングにある程度正しく取り組んでもらえれば、プラス100メートルへ変わります。さらに正しく行えばプラス200メートル、もっと正しく行えばプラス300メートルといった具合の進歩です。2つ目、3つ目の方法にしても同じことです。

優れたトレーニングに正しく打ち込むことで、股関節の切れ味は目に見えてよくなっていくわけですが、それでも海抜ゼロメートルの人が、いきなり6000メートル級のところでトレーニングできるわけではありません。海抜ゼロメートルからの人は例外なく、そこから100、200、300メートル……と登っていくのは当然のことです。そのために本書では、最適なトレーニングを順序よく紹介していくので、楽しみながら読み進めていってください。

なぜ股関節はそれほど深い開発ができるのか
――股関節の深度と重要性

「面白い」と思える感覚が〝開発〟を進める

さてここで、股関節はなぜスポーツパフォーマンスに革命を起こすほど重要で、しかも、なぜそれほど奥行きが深いのか、つまり開発に対しての伸び代が大きいのかを説明しておきましょう。

「優れたトレーニング方法を3つほど真剣に取り組めば、100パーセントとは言わないまでも、8割ぐらいは開発できてもいいのでは?」と思った方はいませんか?

そうした疑問に対し、科学的に答えていくことは大変重要な仕事です。

つまり読者の皆さんに、「なるほど。股関節とはこういうものだったのか。これはすごく面白い!!」ということを早くわかっていただきたいのです。なぜなら、「理解」と「面白さ」ということが、皆さんのトレーニング意欲を高めることに確実に役立つからです。

いままで私は多くのスポーツ選手、アスリートたちの指導を手掛けてきましたが、その経験からも、股関節の重要性を科学的に知ってもらったほうが、間違いなく5倍も10倍もトレーニングに熱が入ることがわかっています。しかも、トレーニングもスポーツも、ただ熱くなればいいというものではありません。熱いだけでなく、それ以上にクールである必要があります。常に物事を正しく眺めながら、見つめながら、自分のこともどこか一歩引いて客観的に見るような意識が必要です。

したがって、その熱さの中には熱心さだけではなく、正確に物事を見る力が不可欠で、その見方というのはまさに科学的な視点であり、それが備わっていないと本当にいいトレーニングは決してできないのです。

そのため、ここから語る科学的な話は、「それほど大事なことなんだ」といった気持ちで読み進んでいっていただければ幸いです。

題して、「なぜ股関節はそれほど深い開発ができるのか」です。

股関節の六大重要性①―すべての関節の中で最大最強

その理由ですが、まず股関節は人体のあらゆる関節の中でも、最も重要な関節と言えます。とくにスポーツに関しては、股関節の重要性は圧倒的です。

その重要性は少なく見積もっても6つあり、それを股関節の〝六大重要性〟と呼んでいます。六大重要性の1番目は、股関節が人体の関節の中で最大最強だという点です。スポーツアスリートなら、最大最強の関節と聞いただけでピンとくるものがあるはずです。

そもそもスポーツは身体を上手に使い、最大の威力を発揮して、最強になることを目指すものです。そうなると人体の関節に目が行き、その中でも股関節が最大最強であることに行きつくはずです。アスリートとは、直感的にこのことが理解できる人たちのはずですから。

これは一般的に考えても同じです。股関節に大きなダメージを受けた場合、歩けなくなってしまい、車椅子が必要になります。現代はこのように、車椅子という福祉用具があるのでまだよいのですが、それがなかった時代のことを想像してみてください。股関節に大きな障害を抱えてしまった人は、たちどころに生死に関わる不都合、不具合が生じてしまいます。股関節はそれだけ、身体にとって大事な関節なのです。

一方でもう少し専門的、科学的に考察してみると、我々は地球という重力体の上で生活しています。この地球上に存在するあらゆる物体には、地球の中心（＝重心）の方向に向かって、強烈な強さで引きつける力、万有引力、いわゆる重力が絶えず働き続けています。

ゆえに、スポーツを含むすべての運動において、最も多大に働いている力は何か。それは間違いなく重力（そしてすべての筋力を合算した総筋力）なのです。

したがって、スポーツは〝重力といかに付き合うかを競い楽しむもの〟と言い換えることができるわけです。

立位で行うスポーツの場合、まず自分の脚で立たなければいけません。立つためには、体重が70キロある人なら70キロ重という重力に対し、抵抗して筋力を発揮し、立たなければなりません。その筋力はただ発揮すればいいというわけではなく、自分の骨と関節をどのように使えばいいのかを、きちんと脳が感知して、その指令通りに筋肉を働かせたとき、人ははじめて立てるのです。

その条件が満たせなければ、バランスを崩してたちまち転倒してしまいます。

とはいえ、健常者で立つことが難しいと感じている人はいないでしょう。たしかにその通りです。

立っているだけなら簡単ですが、そこにタックルをかけられたり、4人のディフェンダーに囲まれて抜け出さなければいけないような状況に置かれたら、立つということにたくさんの要素が加わってきます。筋肉にはものすごく強い力が働き、しかも大腿骨をどの角度に向けて動かせばいいかといったことまで、瞬時にたくさんの情報を整理し、コントロールしながら行わなければならないことになってきます。

スポーツで「立つ」というのは、こういうことです。

これらはすべて、重力に抗い続けながら行

●地球上の物体には万有引力が働いている

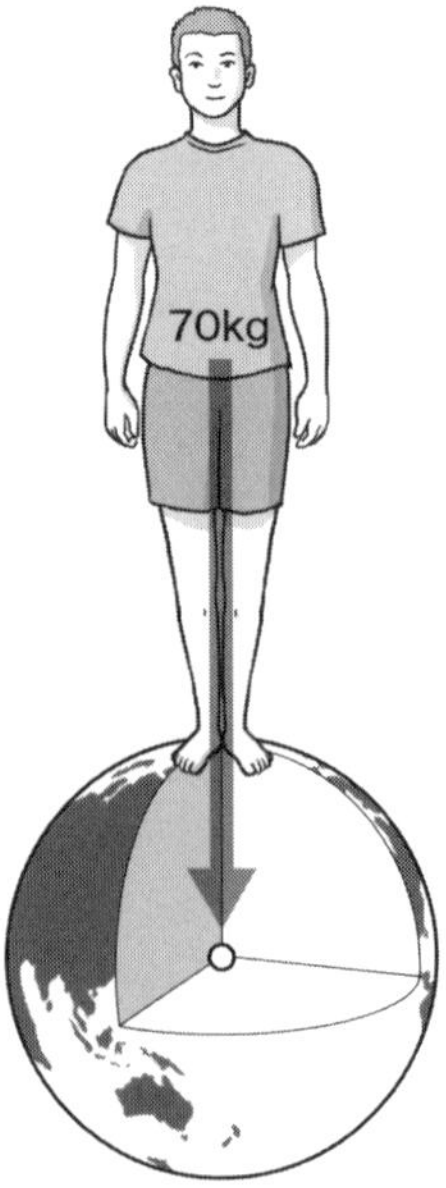

わなければなりません。なにせ重力は地球の中心に向かって、強烈な力で一瞬も途切れることなく働き続けているのですから。

そのような重力の存在を計算し、要因に入れ続けておかないと何が起きるでしょう？ つま先を引っかけて転んだり、相手と接触しただけですぐにひっくり返されてしまいます。これも重力が影響していて、重力があるために少しでも何かあると、人間はすぐ転倒してしまうのです。

サッカーのプレー中なら相手にボールを奪われてしまいます。さらに捻挫や、打ち所が悪ければ打撲のリスクも伴います。

同じようにシュートをミスしたり、パスをミスしたり、相手にいいポジションを取られてシュートコースやパスコースをふさがれたりするのも、重力に対するコントロールがうまくできなかったことに原因があるのです。

反対に、見事なヘディングシュートやインステップキックによるシュートは、重力をうまくコントロールしたことで生じる結果と言えます。

その重力に抗い、コントロールすることにおいて、一番重要な関節はどこでしょう？

体幹の底に位置して脚以外の全身体を支える股関節

人体を上から見ていくと、頭があって、首があって、体幹があります。最近、体幹トレーニングが流行していますが、体幹はひとつのまとまった物体です。その体幹の下はどうなっているかと言うと、あるところから先は2つに分かれています。つまり体幹の下には脚があり、股から先で2本の脚になっています。

大地の上で身体を支えているのは、この脚です。つまり体幹を支えているのは脚であり、体幹が適切に働けるように脚は体幹の下から支え、なおかつ、その体幹を支えながらいろいろ動き回ることができる。要は、状況に応じていろいろな角度で脚を使って体重を支えながら仕事をしているわけです。

その働きの中心はどこかと言うと、他ならぬ股関節です。

股関節の位置は、体幹部の最下端。人体骨格図でその位置を確認してみてください。

まさに体幹の一番下の位置に股があります。その股に関節がついているので、股関節は本当に体幹の底についています。

この骨格図を見ただけで、体幹から腕、そ

●股関節の位置

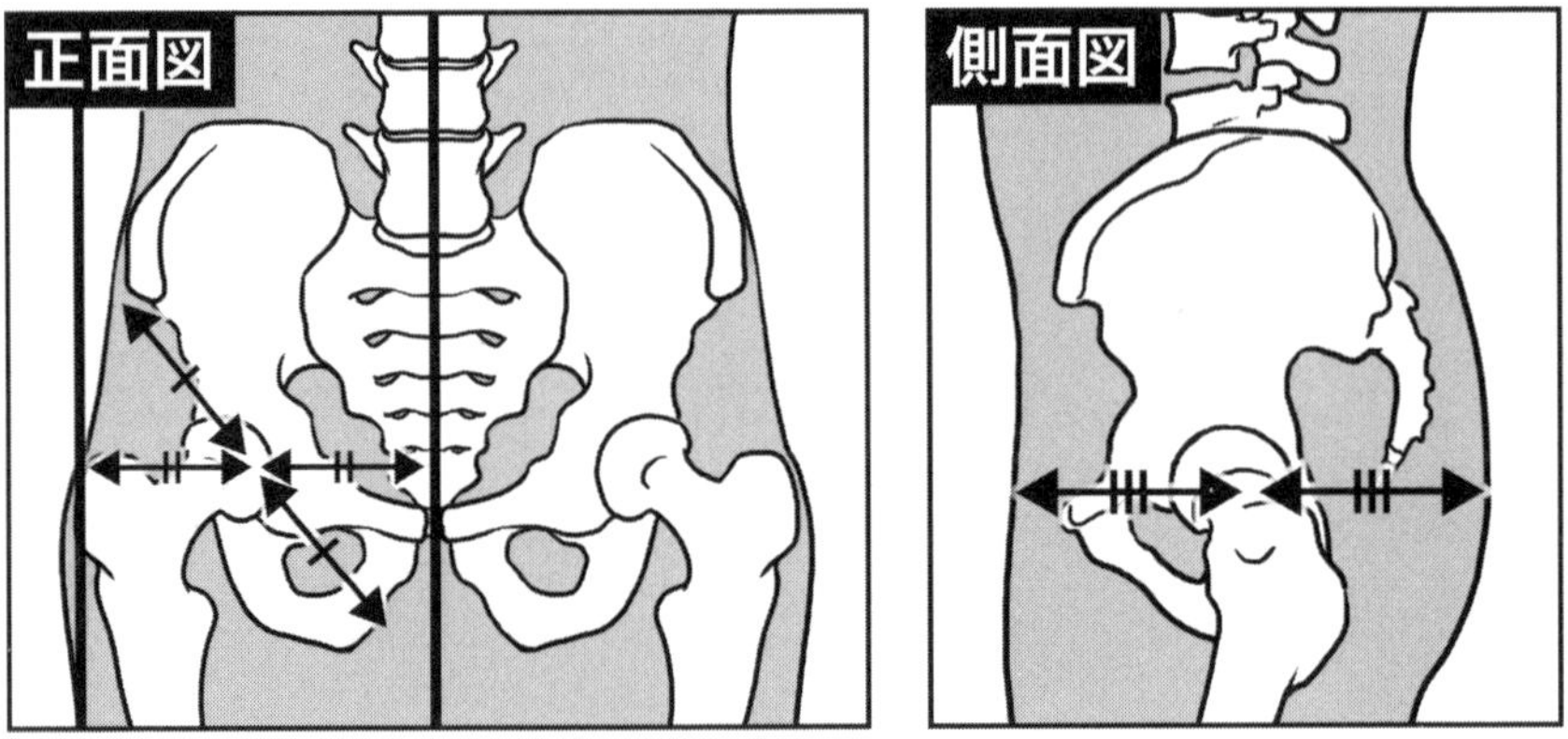

して頭まで、すべて股関節が支えているということを納得していただけることでしょう。

子どもの頃、手のひらに箒や棒を立てて、倒れないようにバランスを取る遊びをしませんでしたか？　この棒を手の上に立たせてバランスを取る遊びは、棒と手が接している部分が支えになっていて、バランスを取るために手を前後左右斜めとあちこちに動かすわけです。うまくできるようになると、とても楽しく、ずっと続けられる遊びですが、この遊びの手と棒の接点は、ちょうど股関節と同じなのです。

股関節は体幹の最下端にあるので、棒のバランス遊びの手のひらと同じで、バランスを取るために動かし続ける必要はあるにせよ、うまく動かせれば自由自在に動き回ることができます。

棒を左に倒したいと思えば、手をちょっと右に動かせばいいだけですし、棒が傾き出したとき、やっぱり倒したくないと思えば、スッと追いかけていって、棒の重心をちょっとオーバーするところまで手を動かせば反対側に戻ってきます。このように手のひらが棒の一番下と接していることで、棒は自由自在に動かせるのです。

これがもし棒の下端ではなく、棒の途中で支えていたとしたら、どうでしょう。あのように自由自在に動かすことはできませんし、遊びとしても面白くはありません。

人間の身体でも、股関節から上の頭部と体幹を合わせた部分の重心はかなり高い位置にあり、体幹のど真ん中よりもっと上にあります。

そのため、本当は不安定な存在で、棒遊びの棒のようにフラフラフラフラしている状態なのです。そして、棒遊びの棒がそうであるように、本当はフラフラしている状態のほうが、ありとあらゆる方向に簡単に動かすことができます。少ない力で、テンポやリズムやスピードや方向性も自由自在にです。

したがって、体幹部を自由自在に動かせるように、そしてまた自由自在に動かしなさいという意味で、股関節は体幹の最下端についているのです。

そのうえ、股関節はひとつだけではなく、2つもあります。棒遊びも片手で一本の棒で遊ぶより、両手で一枚の上下に長い長方形の板の両下端を別々にコントロールすると、扱いは何倍も難しくなりますが、より複雑で力強い動きができるようになります。

このことからも、股関節は体幹部から頭部、腕などの全重量を支えて、自由自在にコントロールするための関節であるということを、科学的な見方から十分ご理解いただけたことでしょう。

しかもその場歩きを静かにしているだけでも、股関節にかかる重量は、体重が70キロだとすれば、50キロ以上はあります。さらに激しく動き回ったときのことを考えると、瞬間的には1トンに近い負荷が股関節にかかってくることも珍しくはありません。

それだけ強靭な関節であり、このことが股関節の六大重要性の1番目として、「人体最大最強の関節」を挙げたことの理由です。

股関節の六大重要性②——あらゆる方向に動かせる三次元関節

「えっ、この他にも5つも重要性があるのか」と驚かれるかもしれませんが、ますます重要性が増していくので、この先もどうぞお付き合いください。

さて2番目は、人体の中でも稀に見るほどの関節という点です。何が稀かと言うと、ただ単に大きく、強い関節というだけではなく、その性質が特殊なのです。

実は股関節こそ、あらゆる方向に動かすことが可能な三次元関節として、最も完成された関節なのです。

膝関節と比較すると、その特徴がよくわかります。膝関節は前後方向には曲がりますが、左右方向には曲がりません。

そのため将来有望なプロ野球選手が、試合中の不幸なアクシデントで、膝関節が本来は曲がらない横方向に曲ってしまった結果、その怪我が原因となって以前のような活躍が二度とできなくなってしまったという例を、皆さんも耳にしたことがあるはずです。

膝関節ばかりでなく他の関節は、肩関節を除けば、股関節のような三次元関節はありません。股関節以外の唯一の三次元関節、肩関節も様々な方向に動かすことが可能ですが、肩関節には股関節ほどの強度はありません。

肩関節周りの靭帯は、股関節に比べればとても弱く、一方、股関節を取り巻いている靭帯は、まさに人体最強というレベルのものが揃っています。

肩関節については、前著＝「肩甲骨本」（『肩甲骨が立てば、パフォーマンスは上がる！』の略称）でも説明した通り、構造的に弱く、その弱さを補うためにローテーターカフ（肩甲下筋、棘上筋、棘下筋、小円筋の４つの筋群）が働くようになっています。

これも人体の七不思議のひとつなのですが、肩関節は靭帯が弱い分、靭帯に非常に近い部分にローテーターカフと名づけられた４つの筋群を配置することで、自分から弛緩したり収縮することのない靭帯の代替物とする道を選んだのです。つまり、靭帯自体がある程度の力を発揮しながら、縮んだり伸びたりすることができるという特殊な利便性を肩関節は求めたのです。

それゆえ、肩関節はとても器用です。野球でも、水泳でも、サッカーのスローインでも、実に多彩に動かし、使っています。

こうした動きに際して、肩甲骨が下半身にまで影響を与えているということは、前著「肩甲骨本」で述べた通りで、実は直接的には手を使わない競技のサッカー選手も、走ったり、ボールを蹴るたびに十分に肩甲骨を使っているわけです。

肩関節はそういう意味で非常に繊細に、多彩に使えるような構造を持っているのです。

それに対して股関節は、凄まじいほど強い人体最強の靭帯に囲まれていて、しかも三次元に動ける仕組みになっています。

関節は、肘関節や膝関節のように二次元で動くものと、肩関節や股関節のように三次元で動くものでは、どちらが強くなければいけないでしょうか？

そう、三次元関節です。

骨付き鳥のもも肉や、手羽先などを食べるときのことを思い出してみてください。

これらの肉の塊の関節の部分を折ることがありますが、そのとき皆さんはどのように折っていますか?

必ず関節部を曲げながら捻るはずです。人間自身にも関節があるので、誰もが一番効率のいい関節の折り方を直感的にわかっているのでしょう。骨付きのもも肉の関節にしても、手羽先の関節にしても、二次元に動かしているだけではなかなかちぎれないものです。ところが二次元＝屈曲させながら捻りを加えると、それは三次元の動きになります。三次元の動きになると、あの手強かった関節があっという間にちぎれるのです。

股関節は三次元に多彩に使う関節で、しかも体重の大半、ときには片足立ちにもなるわけですから、全体重に近いような質量をひとつの股関節で支え、捻りを加えた動きだってするわけです。瞬間的には、前述のように1トン近い負荷がかかることすらあるので、驚くほど強い関節、つまり靭帯が強くて、関節の中身も丈夫でなければ耐えられないということです。

ここまでで、股関節のすごさを十分納得していただけましたでしょうか。

改めて考えるとスポーツとは結局、体重を支えて、ものすごいスピードと力で、自由自在に動いて、なおかつ俊敏華麗に動けば動くほど優れていると言われる分野であり、それを支えて行わせている関節こそが股関節であり、そのために股関節は重要なのです。

股関節の六大重要性③――体幹の内部であらゆる運動を行う

さて、股関節の六大重要性の3番目は少々難解な話になります。しかし、身構えなくても結構です。順を追って説明しますのでご安心ください。

3番目の重要性の説明が簡単ではない理由は、股関節が体幹の中に含まれる関節だからです。

同じ三次元関節でも、肩関節は体幹から飛び出した位置にあります。明らかに飛び出しているので、実際に手で触ることも簡単にできます。同じように肋骨も手で触って確認してみましょう。肋骨＝体幹（の上部）だとすれば、肩関節はハッキリと体幹の上の外にあるのがよくわかるはずです。

つまり、肩関節は「体幹外肢」であり、その性質は「体幹外肢性」であると言えます。

それに対し股関節は、どうなっているのか。

先に、「股関節は、体幹の最下端に位置する」と説明したので、「股関節も体幹の外側になるのでは？」と思う方もいるでしょう。

それでは、股関節も手で触って位置を確認してみてください。

いかがでしょう。股関節を触ることはできましたか？　股関節は触れることすらなかなか容易ではなかったはずです。それどころか、「股関節って、一体どこにあるんだろう？」と戸惑われた方も多いのではないでしょうか？

ここで、股関節の位置を正確に確認しておきましょう（22ページの図を参照）。

股関節は鼠蹊部、いわゆるVゾーンの中点の奥、身体の厚さで言えば、およそ2分の1のところにあります。そのため触ろうとしてもなかなか触ることができないのです。

位置的には、体幹の最下端にあるわけですが、実は内側寄りのかなり奥深いところにあり、腰の横に出っ張っている部分は、厳密に言うと股関節そのものではありません。あれは「大転子」という部分です。この「大転子」はときどき腰骨（腸骨）と間違えられることもありますが、「大転子」は触れることができても、股関節はその「大転子」よりもずっと奥、大人なら10センチほど入った内部に位置します。

腰の幅のおよそ4分の1ぐらいのところです。大人の腰の幅を40センチとすれば、腰の両端から10センチずつ入ったところに左右それぞれの股関節があります。

したがって、左右の股関節の間の距離は、腰の幅の約2分の1になります。身体を縦半分に割り、右半身・左半身と分けた場合、股関節は右半身・左半身のちょうどそれぞれの中央にあるわけです。これが後ほど語る大事な話につながってくるので、よく覚えておいてください。のちほど詳しく解説しますが、これは身体の軸と大きく関わってきます。

身体の軸の中で最重要なものは、背骨の前を通る中央軸です。それに加えて、身体を右半身・左半身に分けて考えてみると、重心もそれぞれの半身にひとつずつできます。その重心のちょうど真下に股関節が来るように身体は作られているというわけです。

ここで先ほどの、手のひらの棒のバランス遊びを思い出してください。股関節は、右半身・左半身それぞれであの遊びを絶えずやっているような関節なのです。

これが究極の身体の状態であり、あまり知られていませんが、背骨と肋骨の間には脊肋関節（※解剖学では肋椎関節と言うが高度な運動における背骨の重要度と言葉のわかりやすさを理由に運動科学ではこう呼ぶ）という関節があり、骨盤と仙骨の間にも仙腸関節があるので、理想的な身体の持ち主がいたとすると、背骨を中心に右半身と左半身を別々の物体として自由自在に動かすことが可能なのです。

そうなると、外観上はひとつの体幹であっても、機能上は右半身・背骨・左半身に分かれていて、その左右の半身に対して、股関節が棒のバランス遊びをしているような状態ができるのです。この事実はとても重要なので、よく覚えておいてください。

話を元に戻しましょう。

股関節を含め、肩関節や肘関節、膝関節などの主な関節は、棒状の骨が関節につながっていて、それが関節を中心に円運動を描く構造になっています。こうした円運動をクランク運動と言います。

当然、股関節も肩関節もクランク運動の中心になる関節で、そういう意味で4本の手足＝四肢の運動であるクランク運動をする関節です。

ところが股関節は、体幹の中にあり、手で触ることができないほど埋もれているわけです。その股関節が埋もれている体幹はどのような運動をしているかと言うと、体幹自体にはクランク運動をする関節が見当たりません。体幹自体の運動を支えるのは背骨だけで、ゆえにその運動も背骨を中心にした波動運動とずれ運動、捻り運動、湾曲運動に限定されます。

波動運動とは、魚類や爬虫類が得意とする波のように動く運動です。ずれ運動、捻り運動なども魚類が得意とする運動ですが、人間の体幹部の運動がこうした構造を有するのは、我々が魚類から進化した存在だからです。

●クランク運動と波動、湾曲・ずれ、捻り運動

クランク運動

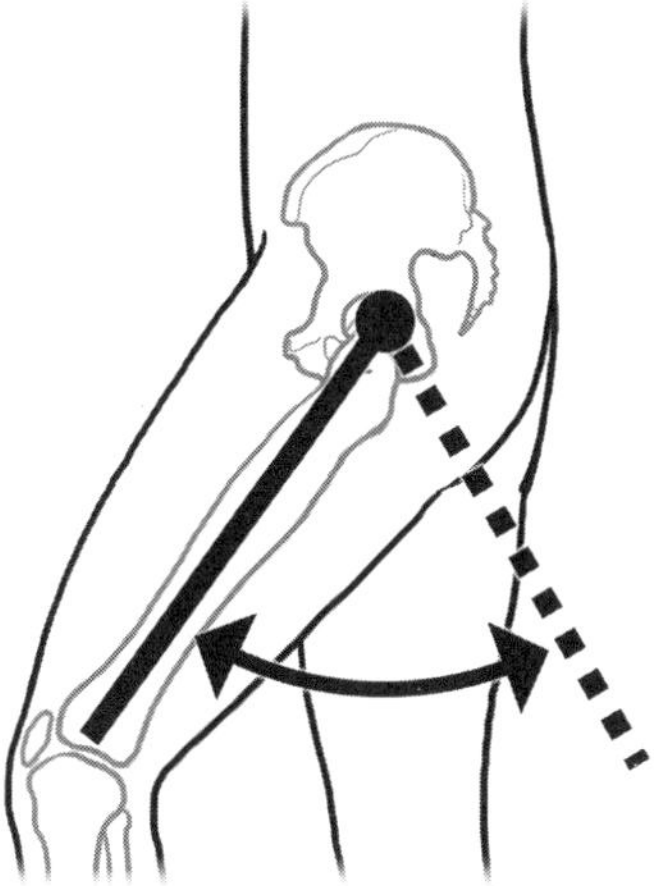

大腿骨など棒状の骨が股関節などの関節を中心に円運動を描くような運動。

波動運動

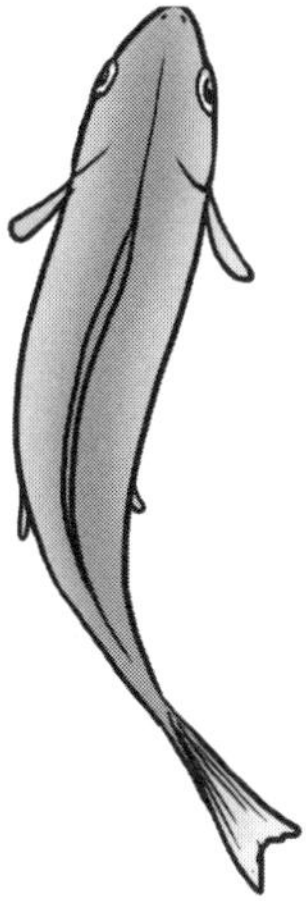

魚類や爬虫類が得意とする背骨が波のように動く運動。

湾曲運動・ずれ運動

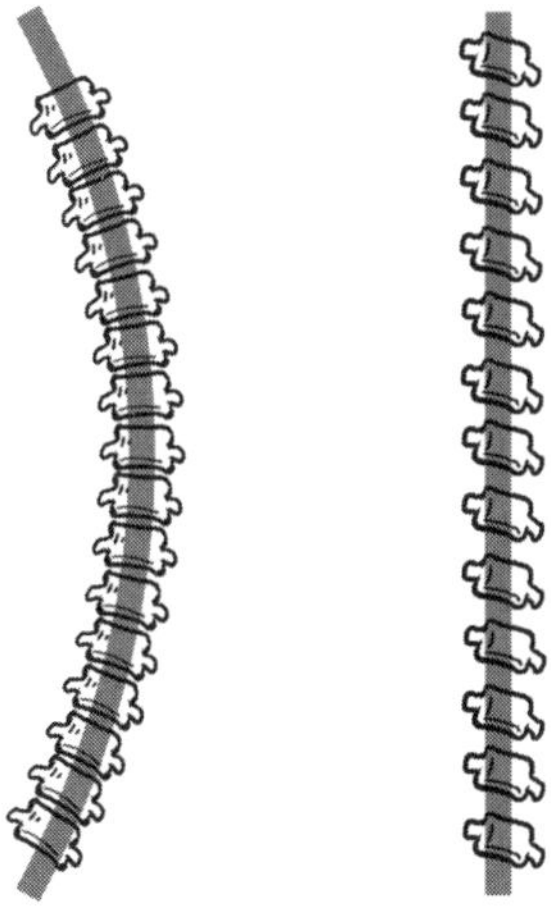

右は背骨がずれ運動を起こしたときのイメージ図。椎骨一つひとつが傾きながらお互いにずれあっている。左は通常の湾曲運動。

捻り運動

体幹などを背骨周りに捻る運動。

股関節はこうした体幹の中に含まれてしまっている関節なので、波動運動、ずれ運動、捻り運動、湾曲運動に似た性質を持って運動に参加することがあります。これは体幹の外にある肩関節には見られない性質です。

そこでこうした股関節の性質を「体幹内肢性」と呼んで区別します。簡単に言えば、体幹の内側にも脚が入り込んでいる性質のことです。

つまり股関節は、クランク運動と同時に体幹の代表的な運動である、波動運動、ずれ運動、捻り運動、湾曲運動に参加し、協力し合うような性質を非常に強く持っているわけです。

この「体幹内肢性」が3番目の重要性です。

股関節の六大重要性④―メッシも駆使する「体重支持」と「移動性」

4番目は働き方。股関節は働き方が際立って重要な関節です。すでに少々語ってきた通り、股関節は「体重支持」と「移動性」という大きな役割を担っています。これは膝関節などにも当てはまることなので、股関節は、膝関節や足首の関節と協力しながら、常に体重支持をしつつ、同時に移動運動も担当しているわけです。

スポーツの中には、こうした体重支持も移動もまったくしないでよい種目がありますが、そうした種目はここでの論議の対象とはなっていません。オリンピック種目にもなっている射撃などは、移動性があるとは言えませんが、その射撃でも多くの場合、体重支持は必要です。

つまりは、一般的な立位・歩行・走行を運動因子とするスポーツにおいては、体重支持と移動を強力に行わなければならない運動以外はありえないということです。

その中で、股関節は三次元関節であるために、移動の方向性というものを最も担っている関節となっています。その点、膝関節は方向を決められる立場にはなく、股関節が決めた方向にしたがっているだけです。仮に股関節が決めた方向に膝関節が逆らったとしたら、膝関節は次の瞬間捻挫することになるでしょう。

また腰の高さなどを決めるのも股関節の仕事です。もちろん膝関節も協力して仕事をすることになりますが、方向については膝関節の決定権はありません。したがって、方向＋高さ両方の決定権を持つ関節はやはり股関節しかないのです。

これらは非常に重要で、股関節にしたがって、その下を支える膝関節や足首の関節がきっちり使われるということが、障害を起こさないだけでなく、圧倒的に優れた方向変化やダッシュ、急加速急減速移動を可能にするのです。

２０１８年末にテレビ東京系のサッカー番組『ＦＯＯＴ×ＢＲＡＩＮ』に出演し、リオネル・メッシの超激烈な移動運動の動きを分析したのですが、日本トップのディフェンダーが最速の動きで１歩動く間に、なんと彼は完全に倍の２歩も動いていたことが判明したのです。

陸上の１００メートル走で、世界と日本のトップ選手同士が並んで同じ歩幅で走ったとき、隣の選手が１歩動く間に、片方の選手が２歩動くということなど考えられないはずです。世界と日本のトップレベルのサッカー選手同士の競い合いの場面で、片方が１歩動く時間の中で、２歩動く人物がいるというのは、そのぐらいありえないことなのです。

そのありえないことが起きるとどうなるか。ディフェンダーから見れば、メッシは一瞬消えたようにしか見えなかったはずです。

別の見方をすれば、1歩しか動けなかった選手の動きは、メッシを追うのを諦めたように映ったシーンだったとも言えるでしょう。

そのぐらい、一瞬にして戦況が変わってしまうほど劇的な動きをメッシは見せてくれたわけです。このプレーも股関節の「体重支持」かつ「移動」によって体現されたパフォーマンスで、この瞬間、典型的に股関節の指示にしたがって、膝関節、足首の関節が働いたのです。

それに対し、ディフェンスについた選手は、それが働き切れていなかったので、これほどの差をつけられてしまったのです。

股関節の六大重要性⑤―ボルトの世界記録を生み出した「双離性」

5番目の重要性は、「二個性」です。

「股関節が2つあるのは当たり前じゃないか」と思うかもしれませんが、実はこれが重要なのです。とくに股関節は左右に離れて存在しているので、これを「双離性」と名付けました。

もし股関節がひとつしかなかったら、どういう姿になるか想像してみてください。一番わかりやすいのは、「ゲゲゲの鬼太郎」の妖怪、「唐傘小僧」の「傘やん」です。

唐傘小僧は、一本足の傘の妖怪ですので、ピョンピョン跳ねて動きますが、私は「ゲゲゲの鬼太郎」のアニメを見て、「これは違うな」「水木しげるさんは、やはり運動の専門家ではないんだな」という感想を抱きました。

なぜかと言うと、例のバランス棒遊びでやったように、本来「唐傘小僧」が右に行きたいとしたら、その足をほんの少しだけ地面から浮かせて、左側に足を送ればいいだけだからです。それもわずか10〜15センチも送れば、重心を支える足の位置が左方向にずれるので、身体は急速に右方向に倒れはじめます。

そして回復できなくなるほど大きく倒れ込む直前に、脚を戻し、少し行き過ぎたぐらいのところまで足を動かすとバランスを取り戻し、そこで静止できるはずです。こうすれば、猛烈に瞬時に、かつ意外なほど高速で動けるものです。

これは「フルクラムシフト」という運動原理です。この「フルクラムシフト」という運動原理は私が1980年代に発見し、1995年刊行の『意識のかたち（講談社）』で発表し、その後ロボットメーカーから注目され、新世代ロボットの運動原理として取り入れられたという歴史があります。実は優秀なアスリートほど、この「フルクラムシフト」を使った運動をしているのです。当然、「フルクラムシフト」は、脚が1本でも2本でも使えるメカニズムです。

さて、「双離性」の話に戻りますが、「双離性」とは何かを語るうえで、一番わかりやすいのは、人類史上最速のスプリンターと評された、ジャマイカのウサイン・ボルトです。

ご存知の通り、ウサイン・ボルトは2009年に100メートルで9秒58の世界記録を樹立した選手です。なぜ彼は、この驚異的なレコードを打ち立てることができたのか？

ボルト自身も、この2009年のベルリン世界陸上以降、記録を伸ばすことができずに引退しました。またライバルたちも、ボルトのその走りを間近で目の当たりにし、ビデオやその他のデータも駆使してずいぶんと研究をしたはずなのに、今日に至るまで、誰もあのボルトの記録を破るどころか近づくことすらできないでいます。

あの9秒58の大記録の秘密も、実は股関節にあったのです。

あのとき、ボルトの股関節に何が起きていたのかと言うと、股関節自体が交互に回転しあう運動になっていたのです。わかりやすく言えば、ちょうど自転車のペダルが交互に回転するような状態です。

では、股関節がペダル状になって回転しあうように動くことをイメージしてみてください。

ペダルの構造はまず中央に芯軸があり、そこからクランク運動をするレバーが伸びてい

●フルクラムシフトとは

「フルクラムシフト」とは、人間が立っているときに起きている重心線と支持線の運動のこと。

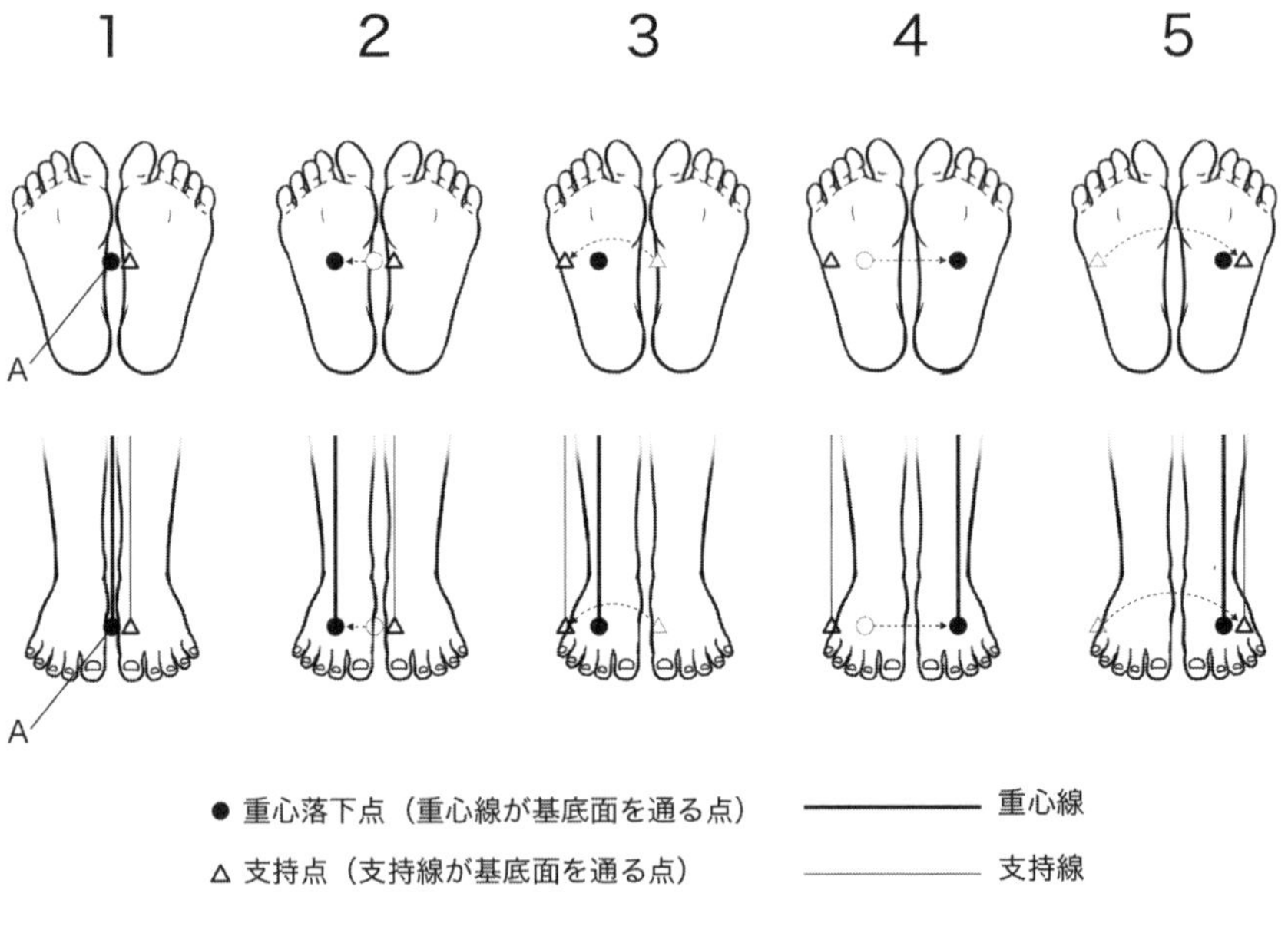

て、その先端にペダルがついて、芯軸を挟んで対角線上でお互いに回旋しあっています。こうした運動が人や動物の身体運動の世界にも存在することを発見し、運動科学の専門概念として「対芯回旋運動」と命名したのです。

最近のスポーツ界では、ひとつのイメージとして、「股関節のローテーション」といった表現をすることがありますが、その「股関節のローテーション運動」の本当の姿は、「対芯回旋運動」なのです。

ここで肝心なのは、股関節は２つあり、それがほどよく離れているからこそ、この「対芯回旋運動」が可能になるという点です。

自転車だって、ペダルが片側にひとつしかなければ、うまく機能しません。ペダルは２つだからこそ機能します。しかも、その２つが適切に離れているから機能するのです。

股関節も同じです。２つで「対芯回旋運動」ができるように、ちょうどいい具合に距離が離れているのです。

そして、あのメッシのパフォーマンスやボルトの走りは、この「双離性」を生かした代表的な動きというわけです。

もうひとつ、骨盤の広さにも注目しておきましょう。人間の骨盤は、幅が左右に広い形状をしています。人間は四足動物から進化した存在ですが、その四足動物の骨盤は左右の幅が大変に狭くなっています。これは前著「肩甲骨本」でも解説しましたが、四足動物の体幹は、左右に扁平で上下（人間の立位時のおける前後）に厚みを持っています。ゆえに四足動物の肩甲骨

●対芯回旋運動とは

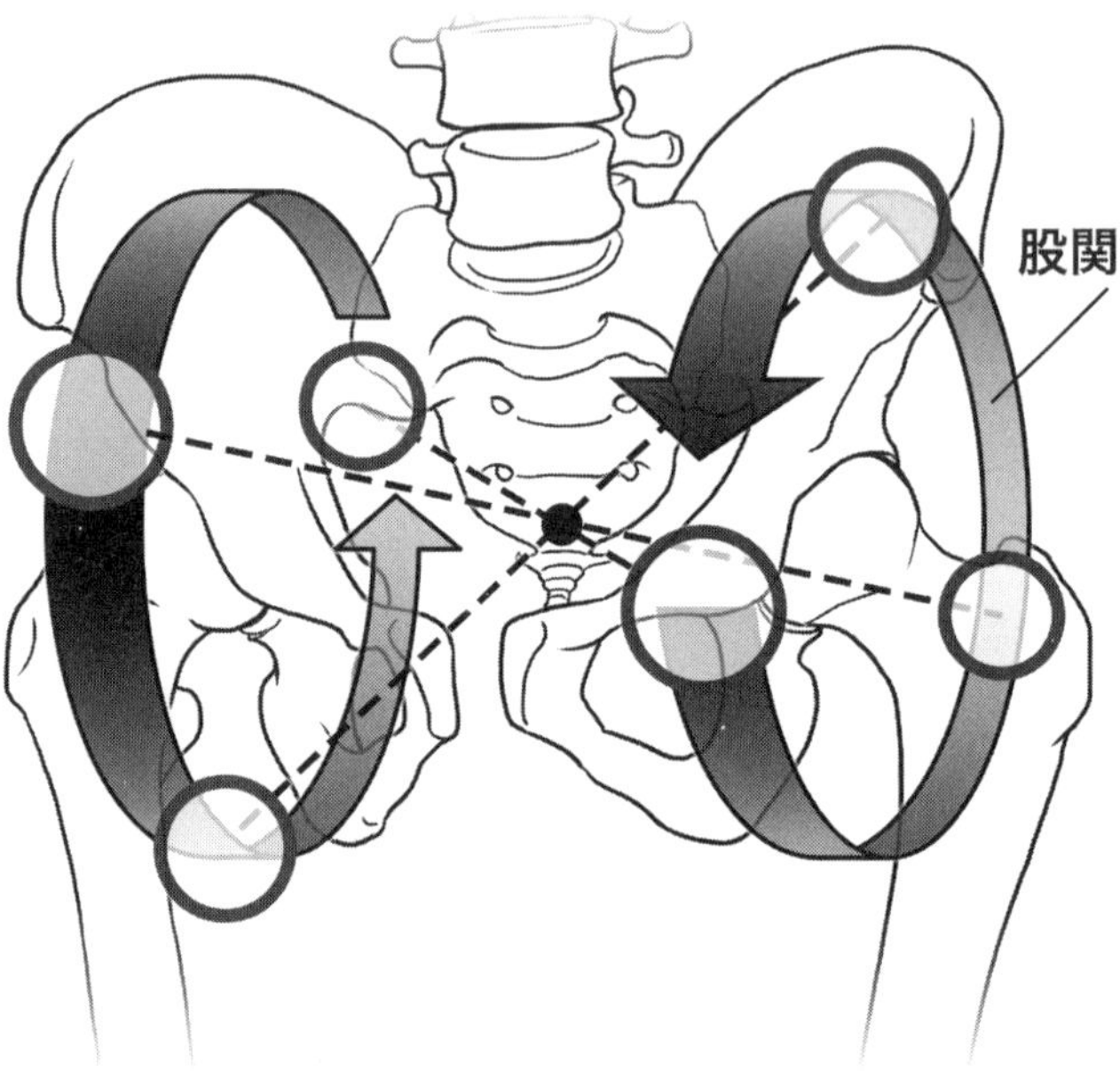

対芯回旋の動きのイメージ図

は立った状態になっているわけですが、それと対応するように、四足動物の骨盤を両側で形づくる2枚の腸骨はやはり立っているわけです。

「立っている」ということは、言い換えれば2枚の腸骨が閉じていて、身体座標空間で言えばX・Y方向に平行になっているので、前後方向への動きは得意でも、左右への動きはその幅が狭いために不得意にならざるを得ません。

そのために四足動物は犬でも馬でも虎でも、骨盤の位置で真横に動く運動は基本的にできないのです。競馬の調教師が、馬を引いて移動させるときも、真横へ動かそうとすると、本当に不器用そうに、ちょこちょこと小幅にしか動いてくれません。そうしたときに、パッと素早く真横に動く馬を見たことがあるでしょうか？ そんな馬はこの世にいないのです。

なぜなら、横にサッと動くためには、2枚の腸骨が左右に開いて骨盤が広がり、なおかつ大腿骨を三次元に動かせることが不可欠な条件になるからです。

人類の骨盤が横方向に広がったということは、実は横方向への動きが可能になったことを意味しているのです。しかも、左右の股関節の距離が広いので、左右の大きく激しい、素早い運動を作り出せるようになったのです。

おかげで、サッカーやバスケットボールでも、人間は左右にサッと動けます。卓球や野球の内野などで要求されるフットワークは多くがこの横方向の動きですが、こうした動きをハイレベルにこなせるのは、骨盤がZ軸方向（横方向）に広がって、股関節を中心に大腿骨をY・Z方向に動かせるようになり、なおかつ股関節に双離性があるからです。それを駆使することで、

●人間と四足動物の体幹の形

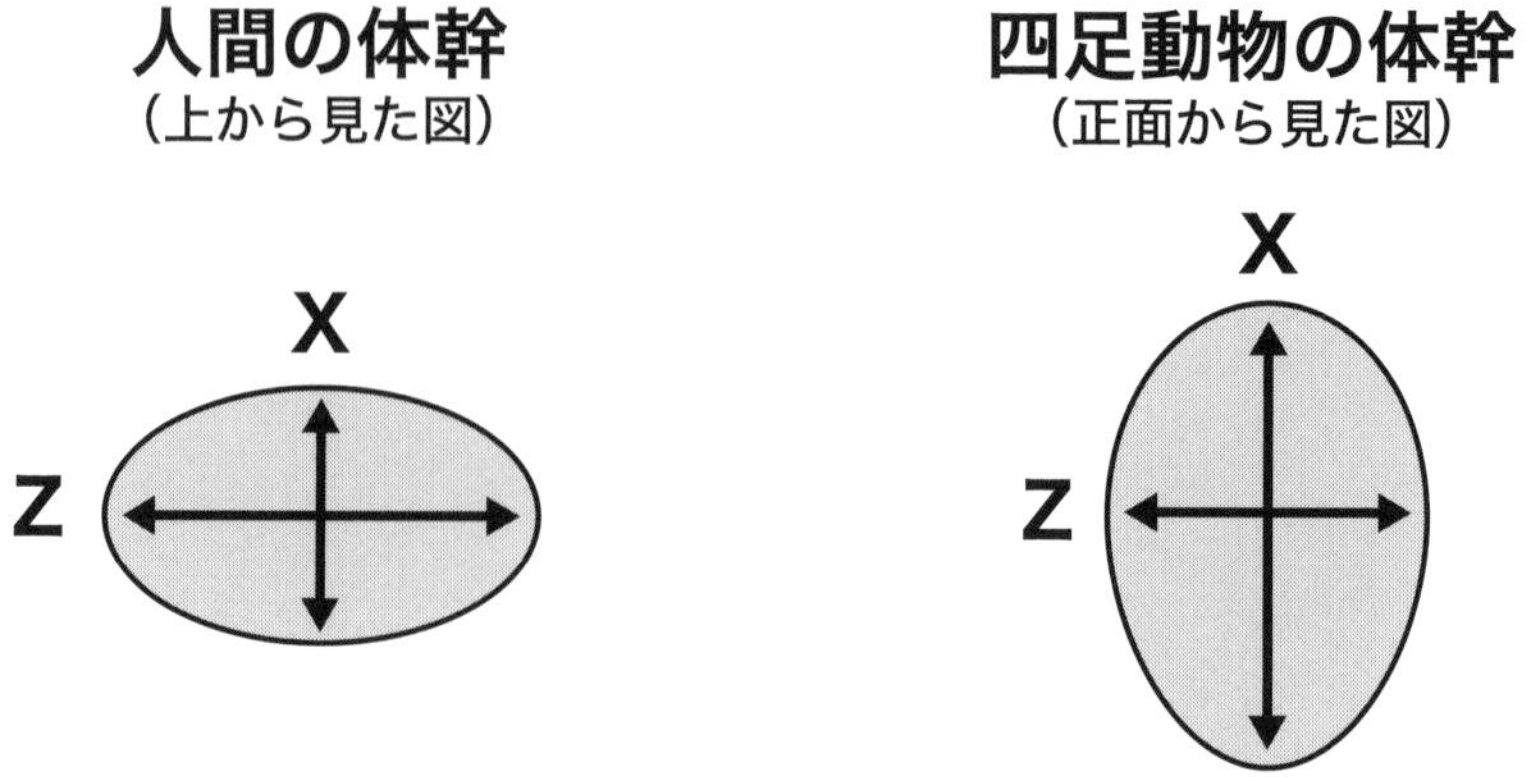

人間の体幹は左右に広く、四足動物の体幹は左右に扁平で上下（人の立位時における前後）に厚みを持っているが、骨盤も体幹の形同様、人間の場合は左右に広く、四足動物の場合は左右に扁平で上下に厚みを持つ構造になっている。

●身体座標空間

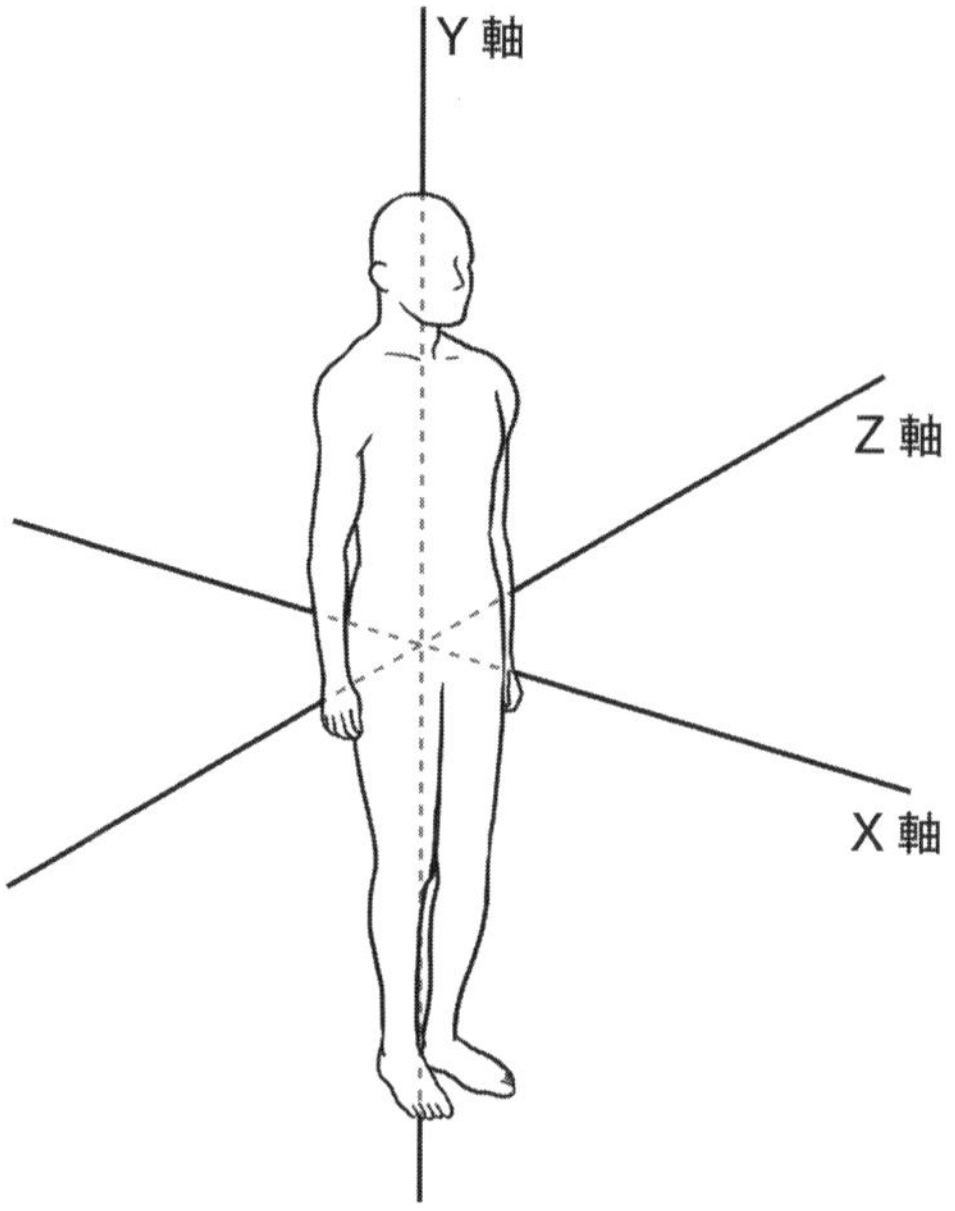

身体の前後方向の軸をX軸、背骨に沿った上下方向の軸をY軸、左右横方向の軸をZ軸と言う。

卓球やバスケットボールなどの見事なサイドステップを体現しているのが人間なのです。

これはあくまで想像上の話になりますが、虎やライオン、犬や馬などの四足動物に卓球をさせると、仮に上半身だけ人間の身体につけ変えたとしても、左右のフットワークはお粗末で見ていられないものになるでしょう。したがって、もし人間と四足動物が卓球で対決することになれば、人間は打球を左右に振るだけで容易に勝てるはずです。ただし、前後方向でまともに戦おうとしたら、四足動物はすごい強さを見せるはずです。四足動物はとにかくX・Y方向の動きに強い骨格構造を持っているわけですから。

このように、人間の身体は股関節の位置や形状まで、実に絶妙、至妙にできているのです。ほとんどのスポーツに必要な、左右のフットワークについては、この股関節の双離性が大変重要な役割を果たしているので、これが5番目の重要性になっています。

股関節の六大重要性⑥──身体に〝3本の軸〟が通る

六大重要性の最後、6番目の要素は、3番目の重要性で触れた、軸との関わりです。

最も基本的な魚のさばき方に、右身、左身、中骨の3つの部分に切り分ける「三枚おろし」がありますが、それにならって、人の身体も背骨と肋骨の間にある脊肋関節から仙骨の両側にある仙腸関節に沿って三分割し、背骨を中心にした左右に薄く細長い部分を「中央体」、背骨の右側を「右側体」、背骨の左側を「左側体」という科学的概念を与えたのです。いわゆる右半身・左半身という言葉は意味が曖昧で、科学的概念としては使えないので、ここでは「右側体」「左側体」で統一していきます。
そして脚は、「右側体」「左側体」のそれぞれにつながっているので、脚も側体の一部になります。つまり右脚と右股関節は右側体の一部、左脚と左股関節は左側体の一部になるということです。

ここで肝心なのは、脊肋関節が本来の可動関節としてゆるゆるにゆるんで働かないと、左右の側体が現実には生まれないということです。この脊肋関節が固まって動かなくなると、体幹は全体としてひとつの固まりになってしまい、そこから枝のように股関節から脚が出ているだけの構造になります。つまり、体幹はひとつ、脚は2本という子どもの描く人物図のような状態ができあがります。

ところが、最高に優れたスポーツアスリートになると、背骨のすぐ脇の脊肋関節が可動関節になっていて、仙腸関節も可動関節として働いているのです。

仙腸関節が稼動することの重要性は、前著の「肩甲骨本」で詳しく記しているので、そちらをご参照いただきたいところですが、優れた身体運動家は仙腸関節だけでなく、まさにその延長上にある背骨の両側、脊肋関節も可動関節で、ここがゆるゆるな状態を利用して運動を行っています。

脊肋関節がきちんと可動関節になっていて、ゆるゆるにゆるめているときには、「右側体」「左側体」ができているわけです。しかし、脊肋関節周りの筋肉をキュッと締めてしまえば、とくに背骨周りのインナーマッスルを固めてしまうと、脊肋関節は不稼動状態になり、全体としてひとつの身体としても使えて、こうしたことを無意識に自由自在に行っているのがトップオブトップアスリートたちなのです。

魚のように身体が三枚におろされる

これを踏まえて、軸のことを考えていきましょう。

人間の重心と地球の重心を結んだ物理学的な一線を重心線と言います。この重心線にピタリと沿って、潜在意識のラインが形成されると、それを軸（※センター、正中線という呼び方も同じ意味を表します）と言います。

私がサッカーのトレーニング本を上梓してから、サッカー界でも軸という言葉が定着してきましたが、それ以前のサッカー界では、軸の概念が使われることはほとんどありませんでした。しかし、フィギュアスケートやクラシックバレー、野球、ゴルフなどの分野では、サッカーよりも早く軸の概念が当たり前のように一般化されてきました。これらの種目では、軸の話を抜きにして、それぞれの理論は成り立たないほどです。

とくにフィギュアスケートなどは、ジャンプのシーンで必ずと言っていいほど軸の話が出てきます。そのとき、フィギュアスケート以外の他のスポーツの愛好者でも、「あ、いまのは軸が通っていたな」「軸が乱れたな」「いまのは軸がうまく使えなかった」といったことが直感的に語られているはずです。

このとき、皆さんが感じている軸は潜在意識の軸なのです。

こうした身体に形成される潜在意識のことを、専門的には「身体意識」と呼びます。この身体意識の代表が、身体の中心を通って、天地方向に身体の重心を貫いている中央軸です。

前記の通り、軸は物理的な重心線と一致しているので、ひとつの重心に対して必ず一本の軸ができます。

だとすれば、ここで問題になるのは、背骨の両脇の脊肋関節がゆるゆるになって、「右側体」「左側体」ができてしまった身体の場合です。

脊肋関節がゆるみ、「三枚おろし」のようになった身体は、「右側体」「左側体」とその間にある「中央体」に三分割されているので、「右側体」には「右側体」の重心、「左側体」には「左側体」の重心（厳密には中央体には中央体の重心）ができるわけです。

そのそれぞれの重心に、地球の中心と結んだ重心線と一致するように軸ができるので、その側体にできる軸を「側軸」と言います。

私が「右半身」「左半身」という言葉を、科学的な概念で使うべきではないと考えたのは、こうした理由があったからです。

もし「右半身」「左半身」という言葉を使っていたら、そこに生じる軸のことを「半軸」か「半身軸」と呼ばなければならず、正確な概念が伝わりません。だから、「側体」と「側軸」という概念を与えたのです。

さて、こうして「右側体」「左側体」ができて、そこに「右側軸」「左側軸」が通ると、ちょうどその左右の側軸は、股関節の位置を通ります。

●軸（センター、正中線）とは

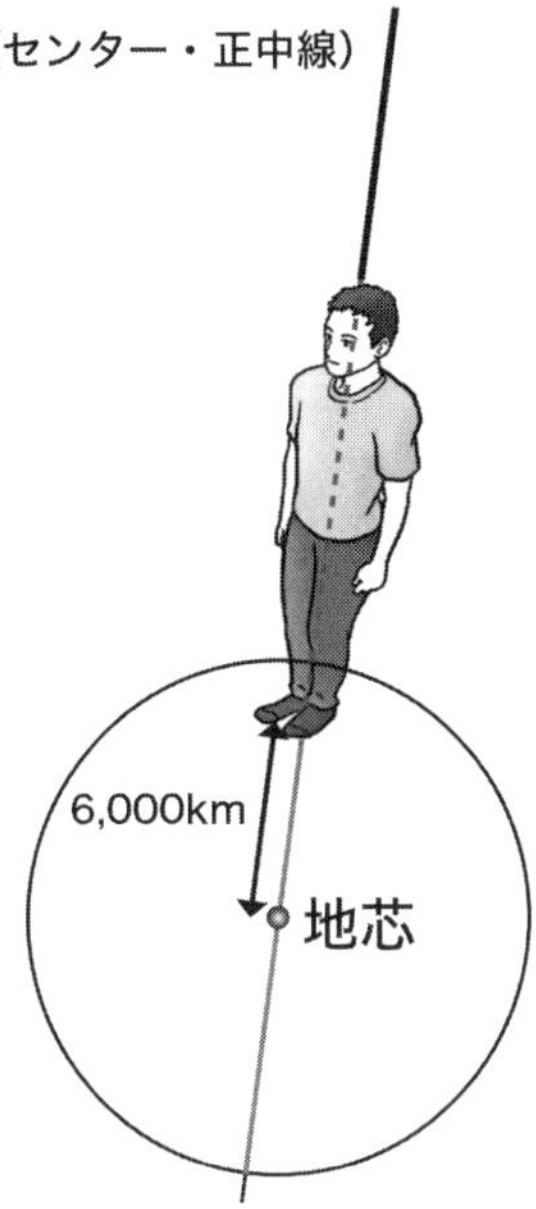

人間の重心と地球の重心を結んだ物理的な一線を重心線と言う。この重心線に沿って、潜在意識のラインを形成することができたとき、それを軸（センター、正中線）と呼ぶ。本書で行うトレーニングはすべて、地球の中心（地芯）から立ち上がる美しいシルバーの軸を体幹に通し、地芯上空6,000kmに立つイメージで行うことで、より効果が高まる。トップオブトップアスリートには必ずこれら地芯と軸の潜在意識がそなわっている。

●身体意識とは

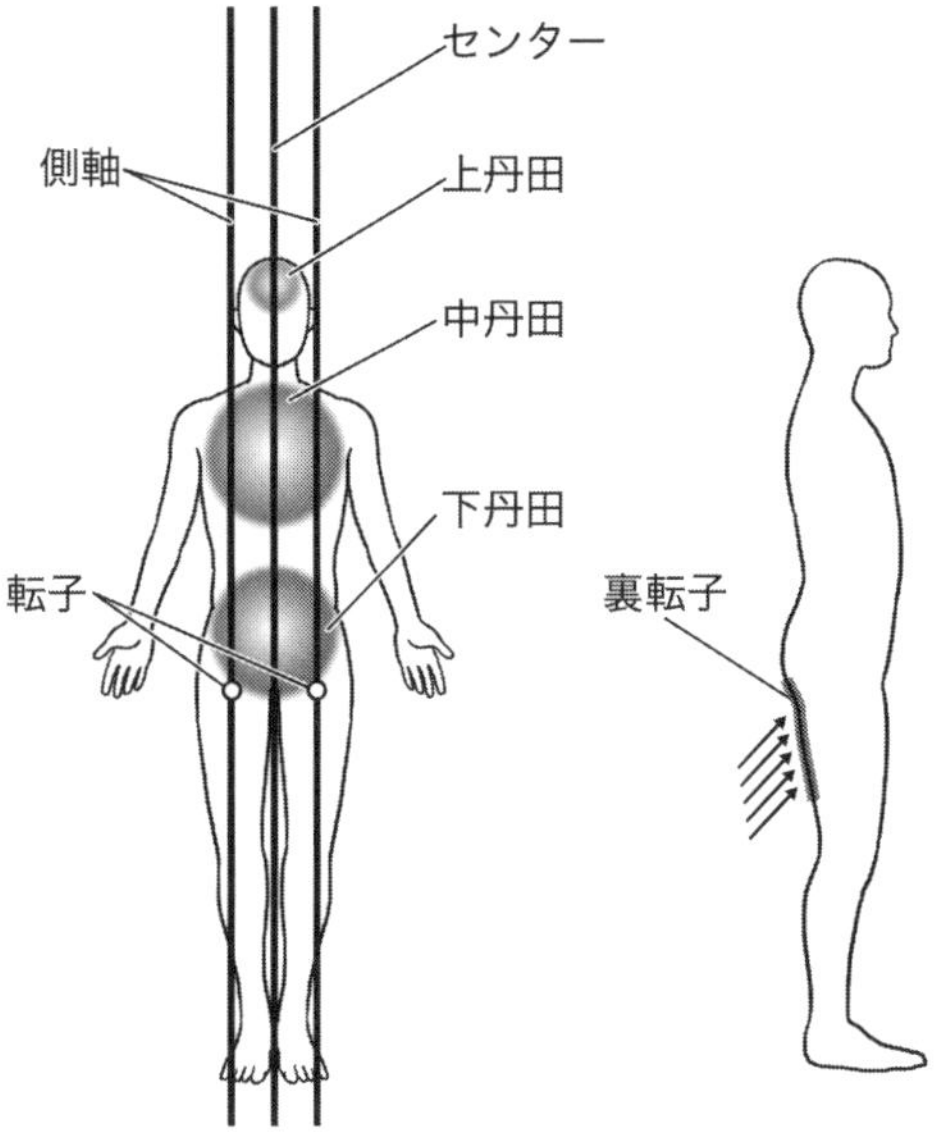

身体意識は、著者が発見した身体と精神の境界領域に空間構造をもって存在する潜在下意識であり、人間の心身にわたるあらゆる能力を本質の側から支配する働きを持つ。古来、人間の本質力の中心として重要視されてきた身体を天地に貫くセンター（正中線・軸）や前頭部・胸部・下腹部におのおの形成される上・中・下丹田、股関節に形成される転子、大臀筋と大腿裏筋群を活性化する裏転子などが、その代表例。

その結果、股関節と側軸が連動して、そこにより強力な側軸が形成されます。つまり、股関節があることで側軸が強まるのです。股関節が側軸の通る位置にあることで助けあえるようになり、側体に重心があるから側軸ができるという理由以外に、股関節がそこにあるから、側軸ができやすくなり、軸が強化されやすくなる。こうしたメカニズムになっているわけです。

というわけで、側体ができると、軸は中央体にできる中央軸と、左右の側体にできる左右の側軸の合計3本になります。絶好調のときのクリスティアーノ・ロナウドなどの場合、「いま、軸が3本立っている」というのがはっきり見えるようにわかります。リオネル・メッシも絶好調のときは、3本の軸が見えていました。しかし、最近のメッシは残念ながら脊肋関節周りや仙腸関節がだいぶ固まってきてしまい、3本の軸は見えなくなってきています。

では科学的に見て、そんなメッシがかつての勢いを取り戻すことはできるのか。

それは十分可能です。というのも、背骨サイドの脊肋関節や仙腸関節が硬縮するメカニズムは、すでに運動科学によって解明されているので、クルマがグリスアップして調子を取り戻すように、メッシの身体も固まった部分を解きほぐし、復調させられる時代になっているのです。

とくにメッシの場合は、身体はともかく脳はまだ絶好調の状態を覚えているので、脳からすればもっと上手に身体を使いたがっているはずです。だから、身体の固まってしまった部分さえ解きほぐせば、あっという間に3本の軸を取り戻し、復調するに違いありません。

さらに言えば、もっと背骨周りの開発、股関節の開発を進めれば、復調どころか全盛期のパフォーマンスをも超える余地はいくらでもあるのです。

「二軸理論」は間違っている

身体の軸は2本ではなく〝3本〟！

ところで、この軸の話についてはもうひとつ語っておくべきことがあります。

皆さんは「二軸理論」というのをご存知でしょうか。いまから10〜15年ほど前に「二軸理論」とその理論に則った「二軸トレーニング」を提唱したスポーツ科学者のグループがあり、少し話題になったことがありました。

股関節は2つあるので、彼らは力学的に見て、軸は2本のはずだと考えたわけです。そして、「これまでは、軸は身体の中央を通る1本だけだと言われてきたが、それはおかしい。中央の1本の軸より股関節を通る2本の軸のほうが重要だ」という論調で、中央軸のことを否定しはじめたのです。

しかし、この考え方は二重の意味で間違っています。

第一に、中央軸を否定することはできません。なぜなら、中央軸とは力学的には地球上にある物体の重心と地球の重心を結んだ線＝重心線そのものなので、これを否定することは重心と重力の存在を否定することになってしまうからです。また、力学的に存在する重心線というものを潜在意識に取り込んで、それをいつも感知していることは、地球上で運動する以上、絶対的に必要になります。静止している建造物などにしても、その重心線は重要ですが、ましてや地上にある動く物体をコントロールするためには、その重心と地球の重心の間に成立する重心線と、それを潜在意識化したライン＝中央軸を否定したら、その制御操作がまったく成り立たなくなるのは明らかです。

というわけで、中央軸を否定する二軸理論は、この点で大きく間違っていると言えるのです。

もうひとつの間違いも、科学的には根本的な問題です。

これまで語ってきた通り、2本の軸が股関節に通るためには、身体が背骨に沿って2つに割れる必要があるわけです。繰り返しになりますが、力学的な軸というのは、ひとつの重心につき1本だけ通ることになっているからです。

脊肋・仙腸関節がゆるゆるにゆるんで、ひとつに見える体幹が相対的に2つに割れてこない限り、股関節は2つでも、2本の軸は通らないということを、二軸理論を提唱したスポーツ科学者たちは、見落としてしまったのです。

つまり、彼らは背骨に沿って体幹が3つに割れ、左右2つの側体ができて、それを背骨周りの深層筋の収縮／弛緩により自由自在に使えるような高度な身体が存在し得ることが、わかっていなかったのです。

背骨を中心として身体が割れる、これを専門的には「割体（かったい）」と言い、日本の武術の歴史の中で、名人・達人と言われる人たちは、大昔からこの身体使いに気づいていて、教えとして伝承までしていたのです。ですから私も、古伝の武術を継いでいた自分の父親から、この事実を明確な「身体を割る」という言葉とともに教えられていたのです。

体幹部を背骨に沿って、縦方向だけでなく、前後方向にも割って、ずらすように身体を使って体捌きしながら当身を入れたり、相手の剣を捌きながら切りつけていくという攻防一体の動きは、もちろん高度ではありますが、当たり前の術技だったのです。

二軸理論の提唱者たちは、こうした身体の在り方を知らなかったので、ひとつの体幹のまま、股関節が2つあるというだけで、軸が2本できると短絡的に考えてしまったのです。

それについては、私の記した『センター・体軸・正中線（ベースボール・マガジン社）』でも、その科学的な間違いを指摘してあります。

というのも、彼らの「二軸トレーニング」に取り組んで身体がさらに固まってしまってパフォーマンスが落ちた選手が何人もいたので、看過できなくなったからです。

脊肋・仙腸関節がゆるゆるにゆるんで身体が割れてこない限り、2本の軸で身体をコントロールできないので、体幹が一体に固まったまま二軸で動こうとすると、出来の悪いロボットのような不自然でぎこちない動きになってしまうのです。しかも、その動きを嫌って、自然かつ柔軟に動こうとすると「それは一軸だからダメだ」と指摘され、そのために高校生ぐらいのいい選手が、コーチの間違った指導で芽を潰されたケースがいくつもあったので、どうしてもこれは正しておく必要があると考えたのです。

さすがに、大人のきちんとした選手たちは、二軸理論の動きをしようとすると、身体が固まるのが直感的にわかるので、二軸トレーニングに手を出した人はほとんどいなかったようですが、悪い影響を受けてしまった若い選手は、可哀想でなりません。

理論を自分の身体の内側から理解する

このことから学ばなければならないのは、やはり人間の身体とそれをコントロールしている脳というのは、極めて優秀で、本当に奥深い身体のメカニズムがそこから生まれているんだということです。

それを理解したうえで、研究者やトレーニング方法を考える開発者は、やはりとことん自分自身の身体を鍛え開発し、徹底的に観察し、その知見をもって他の究極的に優れた身体を観察し、さらにその知見を自分の身体で体現し直し、そうしたすべての知見をもとに科学的に正しい理論、方法を開発、提供しなければ、ときに人に、社会に、多大な迷惑をかけることを肝に銘じておかなければなりません。

この、自らの身体を使って、その「とことん」のところを体現できるようにするべきなのです。そうでなければ、本当のところを決してわかることはないからです。

測定機などを使った測定科学は、軸をはじめとした身体意識をあらゆる環境や条件下で直接測定分析できるレベルにはまだ到達していません。あくまでも生きる人体観察が中心で、しかも、その人体観察は優秀な選手を観察したり、動物を観察したりすることも重要ですが、もうひとつ、自分自身の身体で観察できると何よりも圧倒的に強力なのです。

自分の身体の内側から、その成果がわかるようになり、何度でも確かめられるのですから、とてつもなく研究がはかどります。

トップ選手がすさまじい動きをしたときに、自分の身体でその動きを再現できれば、「この感じで動いているんだ。この感じは……○○がこう働いて……」と内側から分析できたら、理想的な研究ができるはずです。

脊肋関節や仙腸関節をゆるませて、ずらし動かす運動なども、私は自分の身体でおそらく人類の誰よりも上手に体現できます。

その脊肋・仙腸関節を可動関節にするトレーニングは、すでに数十年にわたりさんざん取り組んできましたし、それをずらして動かし、側体を作るためのトレーニングも、日々当たり前のように実践してきた歴史があります。

当然、側体ができれば、そこに側軸が通るといった研究も大いに進んでいて、そこに二軸理論が登場し、「体幹がひとつのまま、股関節が2つあるので、2本の軸のほうがいい」という理論を発表したので、科学者の責務としてその過ちを正しておくことにしたのです。

やはり間違った理論は本当に罪深いことになるので、研究者の責任は重大だからです。

背骨の両側が可動する理想的な「相対連結」

これらのことを理論として正しくまとめると、次のようになります。

身体というのは理想的に見ると、背骨を中心にして、右側の身体、左側の身体があり、それぞれに「側体」という概念が与えられていて、右側体、左側体に分かれるわけですが、しかし、それらは完全に分断されているわけではありません。マジックの「人体切断」でもない限り、人の身体が〝三枚おろし〟で捌かれてしまうと、当然その人は死んでしまいます……。その意味では、側体が形成されたとしても、絶対的に体幹部が分離するわけではありません。

一方、背骨の両脇にある脊肋関節や仙腸関節が固着して不可動関節になっている人、つまり普通の人の場合、背骨を挟んだ側体は絶対的に連結している状態なので、これを「絶対連結」と言います。

それに対し、背骨の両側が可動状態になり、側体が理想的にできあがっていると、相対的に連結したり、分離したりできるので、これを「相対連結」と言います。つまり、連結も分離も相対的であり、こうしたことが人間の身体にはあり得るということを覚えておいてください。

しかしながら、ごく一部のトップアスリートや優れた武術家などの身体運動家を除き、ほとんどの現代人は「絶対連結」の状態になっているのが現実です。

しかし実は、相対的に連結しているのが、本来の人間の身体なのです。そのことを「相対連結」、「絶対連結」という概念の中から、ぜひ理解してほしいのです。

大事なことは、突然、理想的な身体が生まれるわけではないということです。

そもそも、背骨の脇にある脊肋関節も、仙骨の両脇にある仙腸関節も本来は可動関節なのです。事実、赤ちゃんや一歳～二歳児ぐらいまでは、みんな脊肋関節も仙腸関節も自由に動いていたはずなのです。

なぜ赤ちゃんの頃は、この関節を誰でも自由に動かすことができたのかと言うと、我々の祖先が四足動物の頃、自由に動かすことができていたからです。

このことに関しては、次章以降に面白い話が出てくるので、ここでは多くは語りませんが、四足動物の中でもより優れた動物ほど、脊肋関節や仙腸関節が見事なずれ運動をしています。

そして、なぜそのようになっているかと言えば、それもまた四足動物のルーツ、魚類の時代に要因があります。魚類はそこがずれ運動になるように、波動運動を行いながら、水の中を泳いでいて、そのメカニズムを継承したことで、四足動物も脊肋関節と仙腸関節のずれ運動ができるのです。

それが進化の過程で四足動物から人類にも受け継がれて、人類にも可動関節としての脊肋関節と仙腸関節が備わるようになったわけです。

こうした人間の生物としての、動物としての進化の歴史を考えていくと、左右の側体は本来、まさに連結しているのです。それは文字通り、連なって結ばれる、結ばれることで連なっているという状態です。

それが絶対的に連結した状態、つまり非常に強く緊縛状態になって結びついてしまったのが普通の人の状態で、それが解放できている人、赤ちゃんのときの身体をキープしたまま強靭な大人として、スポーツ選手として動けている人が、極めて優れたトップオブトップのアスリートだということです。

一方それは、動物としての歴史をさかのぼっていくと、魚類まで到達し、魚類時代に源のある身体のあり方にもつながっていくわけです。

これが私からかねてから提唱してきた「運動進化論」というものの考え方です。

人間というのは、そもそも突然この世に人間として生まれてきたのではなく、現在のミミズに近い線形動物（線虫）のような存在からはじまって、原索動物から魚類、両生類、爬虫類、哺乳類、そして人類へと進化してきたわけです。その歴史を、いい意味で機能的に遡っていく、つまり形状はかなり変わってきたとはいえ、構造としてはずっと受け継がれているものがあるので、それを機能として復活させることができている人間が、世界のトップオブトップのアスリートだと考えてください。

現代のスーパープレーにつながる武術

このことに関して、もうひとつだけ付け加えておくと、武術は今日、世界的に復活するように盛んになってきています。

私の聞いた話では、いまヨーロッパでは大小20誌もの武術系の雑誌が発行されているそうです。日本では、私が創刊時からその中心として仕事を続けてきた『月刊秘伝（ＢＡＢジャパン）』という媒体が、武術関係者だけでなく、アスリート、トレーナー、治療師など、身体運動、身体文化に関わる多くの人から支持され注目されていますが、こうした武術が復活してくることには、単なるブームではなく、きちんとした背景があるのです。

実は近年、人類は身体運動的にどんどん劣化する方向に加速しています。昔の人たちは身体を機械のごとく使いこなせていて、そうでなければ生きていけない、社会が維持できない環境の中で暮らしていました。

それが産業革命以降、蒸気機関ができ、内燃機関ができ、モーターもできて、石油や電気のエネルギーに支えられる状況を迎えた結果、身体を機械のごとく使いこなす必要がなくなって、劣化するようになったのです。

かつて、高度な機械として開発しなければならなかった人体を、開発しなくてもよいものとして存在させているのが現代社会です。

しかし、人類の直感というのはどこか優れたところがあり、そうした歴史的な流れの中で、スポーツというカタチで、非常に高度化した身体を追求するようになったのです。

実は、スポーツが高度化するまでは、武術が注目されることはないと私は考えておりました。そして私の予想通り、20世紀はスポーツの時代で、武術は日陰の時代でしたが、21世紀に入りどんどんスポーツが高度化してきたときに、武術に焦点が当たるようになってきたのです。

なぜなら、武術における身体運動の高度化はスポーツにおけるそれよりもはるかに昔、短く見積もっても数百年前、長く見積もると数千年も前に、極めて高度な理想的な身体運動状態に、すでに到達していたと考えられるからです。

武術の歴史の中にこうしたことがあり、その身体文化を室町時代から続く古流武術の継承者であった父親から私は薫陶を受け、教育を施されてきました。

先ほど紹介した、脊肋・仙腸関節をずれ動かして、体幹を割って使う「割体」なども、武術の伝統として存在してきた考え方なのです。

非常に優れた武術の中では、顕在意識のレベルで、お互いに教育・学習できる概念として、古くから伝わってきていました。

スポーツがここまで高度化してきたとき、そうした武術の情報や知識が必要とされるのは、いわば必然であり、ようやくそうした時代に入ってきたと言えるのです。

それに合わせ、人々のスポーツを見る目も肥えてきて、単なる勝ち負け以外に、高度化しているとは言えないようなスポーツの動きでは、フォトジェニックではない、見栄えが悪いとして、魅力を感じない時代に入ってきているのです。

やはりクリスティアーノ・ロナウドが、ワールドカップでハットトリックを達成したときのプレーなどが、スポーツを見る醍醐味であり、圧倒的な魅力になっているのです。

そうしたスポーツにおける超越的に高度なパフォーマンスは、昔日の武術が到達した世界を、現代から未来に向けて復元しようとしている行為だと見ることもできるのです。

「股関節」は驚くほど鈍感である

股関節の三大鈍感性①――触りたくても触れない「内奥性」

股関節にはこれまで語ってきた通り、6つの重要性があるわけですが、その反面、股関節は驚くほど鈍感であるという特徴も持っています。

先に、肩関節についてはローテーターカフにも触れて、肩関節は繊細な可動性を持った三次元関節であるという話をしました。このことから、鋭い人は「それに比べて股関節はちょっと鈍いのかな？」「そう言えば、股関節は肩関節と違って、位置がわかりづらい関節だったな」と、ピンときているかもしれません。

まさにその通りで、股関節の鈍さは、そうしたこととかなり関係しています。

それどころか事実を言ってしまえば、股関節は思いっきり鈍感な関節なのです。

その鈍感な理由が3つあり、それを「三大鈍感性」と言います。

ひとつは触ろうとしても触れない、見つけられないという問題。これは、身体の内側の奥の方にある性質なので、「内奥性」と呼んでいます。

股関節は、体幹の中で一番下のいいポジションにあるのに、奥のほうに隠れています。しかも多くの筋肉に囲まれているので、外からはその形を見ることも、また触ることもできません。

他の関節はどうでしょう？　手首は見えるし触れます。肘や肩も同様です。膝もそう。足首もそうです。このように四肢の主な関節は見ることもできれば触ることもできます。

ところが股関節は6つも決定的な重要性を持った関節なのに、見ることもできなければ触ることもできないのです。

その「内奥性」が、股関節の鈍さの理由〝その一〟なのです。

それに比べて、肩関節は服を着脱するたびに、その存在が勝手に意識されます。肘関節も同じです。電車で座席に座ったときも、お互いに肩関節が気になります。駅の階段や道路を歩いているときなども、人とすれ違うときは、肩が触れ合わないように気を遣いあうのが普通です。

ひと昔前は、すれ違いざまに肩が触れただけで、一悶着起きることもよくありました。肩が触れただけで文句を言ったり、舌打ちしたり……。トラブルのもとになったものです。

このようにして、肩関節は顕在意識に頻繁にのぼる存在です。それに比べると、股関節は忘れられたような存在で、顕在意識にのぼることは滅多にありません。ズボンを履くときも股関節は気にならないし、歩いていて他人と股関節が触れ合うことも皆無です。

こうしたことからわかる通り、股関節の「内奥性」は最たるもので、鈍さの大いなる原因になっているのです。

股関節の三大鈍感性②――骨と筋肉の区別がつきにくい

鈍さの2番目の原因は、筋肉との関係にあります。

股関節が大きな筋肉に囲まれているのは、「内奥性」の理由に含まれますが、もうひとつ、その大きな多くの筋肉に囲まれながら、その筋肉の働き具合にも影響を受けているのです。

それは「等尺性筋収縮」、英語では「アイソメトリック・コントラクション」と呼ばれるもので、筋収縮しているのに筋肉が動かず、長さが変わらないまま働いている状態のことです。「等尺性筋収縮」と言うより、〝等長性筋収縮〟と言ったほうがわかりやすいかもしれません。

肩こりなども、このアイソメトリックな運動が原因になっていることがよく知られています。肩の筋肉＝僧帽筋は常時働いているにもかかわらず、筋肉の長さが変わっていない状態が続くことで、肩こりを引き起こすのです。

長さが変わらない状態の筋肉は、代謝が落ちて疲労を溜めやすくなります。それが肩こりや背中や腰のこわばり、腰痛などの原因のひとつになります。

それと同時に、長さの変わらない状態の筋肉は鈍く、鈍感になってしまうのです。長さが変わらない＝動かない筋肉は、そこから情報が生まれないので、鈍感になるのです。

股関節周りの筋肉は、普段、長さの変わる運動をしない傾向にあります。手足は日常的に曲げたり伸ばしたりしますが、股関節周りの筋肉、たとえば中臀筋などは、相対的に長さの変わる機会の少ない筋肉と言えます。

左右に大きく動かせば、それなりに中臀筋も縮んだり伸びたりしますが、前後に歩くぐらいの動きでは、ほとんど長さが変わりません。というより、むしろ中臀筋は歩くときに長さが変わらないことで大きな仕事をしているのです。

歩くというのはなかなか難しい運動で、歩いたり走ったりしたときに、もし中臀筋の筋力がゼロになったとすると、左足なら左足を着地した瞬間、身体は左側によろけてしまいます。左側に向かって上体が倒れていくのではなく、腰の高さから崩れ落ちるように、身体が左側に流されて潰れてしまうのです。

人間が歩くたびに、腰の位置が左右によろけ流されないようにするための基本的な仕事を、中臀筋は担っているわけです。この中臀筋の働きは、アイソメトリック運動の典型的な例です。こうした中臀筋の働きを代表に、外転筋、上下の双子筋、梨状筋など、骨盤の裏から下にかけてある筋肉は、通常はアイソメトリックな働きが大半です。

大臀筋もそれほど筋長は変わりません。股関節は身体の中心にあり、その周辺の筋肉も少し動かすだけで、末端に拡大されて伝わるため、大きく動かす機会は少ないわけです。うちわを扇ぐときも手元は小さくしか動かしませんし、ゴルフのスイングにしても同じで、拡大された先端の動きは大きくわかりやすくても、その中心の動きは小さくわかりづらくなっています。

このように筋肉そのものがアイソメトリック運動主体になっていて、筋肉の変化・変動情報がわずかなので、筋肉も鈍くなり、その筋肉に包まれる股関節も必然的に鈍くなるわけです。おまけに筋肉は固まったままの状態が長いと、骨と一緒のものとして脳が認識しやすくなるのです。この認識はあくまで潜在意識での話ですが、これは非常に重要な問題です。

僧帽筋や中臀筋のようなアイソメトリック運動の状態が多い筋肉に対して、「今日もアイソメトリック運動の状態だな」「固まっているな」と普段から正しく意識している人はいないはずです。

しかし、とくに意識したことはなかったとしても、脳はそのことを知っています。つまり潜在意識では大きく影響を受けているということです。

それが日常化してくると、やがて骨と筋肉の区別がつかなくなってくるのです。そうなってしまった状態のことを、「骨筋非分化」といいます。

これは大事なことなので、ぜひとも覚えておいてほしいのですが、身体運動を高度化させる大原則があります。それは脳が筋肉と骨格をきちんと峻別できていることです。

脳が骨格と筋肉を曖昧に意識することなんて、ありえないように思われるかもしれませんが、普通のスポーツ選手レベルでは、決して珍しいことではありません。

とくにこの股関節周りや、大腿骨とその外側の筋肉、さらに背骨とその周囲の筋肉の区別はつきにくくなっています。

股関節の三大鈍感性③――身体の〝中心〟にあるからこそ……

三大鈍感性の最後は、「中心性」です。

股関節は身体の中でも、中心の中の中心です。骨格図を見ればわかる通り、股関節は非常に長い脚の根っこの部分にあり、体幹部を支えている根っこでもあります。

この根っこという部分が重要なのです。樹木にしても、幹はよく見えます。葉っぱも花も実もよく見えますが、根っこはまさに見ることもできず、意識にのぼりづらい存在です。

股関節もまさに人体の根っこなので、同じように意識化しづらい部分なのです。これはより中心にあるものの、いわば宿命と言ってもいいでしょう。この根っこ化しやすい性質を、「中心性」と呼んでいます。

その「中心性」には前述の通り、動きが乏しいという特徴があります。中心の動きは小さかったとしても、末端では何倍、何十倍にも拡大されるようになっています。それを最大限利用しているのがスポーツです。

スポーツはそれを楽しむものとも言えるぐらいです。

典型的なのは野球やゴルフです。とくにゴルフは、自分は一歩も動かずに、クラブを振ることによって、何百ヤードもボールを飛ばす競技です。まさに自己拡大そのもので、球技などのスポーツは自己拡大でできていると言っても過言ではありません。

サッカーのシュートも、股関節は大して動いていないのに、足先はとても大きなストロークで、しかも高速で動きます。そのため、足先から膝あたりまではとても意識しやすくなっていますが、このときに股関節が意識できているサッカー選手はほとんどいないでしょう。

大事な場面で必ず股関節を意識してプレーできているとしたら、その選手はもう、世界でもトップレベルの稀な選手です。

ゴルフでも、クラブヘッドに対する意識は誰もが強く持っていますし、グリップ、手の握り方なども強く意識されています。そこから手首、肘、肩と身体の中心に近づくにつれ、その意識は弱まっていきます。体幹の肋骨などになると、もう相当弱い意識状態になっています。股関節になればその意識はさらに弱くなるので、ゴルフの選手で股関節を正しく意識しながらスイングできているプレーヤーがいれば、かなりのレベルの選手だと言っていいでしょう。

これが3番目の鈍感性、「中心性」です。「中心性」は実に面白く、中心にあるからこそ根っこ化しやすく、意識が薄れやすく、問題にしにくくなるという特性があり、一方で中心こそ一番重要な部分であるわけです。

運動は中心から発せられ、あとはそれを拡大する装置に過ぎないので、中心の動きが決まれば、あとはほとんどそれを邪魔しなければうまくいくようになっているのですから。

つまり、「中心性」は非常に重要であるということと、非常に根っこ化しやすく、見失いやすく、大事にされにくいという、両方の性質を同時に持っているのが大きな特徴なのです。

というわけで、この序章で語ってきたことをまとめると、股関節には6つの重要性と3つの鈍感性があり、最後の「中心性」に関しては、鈍感性の理由であるとともに、重要性の理由にもなっています。

こうしたことから、股関節の重要性を十分理解していただけたことでしょう。一方、これほど重要なのに一番鈍いのが股関節なんだ、ということも納得いただけたのではないでしょうか。

この重要性と鈍感性の両方をたくさん持っているところが股関節の肝であり、科学的な知見からトレーニングを構築し、アスリートの皆さんが股関節を科学的な方法で開発していく意義もここにあるのです。

●股関節の六大重要性と三大鈍感性

六大重要性

①人体最大最強の関節である

②人体の中で最も完全な三次元関節である

③体幹内肢性

④体重支持と移動性

⑤双離性

⑥側軸

三大鈍感性

①内奥性

②等尺性（筋収縮）

③中心性

第1章

鈍感大王・股関節を キレッキレ帝王に変える

まずは股関節の位置を知る

股関節の位置がわからないことが鈍さにつながっている

序章では、自分の身体において、股関節がどういう状況にあるのかを多角的に見てきました。それを踏まえて、この第1章では、股関節の持っている〝性質〟の部分に着目し、どんな方法やアイデアで、どのように変えていけばいいのかについて、できるだけ細大漏らさず、しかも、より合理的な順序立てに整理して、皆さんにお届けしていくつもりです。

ここでは、股関節のどんな性質を、どんなふうに変えて、そのためにはどんなアイデアがあるのか、といったことについて記していきます。

後半はその必要なメソッドをきれいに整理して、メソッドとともにそのトレーニングの注意点などを解説していきます。

では早速、ところどころ序章を振り返りながら、その具体的な話をしていきましょう。

まずは、股関節を変えていく際に、どこから変えていけばいいのかについてです。もちろん股関節の位置は決まっているので、この場合、変えていくのは股関節の性質になります。

私が研究者や指導者として、多くのスポーツ選手やそれ以外の身体運動の専門家たちを教えてきたデータからすると、最初に取り組むべき点は、股関節の鈍いところをいかに敏感にしていくか、これに尽きると言っていいでしょう。

では、鈍いところを敏感にするとは、科学的に見るとどういうことになるのか。はじめにそのことから解説していくことにします。

少々ややこしい話になりますが、これをご理解していただければ、「そうか。そういうことなのか」と、その先の話がスイスイと抵抗なく受け入れられるような〝理解力〟が得られるはずですので、お付き合いください。

さて、その鈍さへのアプローチですが、鈍さ＝感度を変えることには、いろいろなファクターが絡んできます。

序章でも解説したように、第一に股関節がどこにあるのかということを、うまく感じられていないという現実があります。その股関節の位置をつかめていない状態が、そもそも最大に鈍いことなのです。

そして、それは鈍さのランキングで言えば、最上位の鈍さになります。

たとえば、これから友達の家に寄って、どこかに遊びに行くとしましょう。そのとき友人の家がどこにあるのかをわかっていなければ、はじまらないのと同じです。その友人の家が何階建てか、外壁は何色か、どう声をかければ出てきてくれるのかなど以前に、そこで友人と合流し、そこから遊びに行くためにはいろいろな情報、ファクターが必要になります。

その中でも、友人の家がどこにあるかという情報は、最も重要です。位置がわからなければ、他の情報は一切役立たないわけですから。

股関節へのアプローチにもまったく同じことが言えて、何はさておき、まずはその場所を正確に把握することからはじめなければなりません。

そのためには、まず自分の股関節の位置を身体の外側から探っていき、やがて内側からもわかるようにしていくのが有効です。

はじめのうちは外側からしか手掛かりがないので、どこどこの骨から、〇度の方向に〇センチ……といった情報も必要になりますが、正確な股関節の位置を知るには、何を基準にすればいいか、ご存知でしょうか?

大転子と股関節の位置的関係性

股関節は鼠蹊部にあります。鼠蹊部という言葉はなじみが薄いかもしれませんが、鼠蹊部は下腹部から太ももにかけて、V字型になっている部分=Vゾーンのことです。1980年代後半に流行したビートたけしの「コマネチ!」というギャグがありましたが(※1976年のモントリオール五輪、1980年のモスクワ五輪で金メダルを獲得した女子体操のナディア・コマネチのハイレグ姿をネタにしたもの)、あのギャグでビートたけしが擦っていた部分が、鼠蹊部=Vゾーンです。

この鼠蹊部は、股の中心に近いところから腰の横までかなりの長さがありますが、股関節はこの鼠蹊部のちょうど中点に位置しています。

立体的に言うと、その鼠蹊部の中点で、なおかつ腰の前後の厚みの2分の1のところにあります。その2分の1の位置がいまひとつピンとこないという人は、腰の真横の高めにベルトをかける骨、腸骨稜をまず親指で触ってみてください。そこから真っ直ぐ下に降りていくと、もうひとつ骨の固まりが出てきます。腸骨稜より少し丸みを帯びた大きな骨の出っ張りです。この骨は、ちょうど身体（腰）の前後の厚さの2分の1の位置にあります。

この出っ張った骨を「大転子」と言い、股関節が大腿骨とつながって、急角度に膝のほうへ向かって曲がる部分になっています。

この大転子は触ることができるので、立位になって、まず左手で大転子の位置を触って、右手は鼠蹊部＝Vゾーンの中点を触ってみてください。

そうすると、右手と左手の位置はほぼ同じ高さで揃うはずです。正確に言えば、大転子のほうがわずかに低くなっています（※詳しくは、4・5ページの全身骨格図を参照）。

股関節の丸みのある部分を「骨頭」と言いますが、それと大転子を見比べると、股関節の骨頭より大転子のほうが少しだけ低いのがわかります。したがって、股関節の位置は、実際に触れてわかりやすい大転子よりも、ちょっとだけ高いところにあるということを覚えておいてください。

そして、その正確な位置を一発で把握するには、やはり鼠蹊部の中点の奥、身体の厚みの2分の1のポイントという覚え方をするのがいいでしょう。

その厚みの2分の1のポイントは、大転子を触ってみればわかるというわけです。その大転子＝股関節の高さであればわかりやすかったのですが、股関節は大転子よりも、指1本〜1本半ほど高いところに位置します。

この大事な解剖学的構造である大転子と股関節の関係をまず把握しておくことが肝要です。これが外側から股関節の位置を把握する方法となります。

股関節の位置を脳がわかる＝スポーツで使える

そしてさらに、この股関節の位置を、身体の内側からもわかるようにしていきます。なぜかと言えば、脳が内側から股関節の位置をわかるようにならないと、スポーツで使うことはできないからです。

考えてもみてください。スポーツの重要な場面で股関節を使用しようとしたとき、いちいち「Vゾーンの2分の1のところで、厚みは大転子の位置で、高さは大転子の指一本上の……」といった作業が不可欠だとしたら、それは試合の最中に使えるものではなくなってしまいます。

スポーツでやるべきなのは、自分がいまどこに立って、仲間はどこにいて、相手はどこにいて、戦況はどう動いているのか。野球であれば、バッターボックスに入り、「今日のピッチャーの傾向は？」「相手の守備位置は？」と、そういったことを考える必要があるわけで、そこで股関節の位置など気にしてはいられません。

ましてや、バットを振る瞬間に股関節を身体の外から捉える余裕なんてないはずです。

ところが、股関節の位置が内側からわかるようになると、バッティングの瞬間でもきちんと股関節を意識して使えるようになるのです。

バッティングを例にしましょう。ボールを見ながら腰をきちんと回せている人は、腰の位置がどこにあるかが内側からきちんとわかっているために、腰を回すことができるのです。腰の位置を外側から見ないとわからないようでは、ボールと腰を同時に捉え意識することはできないので、腰だって使えないのです。

ここが非常に大事なところです。

腰はひとつなのでまだわかりやすいのですが、股関節は2個あるので少し難しくなります。腰はひとつとして理解し、コントロールしようとしますが、股関節は大変です。

しかし、2個の股関節を一度に意識するのが大変であれば、次のような方法もあります。テイクバックしはじめるとき、右バッターなら、まずは右の股関節を意識し、テイクバックからフォワードスイングに入っていく段階で、今度は左の股関節に入っていく……。こうすれば一度に意識する股関節は1カ所で済みます。少しは意識しやすくなるでしょう。

「そうか。2つを一度に意識するのではなく、流れの中でどちらかひとつずつを意識していけばいいのか」ということを、練習のプロセスの中でつかんでいけばいいのです。

またコーチなども、「君はテイクバックのときは右の股関節、フォワードスイングのときは左の股関節が意識できるといいね」といった具合に指導していけば問題ありません。

この場合どちらも、動きをリードする側の股関節が重要なので、もしリードする側の股関節がうまく使えていない場合は、その動きの中でどちらの股関節を意識すればいいか、指摘するようにしていけばいいのです。

一方でテイクバックするときに、左の腰をどうしても深い位置まで持ってくることができない、どうしても左の腰が残ったままフォワードスイングに入ってしまう選手がいたとします。こうなると、下半身のいい〝タメ〟ができません。そうした人は、テイクバックの後半で左の股関節を意識して持っていくと、深く左腰が入ってきます。フォワードスイングに入っていくときは、そのまま左の股関節のリードで打っていけばいいのです。

一方、フォワードスイングに入ったとき、右の腰からしっかりと威力を作って、右手でしっかり打つのが弱い人がいたとしたら、テイクバックで左の股関節、フォワードスイングで右の股関節の意識にスイッチするというやり方だってあり得るのです。

このように股関節は2つあることで、実に便利に使いこなすことができるのです。

ここでは野球のバッティングを例にしてきましたが、バッティングでこのように股関節を活用できるということは、当然ピッチングにも活かせますし、ゴルフのスイングにも使えます。

とくにゴルフは、野球と違って止まっているボールを打つので、股関節をバッチリ意識して使えます。テニスや卓球のサービスでも原理的には同じことです。

ただしサッカーでは、敵・味方が4～5人もひしめくような瞬間に、右の股関節を意識し、それから左の股関節を……といった意識でプレーするのはさすがに無理でしょう。

たとえ、左右の股関節の位置を正確につかめるようになっていたとしても、最初のうちはできるはずがありません。

そのような瞬間は、認知してから判断、行動するための情報量があまりにも多過ぎるので、さすがに股関節を右だ、左だと意識する余裕がないからです。

しかし、フリーキックなどボールが止まっている状況では、十分に股関節を意識できます。たとえば右足でボールを蹴る場合、まずは軸足となる左の股関節を意識して、ボールを蹴る蹴り足がフォワードスイングに入るところから右の股関節を意識していけばいいのです。これが一番ベーシックな股関節使いとなるでしょう。

ただ、このときもアイデア次第では、蹴り足である右の股関節をずっと意識し続ける方法だってありますし、軸足の左の股関節をずっと意識し続ける方法だってあります。

たとえば、軸足の股関節をずっと意識し続けた場合、右の蹴り足はできるだけ力を抜いて、右の腰周りから足までの重たい部分、重量にして15キログラムぐらいでしょうか。その重みを十分に意識して、「その重みを活かそう」というのもいい発想です。

左の股関節はくっきりと軸足を支え、蹴り足は十分に脱力を効かせて〝重み〟を感じるようにして、いい腸腰筋使い、腸骨筋や大腰筋を最大限に活かす方向で使えばいいのです。

このように股関節の場所が正確にわかると、そこを意識して使うことが可能になってきます。

ゆえに、股関節が身体の中のどこにあるのかを、まず最初は身体の外側からきっちりつかんで、決して位置を間違えないようにすることからはじめてください。

股関節の位置を脳で正しく理解＝世界のトップ選手

このように、股関節の位置を間違えてはいけないということに関して、面白い話があるので紹介しておきましょう。

実は多くのスポーツ選手、アスリートは、脳が股関節の位置を間違って把握している例がほとんどなのです。

それは「あなたの股関節はどこですか？」と問われたときに、正確に答えられないといったようなレベルではありません。股関節の位置を外側からわかっている、わかっていないはひとまず置いておいて、そのスポーツ選手、アスリートが内側から、脳で股関節の位置をわかっているかという話です。

そうでなければ、スポーツの競技中の瞬間に、股関節を正しく使うことはできません。

にもかかわらず、股関節の位置を内側から間違えて捉えている選手がほとんどなのです。

「えっ、間違えているのにスポーツができるの？」と思うかもしれませんが、股関節の位置を間違えて把握していても、スポーツはできます。ただし、できるとは言っても、大雑把にしかできませんが……。

逆に言えば、世界のトップ選手は、イコール股関節の位置を脳が内側からきちんとわかっている選手と言い切れます。これは間違いありません。

正確無比のシュートを決めるサッカーのトップ選手や、シュートコースがほとんどないような状況で体勢を整える時間もないまま、凄まじいタイミングで、振り向きざまにミラクルシュートを決める選手は、脳が内側から股関節の位置を正しく捉えているからこそできるパフォーマンスなのです。

もし、その選手が内側から股関節の位置をわかっていなかったとしたら、そうしたシュートはまぐれ以外の何ものでもありません。しかし、狙ってできた選手は、必ず股関節の位置が内側からわかっていたのです。

このことは、ここで、はっきりと覚えておいてください。

ミスは股関節を〝ざっくり〟動かしていることで起きる

右足でシュートを蹴る人は、シュートの際、左脚が全体重を支えています。その左脚に対し、体幹を確実に正しい位置に持っていかないと、正確なシュートはできません。そのとき左足は地面に着いていて、脛骨があり、大腿骨があり、その上に体幹がのっているわけですが、その体幹の正しい位置を決める関節はどこでしょう?

全身骨格図を見てみると、足から体幹までの関節のうち、足首や膝の関節は非常に恵まれた位置にあるのがわかります。

足首の関節はそのちょうど真上に、真っ直ぐに脛骨がのっています。少なくとも足首の関節は、左右方向の位置の決定をそれほど考えなくてもいい構造になっています。

同様に、膝関節も左右への自由度はほとんどありません。序章でも語ったように、左右に動かし過ぎると膝関節は壊れてしまいます。そもそも左右方向には曲がらないようにできているわけです。

それに比べて股関節はどうでしょう？　股関節は理想の三次元関節であるがゆえに、もともとツルツル・クルクルに前後にも左右にも斜めにも動くようになっています。

しかも、足首の関節や膝関節と違って、股関節はそもそも真っ直ぐにはついていません。横向きになって、大腿骨に対してずれたところにあるのが股関節なのです。棒状のものというのは、それが真っ直ぐならば、その先にあるものもコントロールしやすくなります。しかし一方、その途中が大きく曲がっていたとしたら、大変にコントロールしづらくなります。

おまけに股関節は骨盤骨の2分の1の、さらに2分の1のところについていて、全体として見たときに1：3という非常にアンバランスなところにあります。左脚を軸に片足立ちになれば、当然、右側に大きく傾く力が働きます。

このように大腿骨から見ていくと、まず股関節が大腿骨の曲がった位置にあって、股関節から見ると、さらに曲がったところに、体幹から上の重みが乗ってしまっている状況になるわけです。

そうすると、右足でシュートする際、軸足の左脚に対し、流動的に体幹をベストポジションに持ってくるという重要なミッションを与えられているのは、股関節だということがわかるはずです。

またフリーキック以外のシュートでは、相手ディフェンダーや味方がいる中で、相手を見ながら方向転換をして、そこから何歩か動き、シュートモーションに入ります。このときの方向転換は、ざっくりしたものでいいのでしょうか？

実は、世界のトップ選手以外の選手はざっくりでも許されています。彼らはざっくりしか股関節が使えていないので、ざっくりした方向転換しかできないからです。しかし逆に言えば、彼らは股関節をざっくりしか使えないために、方向転換も大雑把で、ゆえに世界のトップアスリートになれないのです。

たとえばゴール前の攻防について、「いまのは角度的に左にもう3度かわして、その次の一歩は8センチ先に着くのが理想だった」としても、サッカーは忙しいスポーツなので、プレー中にいちいちそんな反省をすることはまずありません。

それが野球のバッティングやピッチングだと、ある程度一人で行える時間がとれるので、自分の身体の細かい動きまで観察しあうという特徴があります。

だから、細かい指導を好む野球のコーチは、練習中すぐに「角度がわずかに開き過ぎだ」「左足の踏み出すタイミングが……」と、動作を分解して指示を出します。

しかし、サッカーも人間が行うスポーツなので、同じように細かい分析も可能なのです。そうした視点で、クリスティアーノ・ロナウドやリオネル・メッシ、アンドレス・イニエスタといった選手を見ると、好調なときには足を着く角度で言えば1～2度、距離で言えば1～2センチの範囲内で、常に理想に近い動きを体現しています。

その正確な動きを生み出すために、最大の役割を果たしている関節が、股関節なのです。

序章で「股関節の六大重要性」について語りましたが、それを実践的に、もっとスポーツのシーンで活かすために何から手を付けていけばいいのかを考えていくと、こうしたことが見えてくるのです。

卓球などで見事なスマッシュを放ったとしても、1ミリでも卓球台をオーバーすれば、アウトです。これなども股関節の使い方がわずかにアバウトだったために起こる現象のひとつで、こうしたケースはさまざまな種目でいくらでもあります。

腸腰筋と「裏転子」が変わる！

座ったままで股関節の位置をチェック

前述の通り、肝心なのは、股関節を内側からわかるということなのです。

そこで、この第1章を読んだ皆さんには、外側から「股関節はここだよ」とわかる方法を、きっちりとまずトレーニングしておいてほしいのです。

外側から股関節を捉える方法は、すでに語ってありますが、今度はイスに座ったままやってみましょう（※詳細は89ページ）。

大転子を触ったまま、太ももから膝にかけて左右に開閉してみてください。このとき中指を、鼠蹊部＝Vゾーンの中点に少しだけ突き刺すような感じで触れておきます。そうすると、その指先の奥で何かが動いているのがわかります。拳よりひと回り小さい何か、まるで小動物が動いているかのような感触がしませんか？

もしわかりづらければ、一度開閉させている脚を止めてみましょう。じっとしていると指先で動いていた何かも止まります。そこから再びゆっくりと脚を開いていくと、指先で何かが動いているのがわかります。

この動いている何かこそが股関節です。

これは、外側から一所懸命股関節の位置を理解するために、「ん？　動くのかな、これは」といった具合に、指先で探っていくワークですが、こうして股関節を動かすことによって、はじめて内側から股関節を感じられるようになるのです。

つまり、動かしてみることが非常に重要で、動くと股関節がどこにあるかがわかってくるのです。

同じ目的地を探す場合でも、先ほどの友人の家を探す例と違うところです。友人の家は動きませんが、股関節は動かせるので、動かせばよりわかりやすくなるのです。

ゆえに、外側から触って、「股関節はここだ」と確認できたら、そのまま脚を開閉させて動かしてみてください。

数回動かすだけでＯＫですので、そうしたら一度立ってみましょう。

立って鏡を見るか、仲間かパートナーに、その立ち姿を観察してもらってください。立った感じはどうなっていますか？

座った状態で、左の股関節の位置を探していた人は、左側に体重が乗っているように見えるはずです。

次に「その場歩き」をしてみてください。

どうでしょう。「その場歩き」の観察で大事なのは、離地と接地です。つまり、足がどれだけ鮮やかにサッと床から離れるか、そして鮮やかにスッと床に着いて体重支持ができるか、この2点をチェックします。

やはり股関節を触った左足のほうが、スパッときれいに体重が乗っています。また離地も左脚のほうがスッと抵抗なく上がるはずです。この離地の「スッ」というのは、素早さでもあり、抵抗成分の少なさを示しています。体重支持でも同じくスッと楽に体重を支えている実感があると思います。

位置がわかるだけでトレーニングになる

一方、股関節を探していない右脚は、股関節探しをした左脚に比べて、離地にも抵抗感と重みがあり、モコモコとした太い感じがあるのではないでしょうか。

この「太い」という感じはとても重要で、右股関節の周りの筋肉が硬縮していることを、左脚の股関節により、感じている証拠です。

股関節の意識が薄い側の脚は、アイソメトリック的な運動に慣れてしまっていて、ゴワゴワしてムダな力みが強い筋肉になってしまっているのです。

その他、中央軸が左に寄ってきた感じや、左肩が下がった感じなども見受けられるでしょう。

体重支持について言うと、静止立位だけでもよくわかります。人間の脳は面白く、そして実によくできていて、静止立位しただけでも、使えるほうの股関節で体重を支えようとするからです。だから中央軸も、そちら側の股関節に自然と寄ってきてしまうのです。

要するに、脳が潜在意識下で使える側の股関節を頼りにするようになるということです。

この場合、左側の股関節が優秀な選手の状態で、右側の股関節は平凡な選手の状態だと考えてください。

本当に短時間で股関節の位置を探索・確認しようとしただけで、これだけの差が生じるのです。

さらにもし、この「位置がわかる」ということをトレーニングとして考えるなら、トレーニングとは言えないほどの時間しか費やしていません。せいぜい片方の股関節に対し、2分程度です。

それでも、その場歩きをやってみると、離地も鮮やかで、より短時間できれいに足が床から離れます。接地も鮮やかでより時間がかからなくなります。

離地は短時間であるほど脚全体が早く動いたことを意味します。走るのも速くなれば、シュートも速くなります。方向転換で足を動かすのも速くなります。

接地については一見地味ですが、体重をいかに支えるか、前述の通り、体重を支える最大の役割を股関節が担っているわけです。時々刻々の流れの中で、体幹がどの位置にあったらベストなのかということが、そのまま接地の能力になってきます。

それが股関節の意識が高まることで、鮮やかで、スムーズになってくると、走るときにも体幹の乗った、いわゆる勢いのある走りになってきます。さらに、バッティングやピッチング、サッカーのシュートにしても、体重が乗ったバッティングになり、ピッチングになり、シュートになってくるのです。

あらゆる場面で脚がスパッと上がる

要するに、「体重が乗る」というのは、この接地の能力で決まってくるのです。

さらに言えば、身体を横から見てみると、私が「裏転子」と名付けたハムストリングスと大臀筋が、股関節の意識を高めたほうの脚だけ、非常に強く使われているのがわかります。この「裏転子」がピシッと働いて、一瞬で体重を支える状態になっています。

このまま、いきなりダッシュをしようとした場合、当然「裏転子」の効いた左脚で地面を蹴って動き出したほうが速く動けます。

一方、離地のときに使っている筋肉の代表は腸腰筋になります。股関節の意識が高まると、腸腰筋がより働いて、腰椎から鮮やかにスパッと切るような感じで、太ももが上がってきます。左右の脚で比較すると、その感じがよくわかることでしょう。

左脚に比べると、右脚のほうが、モタッとした上がり方になっているはずです。しかも外側から回ってくるような上がり方になっています。

実は股関節の位置が少しわかっただけでも、これだけ変わるのです。その変わり方というのは筋肉にすぐに反映し、股関節がわかってくると腸腰筋、つまり腸骨筋と大腰筋が働き出して、刀でスパッと切るように鮮やかに腰椎から足が上がるようになるのです。

それに比べ、股関節の意識が薄い右脚は、外側から回るようにモタッと上がります。これは腸骨筋・大腰筋を使える比率が低く、大腿直筋に頼った動きになった結果です。大腿直筋は身

●裏転子の位置

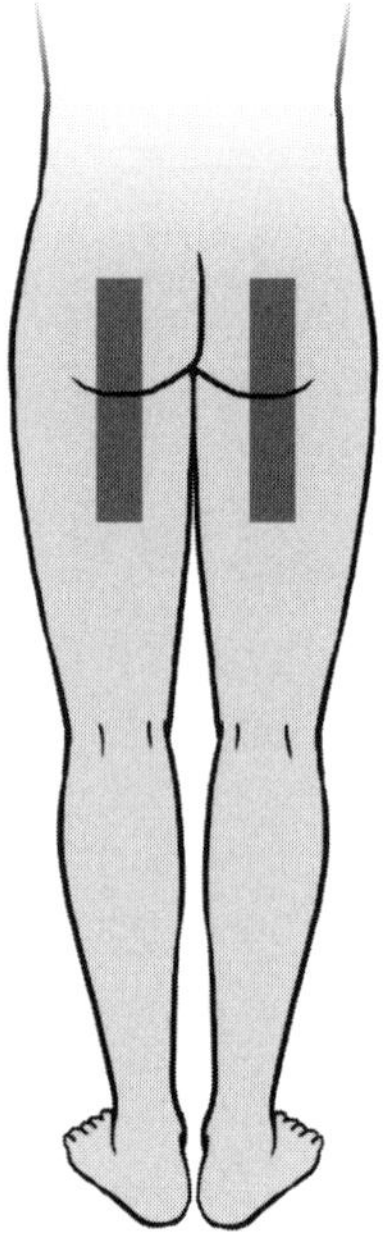

●腸腰筋とは

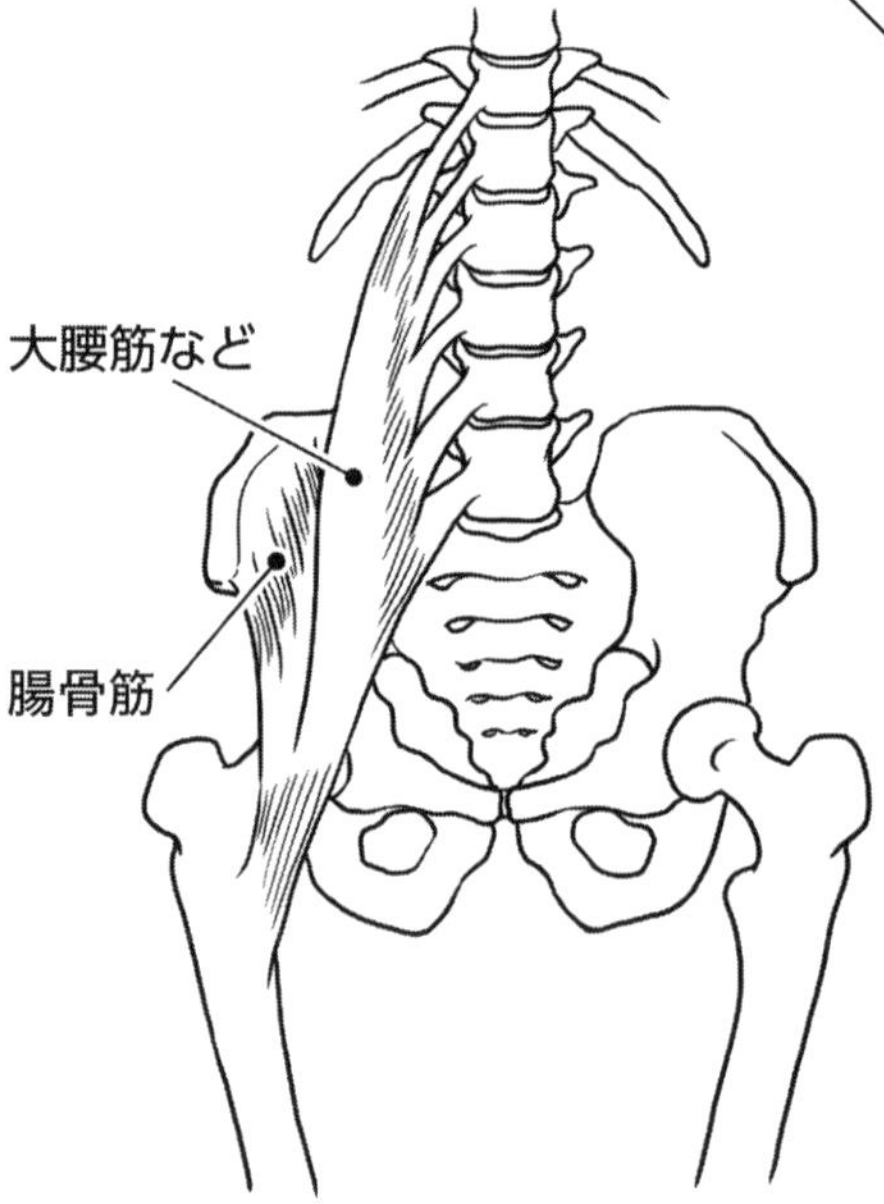

腸腰筋とは、腸骨の上端から大腿骨につながる腸骨筋と、腰椎・胸椎から大腿骨に伸びる大腰筋などの総称。

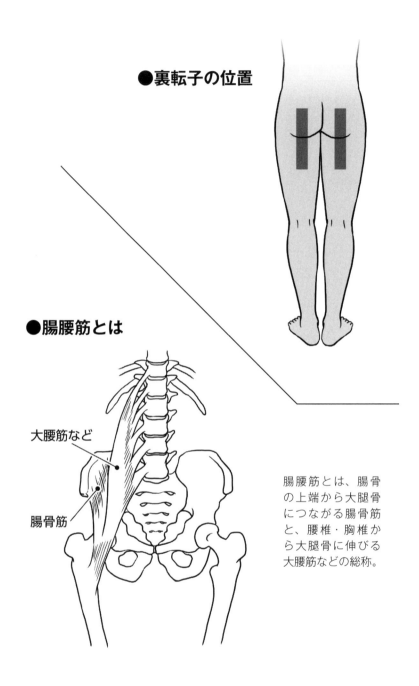

体の中心の腰椎ではなく、骨盤の端に付け根があるので、この筋肉で足を上げると、どうしても外側から回ってきたような、軸のブレる粗い動きになってしまうわけです。

また、これが重要なところなのですが、外側から回ってくる分だけ、バランスを崩しやすくなり、転倒とは別の意味で、すでにバランスを崩しているのです。

スポーツにおいては、倒れること＝バランスが悪いという意味ではありません。きれいに重心の位置がとれて、いい流れのシュートを正確に打てるといったことが、スポーツのバランスがいい状態であり、それを基準に考えると、大腿直筋で脚を上げただけでも、すでにバランスは崩れていると言えるわけです。ここが重要なところです。

大腿直筋が主体の場合、遅くて、なおかつ外側から回ってくるため、身体の中心軸から脚が動いていないので、どんなスポーツでも優れた動きにはならないのです。

こうした股関節のいい影響は、下半身だけでなく、歩くときの腕の振りをはじめ、全身のすべてに及びます。

序章で、「鈍さにもいろいろある」という話をしましたが、股関節の鈍さを改善することにおける第一のメリットは、こういうところにあるのです。

股関節の鈍さは、ここで紹介した考え方と方法でもかなり改善できるということを覚えておいてください。

股関節チェック法（股関節回解覚醒法）

さて、ここからは実技編です。

最低限、これをやりましょうというメソッドを5つ紹介していきます。これを「最低限ファイブメソッド」と名付けておきましょう。

この5つの基本メソッドから、ぜひとも鍛錬してみてください。

『その1　立位（踵クル立位）

①ポジションは立位です。

②まず左右の大転子の位置を確認しましょう。腰骨の上端、腸骨稜から、手のひらの長さひとつ分下がったところに大転子があります。

③地球の中心＝美しいシルバー色のイメージの地芯上空6000キロにストーンと〝乗って〟立っている感じで、右股関節の場合は右足を斜め45度に半足長前に出して、かかとを床につけたまま、つま先でタオルをつかむ感じで数ミリ浮かせます。

④右手をL字形にし、それを逆転させて大転子を側方からつかみます。

⑤左手は中指を突出させて中指突出手法を作り、右のVゾーン、鼠蹊部の中点に当てて、股

関節の中心を探るように軽く突きこんでください。

⑥股関節と、かかとを中心にして、40~60度ぐらいの範囲で足を回しながら、股関節の中心を探すように努力します。

このとき股関節は、右手と左手に挟まれた場所にあって動いています。その動いているものを探していくと、だんだん正確な位置がわかってきます。このときに、右手で大転子を押さえることで得られる情報と、左手の中指を中心に突き刺しているところから得られる情報と、実際に股関節およびその付近で、内部的に感じられる情報の3種類の情報を脳は一所懸命統合しながら探っています。「何だろう、何だろう」「あっ、これかもしれない」「これだ」「さらに中心はどこだろう」など、こうした作業を進めているわけです。

このような脳の働きを引き出すのが、このメソッドの一番重要なところです。

時間的には、片方の股関節に対し30秒~1分程度が標準ですので、1分ほど行ったら、反対の脚に切り替えて、①~⑥を繰り返します。

ちなみに、足を回すときは、「クルクル、クルクル」とつぶやきながらやってください。この擬態語を使うことで、股関節と、かかとを中心とした、きれいな軸=シャフト感がそこに生まれるからです。このシャフト感は、股関節を覚醒させるのに非常に役に立ちます。

さらにこのシャフト自体が、スポーツのいろいろな場面で、下半身のそれぞれの脚の軸につながっていきます。このシャフト感はそういう二重の意味で重要です。

●股関節チェック法　その１ 立位（踵クル立位）

L 字手法

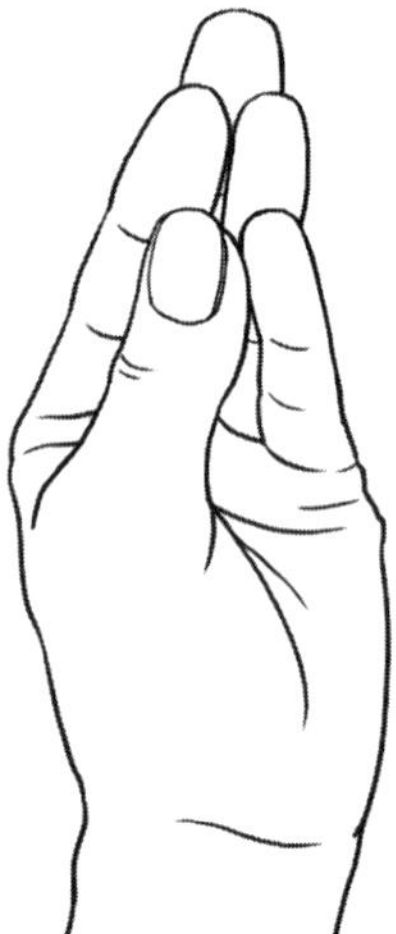

中指突出手法

その2　座位①

立位の他に、この「股関節チェック法」は、イスを使った座位で行うことも可能です。

①イスに座って、足を腰幅ぐらいに開きます。膝はその外側に、膝の厚みの半分ぐらい開いておきましょう。ここでも、美しいシルバーの地芯上空６０００キロに座っているつもりになるのがコツです。

②右手をL字形にして、それを逆転させて大転子をつかみます。

座位の場合は、股関節が屈曲しているので、一番屈曲しているところをつかめば、そこが大転子です。うっかりするともっと前側、太もものほうをつかみがちなので気を付けてください。感覚的に言えば、腰の横というより、少しお尻に入ったあたりと覚えておくといいでしょう。

③左手は立位のときと同じように、中指突出手法で、右のVゾーン、鼠蹊部の中点に当てて、股関節を探るように突きこんでください。座位では、股関節が屈曲している分、股関節との間に肉が集まってきています。それだけに、かなり深く探って突っ込むようにします。

④座位のときは、かかとを中心に足を回すのではなく、足裏の外側だけは常時床に着け、足裏の中央から内側は床に着いたり、離れたりという状態になるように動かします。

つまり、おのおのの股関節を中心に、左右の大腿骨が同時に内旋運動・外旋運動を繰り返すということです。この内旋・外旋の動きの幅は、角度でいうと15～20度前後です。

⑤内旋・外旋を繰り返しながら、右手と左手からの情報と、腰の中の情報を上手に活かしな

がら股関節の中心を探っていきます。
⑥30秒〜1分ほど行ったら、反対側の股関節を探索します。

トレーニングをする時間が長めにとれるときは、片側1分ずつにして、それを数セット繰り返してください。

大事なことは、大転子をつかむ手と、鼠蹊部の中心に突き刺す指を、左右スイッチするたびに、毎回きちんと作り直すことです。慣れてくると、適当な形になりやすいので気を付けること。手の形が崩れると、手の探索機能が落ちてくるので、毎回きちんと作って、きちんと当てることが肝心です。

とくに1回目より2回目のほうが、よりいい位置で、よりいい深さで当てられるようにするのがポイントです。当然2回目より3回目、3回目より4回目……と、上達できるよ

●股関節チェック法　その2　座位①

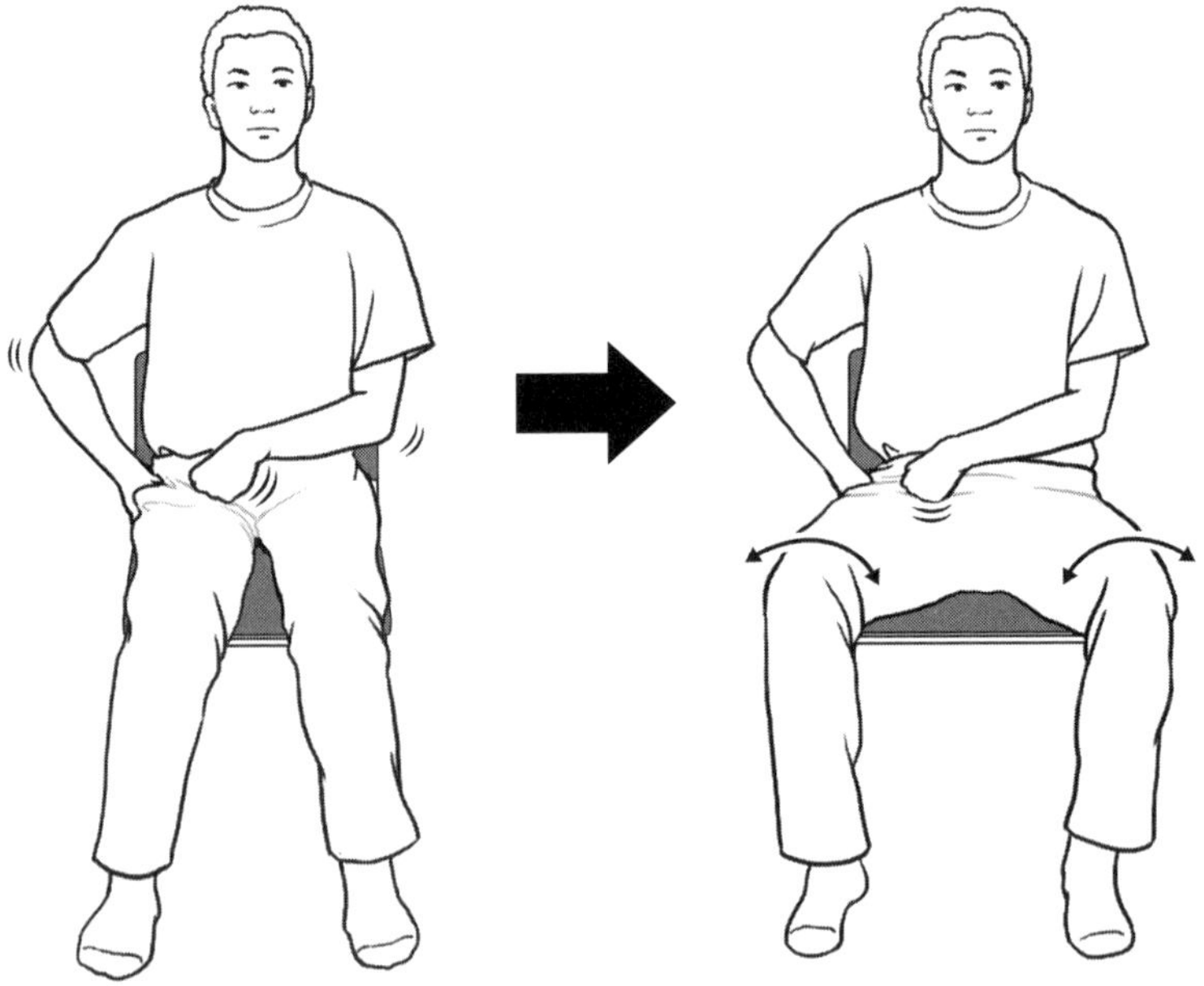

うに工夫してください。

私たち科学者は、何でもすぐに実験してみる性質でして、スポーツ選手にこのメソッドを指導するときに、手の使い方があまり上手ではない男子選手に対して、私が背後から立ってその選手の大転子をつかみ、鼠蹊部の中心を突きこんでやってもらったことがあるのです。

この場合、本人の手からの情報は得られていないにもかかわらず、「股関節が、かえってよくわかった」と言われました。これは私の押さえ方がよかったからです。

「うわ〜、自分の手を当てたときより、高岡先生に押さえてもらったときのほうが、何十倍も股関節がよくわかります」と言う選手が何人もいたぐらいです。

つまり、大転子の押さえ方と、鼠蹊部の中点に指を突き込むというのは、それほど奥が深い技術なのです。

したがって、メソッドを繰り返すごとに、より押さえ方が上達する、より股関節がわかるように、より効き目があるように押さえることが重要になるわけです。

その3　座位②（踵クル座位）

座位にはもうひとつ別のバージョンがあります。

イスに浅く座って、ふんぞり返って足を前に投げ出して座るやり方です。

足を伸ばしているので、立位のときと同じように、片手は大転子、もう片方の手は股関節を中指突出手法で押さえながら、かかとから股関節のシャフトを中心に回軸運動（軸まわり運動）

を行います。

その4　仰臥位（踵クル仰臥位）

床に寝転がって、仰臥位でやる方法もあります。片脚ずつ、かかとと股関節を中心に回軸運動をするのが原則ですが、片方をクルクルと動かしているときに、もう片方がつられて動いてしまったとしても問題ありません。

股関節チェック法のポイント

じっくり行いたい人には、前記の4種類の方法はいずれも向いています。

一方、練習のさまざまな場面、スポーツに関わるさまざまな場面では、当然、立位が向いています。

上達してくれば、一瞬で手の形などを確認して、1秒以内に股関節チェック法をはじめられます。そうすればグラウンドやピッチ、

●股関節チェック法　その3　座位②（踵クル座位）

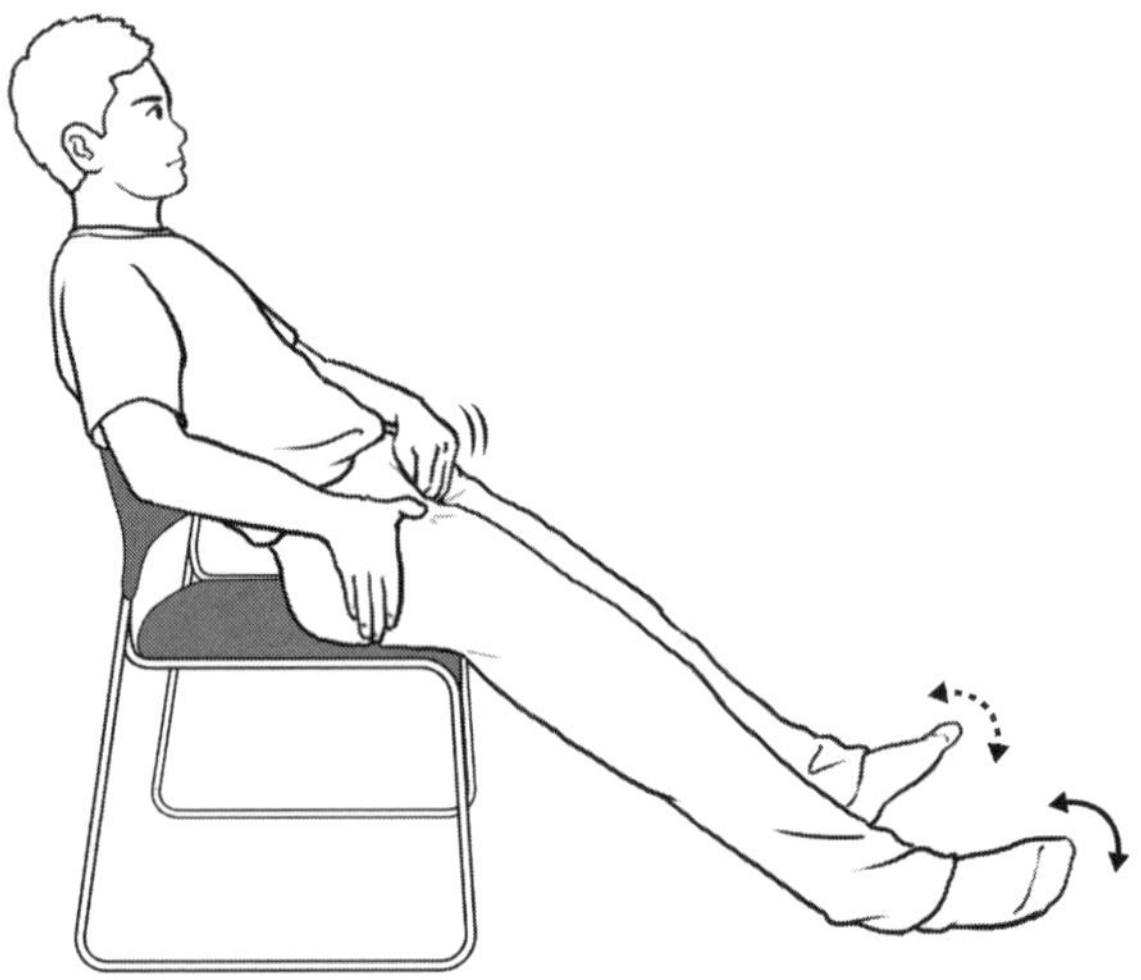

コートに立っていても、ちょっとした時間の合間に、2、3秒～10秒ほど、サッと股関節チェックをできるチャンスがあるはずです。

たとえば、バスケットボールで5対5のゲームをやっている最中でも、ボールがアウトしたら、スローインまでの間に2、3秒間、股関節チェックができる場合もあります。そうしたチャンスを活用すればいいのです。

ましてや5対5のゲーム中、コートの外で待機している選手なら、出番が来るまでプレーを見ながら、いくらでも股関節チェックができるわけです。

同様に、筋トレの合間でも、ストレッチの合間でも、股関節チェックをやるチャンスは1日に何回でも巡ってきます。2～10秒ぐらいでも構わないので、練習の合間に何度も何度もやってしまいましょう。立位ならそれは十分可能です。

●股関節チェック法　その4　仰臥位（踵クル仰臥位）

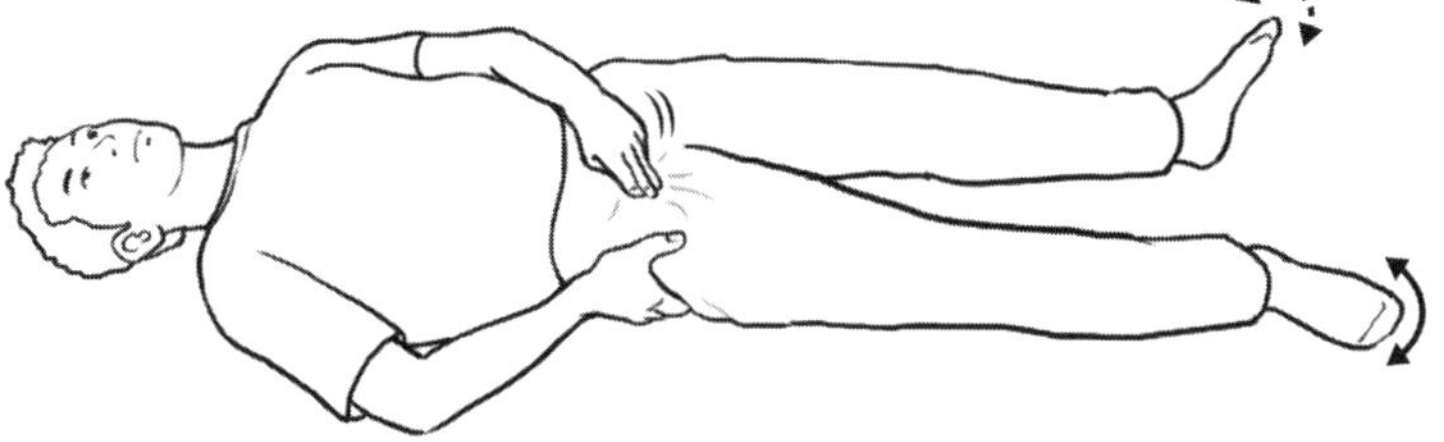

それによって、股関節の中心が常にわかる能力が身についてきます。しかもその「常に」の中には、スポーツのさまざまな動きの中において、わかり使える脳になっていくことが含まれています。そこが肝心なところです。

関節が内側からわかり使える脳、これを運動科学では「関節脳」と呼びます。股関節が内側からわかり使える脳ですから「股関節脳」です。

ゆえに、この股関節チェックだけでも上手に取り入れてモノにすると、驚くほど優秀な「股関節脳」が作られますので、まずはやってみることです。

斜めクロス（股関節斜交揺解法）

ウナ＝足裏の中心で立つ

①ポジションは立位です。

美しいシルバーの地芯上空6000キロに乗って立っていることをイメージして、NPS（ナチュラル・パラレル・スタンス）で立ちます。

NPSで立つためには、まず足裏の脛骨直下点（ウナ）を指でグリグリと刺激しておきます。

このウナが足裏の根本中心となります。スポーツ科学の世界でも、足裏の中心はどこにあるのかという議論があり、一時、拇趾球ではないかという意見が多かった時期もありましたが、私は最も早くから拇趾球は応用上の中心で、根本の中心はウナであるという考えを発表し、「足裏の中心は拇趾球ではない」というのが世界の最先端の考え方になってきています。

そのウナと股関節の中心である転子を結んだ直線が、脚それぞれの軸＝「脚センター」で、左右2本の脚センターが、完全な平行になるような立ち方のことを、運動科学ではナチュラル・パラレル・スタンス＝NPSと呼んでいます。

この最も自然な、最も真理に適った自然性を持ったナチュラル＋脚センターがパラレルになったスタンス、それがNPSなのです。

ウナがなぜ、足裏の根本の中心なのかと言うと、それは脛骨の直下点だからです。脛骨の下には距骨という骨がありますが、距骨は大変短い骨なので、静止状態で身体をどこで支えるのが理に適っているのかと考えたとき、ほとんど考慮する必要がありません。体重を支えている骨という意味では、やはり脛骨が第一になります。脛骨の前後には、前脛骨筋とふくらはぎ（下腿三頭筋）という筋肉があり、脛骨直下点よりも前に重心が来るように立つと、必ずふくらはぎに力が入ります。そうしなければ、モーメントの関係で前に倒れ込んでしまうからです。一方、ウナの位置より後方、かかとの骨である踵骨を使って立とうとすると、のけぞるように後ろに動き出してしまいます。そうならないために、前脛骨筋に力を入れないと立って静止できなくなります。

つまり、ウナ以外の場所に重心落下点があると、前だろうが後ろだろうが、どちらでも余計な力が入ることになるわけです。これは左右にも同じことが言えます。

要するにウナを外すと、体重を支えている脛骨に対して、重心がモーメントを作ってしまうのです。そのモーメントの分だけ、力が必要になるので、脛骨周り、さらには大腿骨周り、さらには股関節周りの筋肉に力が入った立ち方になってしまいます。体幹についても、ウナを外してモーメントが生まれ、そのことによって、微弱であっても無駄な筋力を使わなければならなくなります。

こうした無駄な力が入る立ち方は、立ち方の根本とは決して言えません。

逆に言えば、重心を支える足裏の位置によっては、力を使わずに立つことが可能だということです。立つためのギリギリの必要性において筋力は必要だとしても、それ以外、モーメントが発生することで、そこから生まれてくる筋力は必要不可欠以上の余分な、無意味な筋力になります。こうした余分な筋力を必要とする立ち方、足裏の中心は、根本的な意味での足裏中心になり得ないというのが結論です。

それを立ち方にまで発展させていったのが、ＮＰＳなのです。

実際は、根本的な立ち方だけでスポーツが成り立つわけでもなく、人間の普通の身体運動が成り立つわけでもないので、根本の立ち方というのは常に根本であって、その現実的な、具体的、応用系の立ち方で、我々は生きているわけです。

ほとんどのスポーツのスタンスで言えば、足裏の中心はウナよりもやや前側に位置しています。

しかし、静止している瞬間に、足裏の中心が拇趾球のところまで行ってしまうことは、そう多くはありません。大体はウナと拇趾球の間にあります。

実際に走り出したとき、たとえば最近流行り出している、足のフォアフット（前足部）から着地するフォアフット走法で走るときは、具体的な応用的中心として足裏の中心は前足部にあることになります。

しかし優秀な選手ほど脳が優れていて、スポーツ選手の場合、地球の中心＝地芯から重力が働いていて、その重力というものをより正確に、あらゆる瞬間に感知できていることが、優れた脳の条件になります。

したがって、優秀な選手であるほど、常に潜在的には脳が足裏の根本中心をわかっていて、わかっていながら、「いまは（走っているときだから）、応用的中心である拇趾球周りで着地、あるいは前足部で着地しているんだ」となっているのです。

その二重構造について、研究者やアスリートとその指導者はぜひとも理解してください。

物事というのは、単層的に存在しているわけではありません。こうした真理を、そろそろスポーツ界も理解していかないと、他の学問分野から大きく取り残されることになるでしょう。物理学や化学、遺伝子生物学などでは、すでにとてつもなく多層的なメカニズムやシステムが存在していて、みんなでそれを理解しながら研究を進めていくのが当たり前になっているのですから。

それに比べ、スポーツの研究や実践は非常に遅れていると、言わざるを得ません……。

話を「斜めクロス」の具体的なやり方に戻しましょう。

まずNPSで立ってください。
②両手でそれぞれ中指突出手法を作り、指を左右両方のVゾーン＝鼠蹊部の中心に突き立てます。
③まずは右の股関節を意識しながら、指先で細かく揺すります（揺動緩解運動）。
縦・横・斜めに、細かく指を揺すってください。
④この細かく揺するというのが、簡単なようで難しいので、「ペチャクチャ法」を取り入れ

てください。中指で触ってみて奥にある股関節の中心が、股関節の中心自体が「ペチャクチャ、ペチャクチャ」しゃべっているようなつもりで、指を細かく揺するのです。

このとき、「ペチャクチャ、ペチャクチャ」と声に出し、つぶやきながらやるのが大事なコツです。

もし、どうしても「ペチャクチャ」と言うのが嫌でしたら、やらなくてもOKです。くすぐっているみたいだから、「コチョコチョ、コチョコチョ」のほうがいいという人はそれでも構いませんし、無言でやりたいという人には強要しません。

ただし、科学的に実験してみたところ、「ペチャクチャ言いたくない」という人にも、あえてペチャクチャと言ってもらったところ、やはり無言で行ったときよりも、股関節の開発が3～5倍も進んだというデータが出ています。

上手なコーチが選手を指導していくときに、「そこでバシッと打つんだ」とか、「もっとビシッと立て」だとか、「もっとスーッと動け」などと擬態語を使って指示を出すことで、見事に動きの本質、目指すべき動きのニュアンスを伝えることができるという例はたくさんあって、これを擬態語運動効果と言います。

そうした効果はすでに科学的に実証されているので、この「斜めクロス」のトレーニングでも、できれば「ペチャクチャ、ペチャクチャ」とつぶやいたほうが得なのです。

⑤「ペチャクチャ、ペチャクチャ」と股関節の中心に言わせながら、右の股関節を細かく揺すったら、その右の股関節を右方向に動かしていきます。

⑥右端の動ける限界の30パーセント手前までいったら、ゆっくりとペチャクチャしながら、元の位置に戻って、今度は左の股関節です。左の股関節も同様に「ペチャクチャ、ペチャクチャ」しながら、左方向へ動かしていきます。これを左右交互に3回ほど繰り返してください。

⑦次は少々難しくなります。

両方一遍にペチャクチャします。

なかなか両方の転子を同時に意識するのは難しいので、股関節を右へ動かしながら、まず「右の転子をペチャクチャ」させる。今度は「左の転子をペチャクチャ」させながら、股関節をもっと右へ動かして、さらに右に向かいながら「右の転子がペチャクチャ」、そして「左の転子をペチャクチャ」させながら、より股関節を右に動かします。

⑧今度はゆっくり戻りはじめます。外側へ向かうのは難しく、端のほうへ行けば行くほど股関節の外側の外転筋、中臀筋がストレッチされ、それが抵抗になってきます（実際に行うのは限界の30パーセント手前まで）。そのため外側に行きにくいし、動きにくいのです。その二重苦から逃れるために戻すとなると、ペチャクチャする暇もなく、すぐに戻してしまう人が多いのですが、そこをきちんとコントロールして、ゆっくり戻すのがとても大切です。

⑨ゆっくりニュートラルの位置に戻ってきたら、今度は左に向かいます。左に向かいながら「左の転子がペチャクチャ」「右の転子がペチャクチャ」「左の転子がペチャクチャ」「右の転子がペチャクチャ」させて、限界の30パーセント手前まで股関節を動かします。

⑩戻るときもゆっくり動かしながら「左の転子がペチャクチャ」「右の転子がペチャクチャ」

●斜めクロス（股関節斜交揺解法）

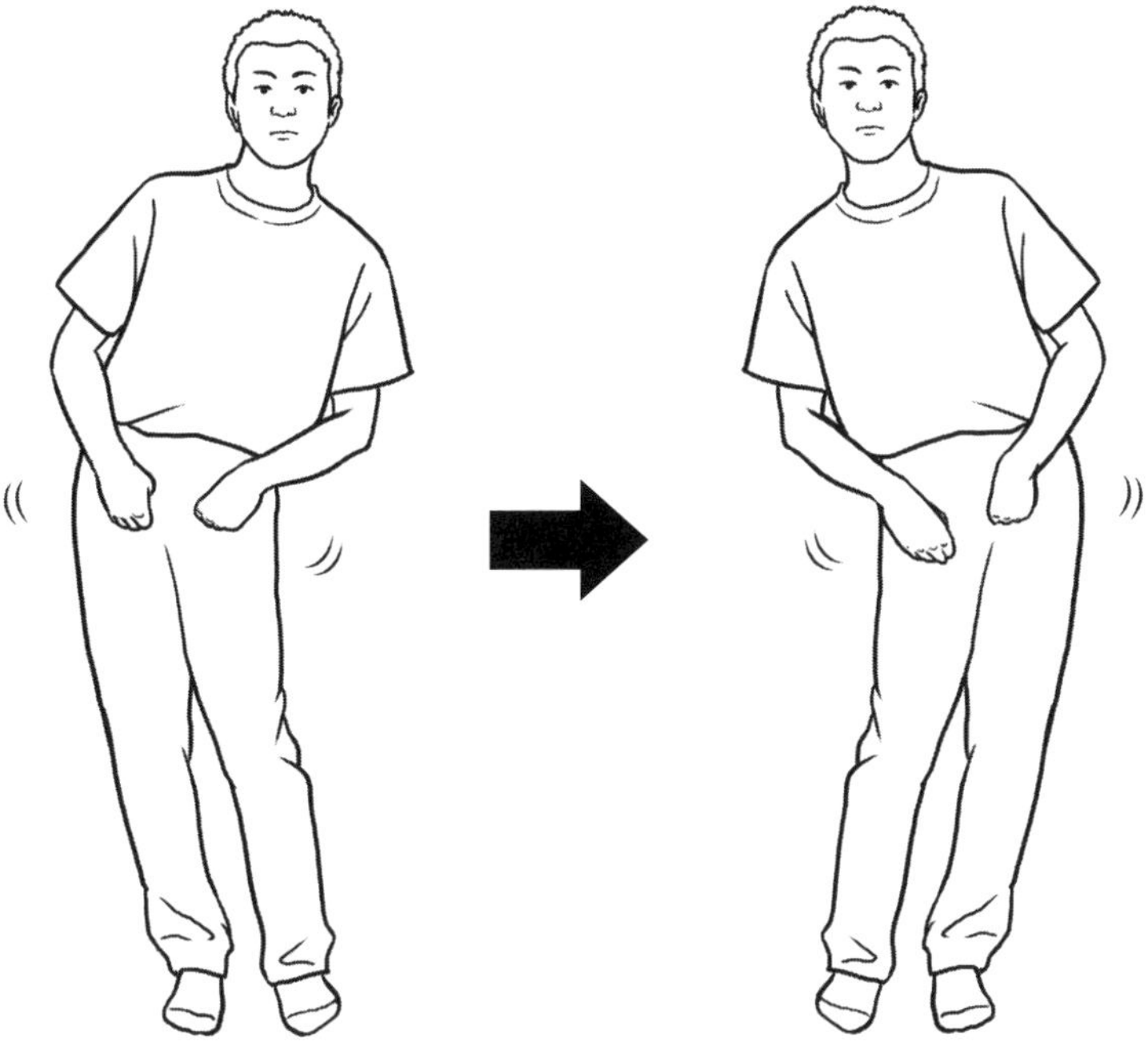

ウナの位置

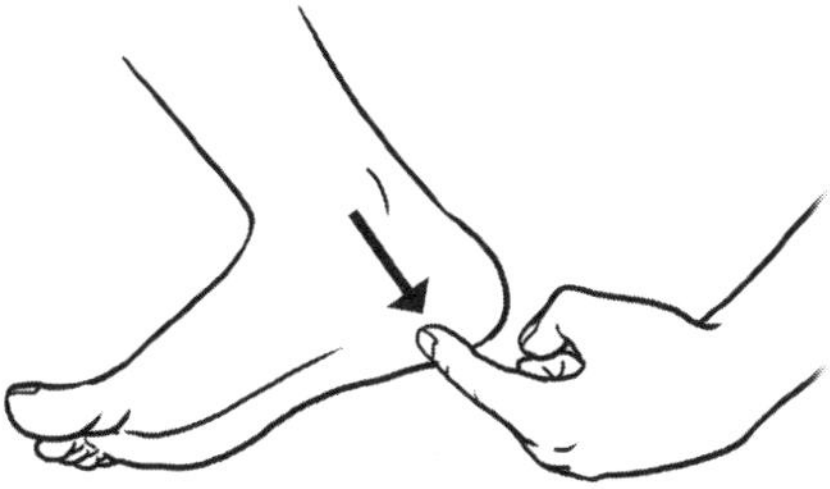

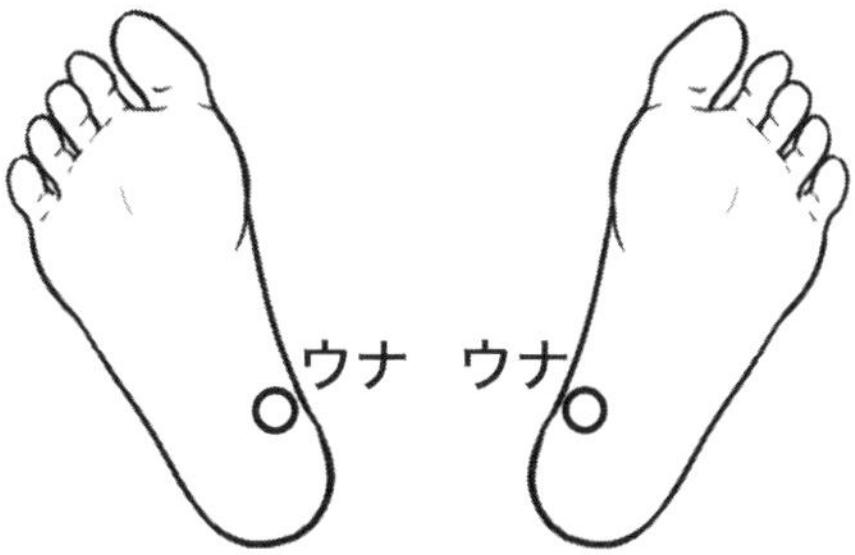

「左の転子がペチャクチャ」「右の転子がペチャクチャ」するのを忘れずに。

このように、左右同時にペチャクチャするのは難しいので、行きつ戻りつしながら、その間に右の転子のペチャクチャと、左の転子のペチャクチャを、交互に織り交ぜていくのです。

このトレーニングに打ち込んでいくと、やがて両方の転子が一度に、しかも非常に正確かつ高度に意識化できる、素晴らしい股関節脳になってきます。

脳がはっきり、くっきりと、股関節の中心がわかるようになってくるのです。それが非常に大事です。

斜めクロスのポイント

このトレーニングでは、脱力が非常に重要です。

前述の通り、股関節を右の外側、左の外側に動かしていったとき、中臀筋などの外転筋群が張ってきて動きの邪魔をするのでとくに脱力が重要です。

もし、斜めクロスの揺解運動（揺動緩解運動の略称）がなかなかできない人がいたとしたら、その人は外転筋群の脱力ができないから、この運動ができないのです。

別の言い方をすると、股関節を中心にその周りの筋肉が固まっているからで、固まった筋肉のままでは、この揺解運動は決してできるようになりません。

なぜ固まった筋肉では揺解運動ができないのか。それを科学的に説明しておきましょう。

シンプルに、縦方向に揺解運動をするケースを例にすると、上昇するときに使う筋肉の使い方と、下降するときに使う筋肉の使い方は違います。上昇するときには、ハムストリングスなどを使います。一方、下降させるときは、そのハムストリングスを弛緩させなければいけません。それを比較的速いリズム・テンポで行うときは、ハムストリングスなどの筋肉の収縮弛緩も、非常に速いタイミングで交互に繰り返されることになります。

ハムストリングスだけでなく、股関節周りのすべての筋肉が運動する方向にしたがって、正確に収縮弛緩を繰り返さないと成り立ちません。そういう意味では非常に難しい運動です。

そのため、股関節周りに筋肉がたくましくついているのは一見強そうですが、それらの筋肉が固まって硬縮しっ放しになっている人は、斜めクロスのような運動は苦手なはずです。

また序章でも語った通り、股関節の鈍さは、まさに股関節周りの筋肉が大きく硬縮しているのが原因になっています。

それゆえ、斜めクロスがうまくできない人こそ、大きな困難を乗り越えて、この運動を上手になる必要があるのです。

というのも、私は日本代表クラスの選手から世界のトップ選手まで、多くの分野のアスリートに、この斜めクロスを指導し、やらせてみたことがあるのですが、斜めクロスの出来不出来は多くの場合、その選手の競技レベルと一致していたからです。

両足開脚に代表される、一般的なストレッチ的な柔らかさと選手のレベルの関係とは比較にならないほどの、高い対応性がありました。

さまざまなことを〝連動〟させる

というわけで、この揺解運動を行うためには、高度な脱力による収縮・弛緩が不可欠なのですが、その高度な脱力を体得するためには、例の「地球の中心＝美しいシルバーのイメージの地芯上空6000キロに乗って立っている」という感覚が、すごく重要になります。

言い方を換えれば、揺解運動がうまくできない、股関節周りが固まっている人は、地芯上空6000キロにうまく乗って立てていない人とも言えるわけです。

最近、アスリートの世界でも「連動」という言葉が少し流行りはじめて、「筋肉と筋肉が連動する」「身体のここことここが連動する」といったものの見方が広がってきています。

これは大変いい傾向で、立つことと脱力と揺解運動などは、すべてつながっているのです。運動というものは、どこか1カ所でなんとかなるものではありません。「大胸筋が強いから振り下ろす力が強い」と「野球でいいボールを投げられる」はイコールかと言えばとんでもない話で、実に多くの要素が連動して、はじめていいボールが投げられるわけです。

その連動という概念で言うと、最も巨大な連動があります。

それは地球の中心と、人間のあらゆる部分が取り結ぶ最大の連動です。さらに球技であれば、それに加えてボールです。これらは必ず地球の中心＝地芯と連動しなければなりません。

この連動ができない人が、スポーツが下手な人、いい選手になれない人、結局世界一になれない人ということになるのです。このことはとても重要なのでぜひ覚えておいてください。

横開脚法（伸解系＝ストレッチ系）

横開脚法は、４パターンあります。

少しでもいいので、股関節チェック法を必ず行い、股関節を中心に転子を意識してからスタートしましょう。

その１　両屈膝横開脚法

①ポジションは床座位です。左右の足裏を合わせるようにして座ってください。ペタンと座り込むのではなく、美しいシルバーの地芯上空６０００キロに乗って〝坐骨で立つ〟感覚で座るのがコツです。

②右側の転子をもみほぐすように、よく触ります。

股関節の中心＝転子がわかり覚醒してくると、身体が柔らかくなってきます。

逆に言えば、無駄な力が入って、脱力しづらい部分があるということは、股関節がわかっていないからということです。

筋肉には面白い性質があって、その近くの関節に影響されるようになっています。脳がその関節を関節として非常に正しい位置で捉え、「そこは確かに関節だ」ということをしっかり認識できる関節脳が作られると、その関節の周囲の筋肉は脱力するのです。

これも運動生理学的な深い「連動」になります。
③右側の転子をほぐしたら、同じように左側の転子もほぐします。
④ほぐすのをやめて、膝を少し上下動させます。
決して強く動かさずに、転子を意識しながら、太ももから膝、すね、ふくらはぎ全体を、楽に上下させてください。

このとき、転子を触る必要はありませんが、すでに股関節チェック法をやっているので、直接触っていなくても、転子を意識できるはずです。

股関節チェック法をやっておくことで、こうした応用が可能になります。

なお、両屈膝横開脚法は、しゃがみ位で行うやり方もあります。

このリズミカルな上下動そのものは、いわゆる動的ストレッチの簡単なものです。

一方、ゆっくり時間をかけて、じっくりと手で膝を床に押し付けるようにしていくと、それは静的ストレッチになります。

ストレッチのときに、一般的には「伸ばされる筋肉を意識しろ」と指導されます。そのこと自体は悪いことではないのですが、関節脳の開発を目的にする際は筋肉ではなく、関節そのものを意識しないと、その効果は半減してしまうので気を付けてください。

そういう意味で、股関節の開発においては、あらゆるメソッドの中で一番重要なのは、股関節チェック法になります。

●その１　両屈膝横開脚法　床座位

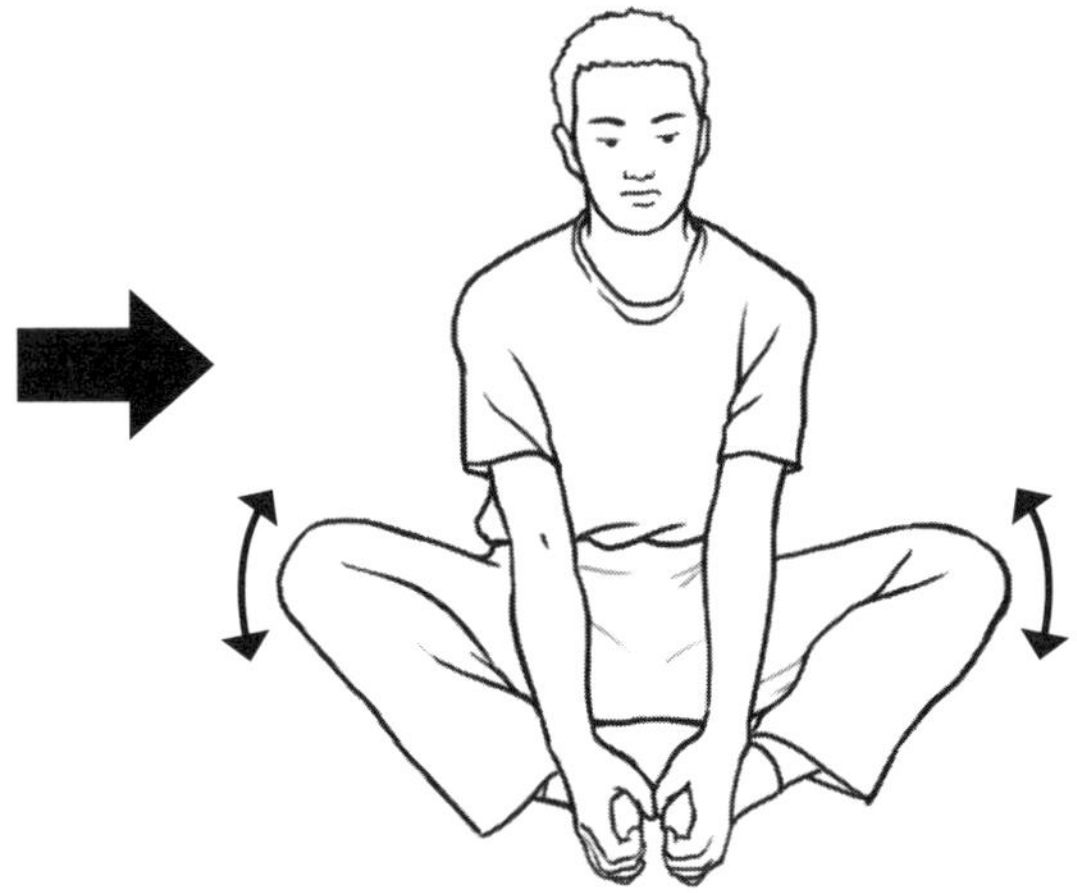

●その１　両屈膝横開脚法　しゃがみ位

片方の股関節だけをさらによく擦るとそちらの脚が開き股関節が沈むように下がるのがわかる

なぜなら、この方法を行って、股関節脳がある人になってこないと、他のすべてのメソッドが活きてこないからです。

だから、この横開脚法の動的ストレッチをやるときも、先に股関節チェック法を必ず行って、それから股関節を意識しながら動的ストレッチに取り組むのがよいのです。

実際の動きに近いストレッチを

実験として、股関節を意識しないで、動的ストレッチをしてみるのもいいアイデアです。試しに股関節を意識しないでやってみてください。数回動かしたら、今度は股関節を意識して動的ストレッチを……。

いかがでしょう？　脱力がまったく違うことを実感できたのではないでしょうか。

また、股関節を意識することで、膝と床までの距離が、グッと近づいてくるはずです。

スポーツの優れた運動条件というのは、こうでなければいけません。

動的ストレッチで、股関節を意識せずに、バタバタ元気よく一所懸命動かしてしまう人は、自分の専門種目の中でも必ず似たような動きをしています。それは質のいい動きとは言えませんし、トップ選手に比べれば、当然大きく見劣りするパフォーマンスでしかありません。

この考え方は重要です。

これから皆さんがトレーニングに取り組むときは、スポーツの現場でのパフォーマンスと直結させて、まずは質の高いトレーニングをすることが肝要です。

その2　片屈膝横開脚法

①座位で右脚を横に伸ばし、左脚は足裏を右脚の太ももの根本につけるように曲げます。右脚は伸展しているので、ハムストリングスから内転筋系が伸ばされています。伸ばしたことで右脚に張りを感じたら、伸ばした脚を一度曲げ楽にします。

②その状態で、中指突出手法で中指を立てて、右脚の鼠蹊部の中心、転子に向かって差し入れて、転子を探るようにほぐしていきます。

指をただ何となく鼠蹊部に入れてグリグリ動かしても、それほどの効果はありません。この鍛錬の目的は、脳にもっと深く、もっと正確に股関節を教えてあげることなので、「股関節はどこだ？」と探りながらやるのがコツです。

③再び右脚を伸ばしてみましょう。

いかがですか。右脚から張りがなくなって、すごく楽になったのではないでしょうか。

身体の一部に張っているところがあれば、その筋肉を擦ってあげるのは正解です。張っている筋肉を擦れば、そこがゆるむ効果は十分あります。

しかし、その筋肉が跨いでいる股関節を解きほぐし、刺激することで、脳がその関節のことをよくわかるようにしてあげると、もっと大きな効果が得られるのです。

これが関節脳を開発する効果なのです。

●その２　片屈膝横開脚法　床座位

●その２　片屈膝横開脚法　しゃがみ位

この、片屈膝横開脚法にもしゃがみ位で行うやり方があります。

脳と関節は結びついている

スポーツ科学者も指導者も、筋肉と脳が結びついていることは理解しています。しかし、関節と脳がとても深く結びついているとは考えていません。ところが、いままさに体験してもらった通り、脳と関節はこんなにも深く結びついているのです。

脳が関節のことをよくわかって、筋肉の力みや張りがとれてすっかり楽になった状態、これが世界のトップアスリートの脳と関節の状態なのです。

関節がよくわかって、脱力ができて、動きを邪魔する無駄な筋出力が生まれなくなっていると屈膝した脚を楽に上下できます。

指で股関節を解きほぐす前と後で比べてみると、いかに動きを邪魔する力みがあったかが実感できるはずです。

知らない人は、「スムーズに動かせないのは身体が固いからだ」と思い込んでいるでしょうが、関節脳が目覚めれば、そのぶん動きは必ず柔らかくなります。

このことから、動きの固さはそもそもの身体自体の固さだけではなく、脳が身体を硬直させている要因も決定的だということがわかります。

関節を正しく捉えていない脳は、必ず関節とその周りの筋肉を固くさせてしまうのです。

クリスティアーノ・ロナウドが２０１８年のロシア・ワールドカップのグループステージ第

1戦のスペイン戦で、いきなりハットトリックを決めました。あのとき、彼の脳はとてつもなく関節のことを把握していたわけです。とくに股関節のことをよくわかっていたからこそ、凄まじいポジショニングで、脱力が効いて、正確無比のシュートを打つことができたのです。

そして2試合目も大活躍しましたが、当時33歳の彼はそこで脳疲労を起こします。とくに関節脳が疲労して、身体が固くなってしまったのです……。

あれは身体の疲労ではありません。インターバルもありましたし、トップ選手なら身体の疲労は残っていなかったはずです。

しかし、最初の2試合で普段以上の活躍をし、ある意味能力オーバーと言えるほど関節脳を使ってしまったので、初戦のような動きは再現できなくなってしまったのです。

その3　片外転屈膝片伸脚法

①右脚を屈膝して内旋しつつ外転し、左脚は前方に伸ばしながら座ります。

②中指突出手法を使って右股関節を探るように突きほぐしてください。右股関節が柔らかくズルッと落ちてきて、内旋外転が楽に進み、体幹を楽に自立できるようにポジションが変わるのがわかるでしょう。さらに左手を床から離し、左股関節を突きほぐすと、左脚が楽に伸展し、体幹の自立がますます進みます。

③左右を変えて行います。

左右ともに行なってみると、不思議なほど股関節周りにムダな力みや張りがあったことがわかるはずです。それとともに股関節の突きほぐしによる探りが、面白いように股関節とその周囲の組織を別のものとして教えてくれるはずです。

この反応のよさは、関節脳が少しずつできてきている証拠です。

ストレッチをしていると、必ず張って抵抗する部分が出てきます。

そうした箇所について、一般的には、筋肉自体が短い、固いとか、筋肉そのものが生理的に縮んでいるといった理解をしています。

だから、ストレッチとは、それをだましだまし伸ばしていく作業だと思っているわけです。

もちろんそのときに、呼吸を使って息を吐く工夫とか、潜在意識のコントロールとか、固い部分を擦ってみるのも有効です。

しかし、そのさらに根本にあるのは、人間の筋肉というものをすべて支えている支持組織＝骨格と連結している脳なのです。実は、この「骨格脳」こそが筋肉のあり方を根底から決めているのです。

その4　両逆転屈膝横開脚法

①座って、左脚は内旋外転した状態。右脚はひっくり返す、つまり逆転位になります。

これもいい股関節のストレッチになります。

②中指突出手法を使って突きほぐし、股関節探りを行います。

ここまで鍛錬してくると、脳が疲れてきて、探り方がアバウトになってくるかもしれませんが、これまでとはポジションが違うので、集中し直して転子を探ってみてください。

転子がくっきりしてくると、また関節脳が働いて、脱力が進み股関節が伸びてきます。とくに逆転位は止まりやすい形なのですが、股関節脳を覚醒させれば、伸びてズルズルと骨盤が落ちてきます。

これは単なるマッサージでも、もみほぐしでもありません。

探索法、「股関節探索法」なのです。

「股関節はどこだ」「どんな形をしているんだ」と探っていくと、どんどん柔らかくなっていくわけです。

これは本邦初公開の「関節脳開発法」です。

サッカーなどが典型的ですが、相手ディフェンダーを抜くには、自分の身体の中の力みが抜けてこなければダメなのです。

これはスポーツ界の発想にはありませんが、日本の昔日の武術、室町時代の剣術の教えとして伝わっています。剣術の教えなので、ストレッチの話ではありませんが、「相手を斬るには、自分の身体が斬れていること」という口伝があるほどです。

自分の身体の中に、動きを邪魔するような筋肉や関節などの硬縮が少しでもあったら、最高のパフォーマンスは体現できないという教えです。「自分の身体が斬れている感覚」、これは素晴らしい表現です。

まさに「キレッキレ股関節」の行き着くところ。目指す境地はここにあります。

●その3　片外転屈膝片伸脚法　床座位

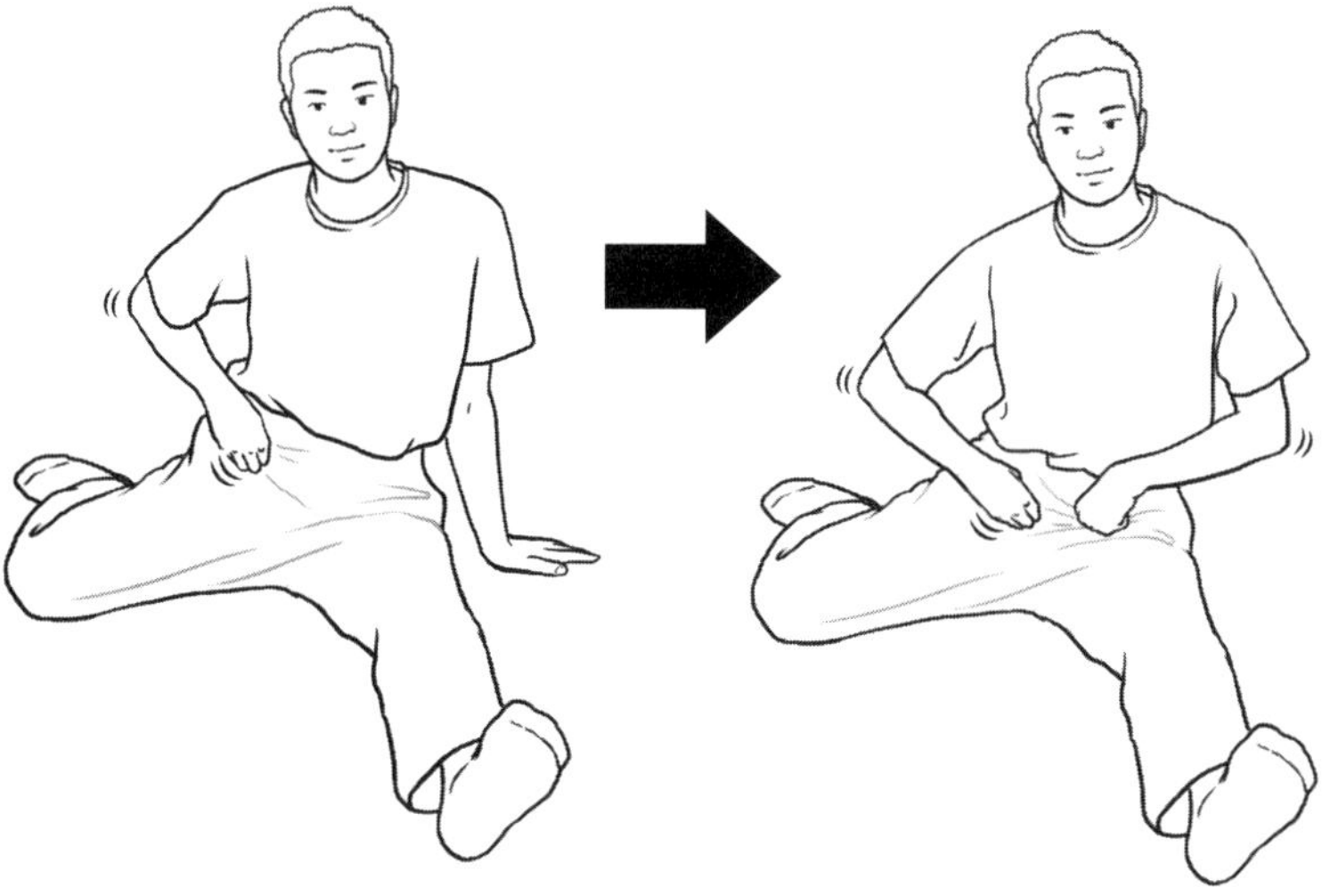

●その4　両逆転屈膝横開脚法　床座位

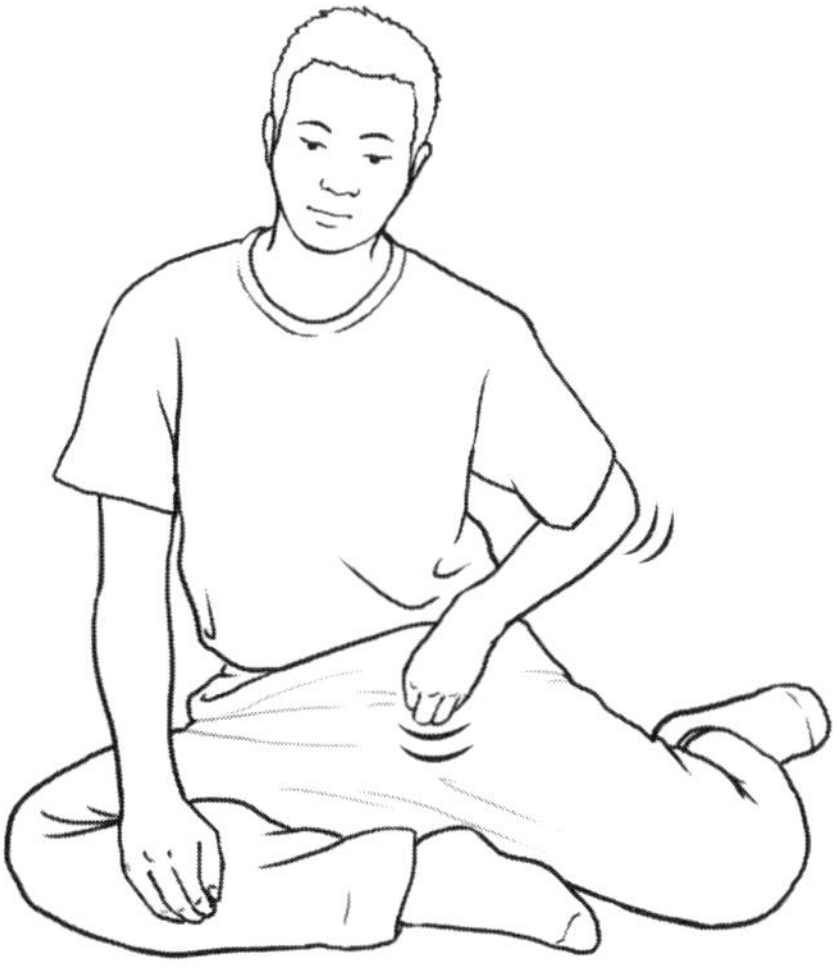

股関節擦打法

その1　鼠蹊部（Vゾーン）擦法

①美しいシルバーの地芯上空6000キロに乗るイメージで座って、親指を除く4本の指の平で、鼠蹊部をよく擦る。「股関節がゆるむように、ゆるむように」とつぶやきながら擦ります。

この擦り方には2つの段階あります。

第一段階は服の上で、指先の皮が布地に対して滑るような擦り方。これが一般的な擦りです。第二段階は「ずらし擦り」。指をグッと深く押さえて、服と鼠蹊部の皮膚をまとめて捕まえてしまうつもりで捉えて、その全体をずらし動かすやり方です。肉で股関節を擦るとも言えます。こうすることで、股関節を直接擦っているような感じが味わえます。

これがより深い「股関節ずらし擦り」という方法で、かなり効きます。

その2　大転子打法

①美しいシルバーの地芯上空6000キロに乗って、NPSで立ちます。

②親指以外の4本の指で拳を作ります。手のひら側から見て、4本の指の第一関節と第二関

節の間が、きれいな長方形になるように握るのがコツ。４本の指の質量が、全部一線に重なり合って、軸が横向きに通るように握って、そこに親指の質量も乗せた拳を作ります。

③拳ができたら、その拳の小指側の付け根の関節を使って、大転子を横からトン・トンと叩きます。力でやるのではなく、質量と重力を活かして、振り子運動のように叩いてください。

④叩いた響きが、股関節の中心にまで入っていくように叩きましょう。一回ごとにどこまで響いているかを感じてください。股関節の中心まで響きが入ってきたら、「へぇってます」とつぶやいてみましょう。「へぇってます」は「入ってます」の訛りですが、あえて訛らせることで、ちょっと笑える気分になります。実は、スポーツの高度なパフォーマ

●股関節擦打法　その1　鼠蹊部（Vゾーン）擦法　長座位

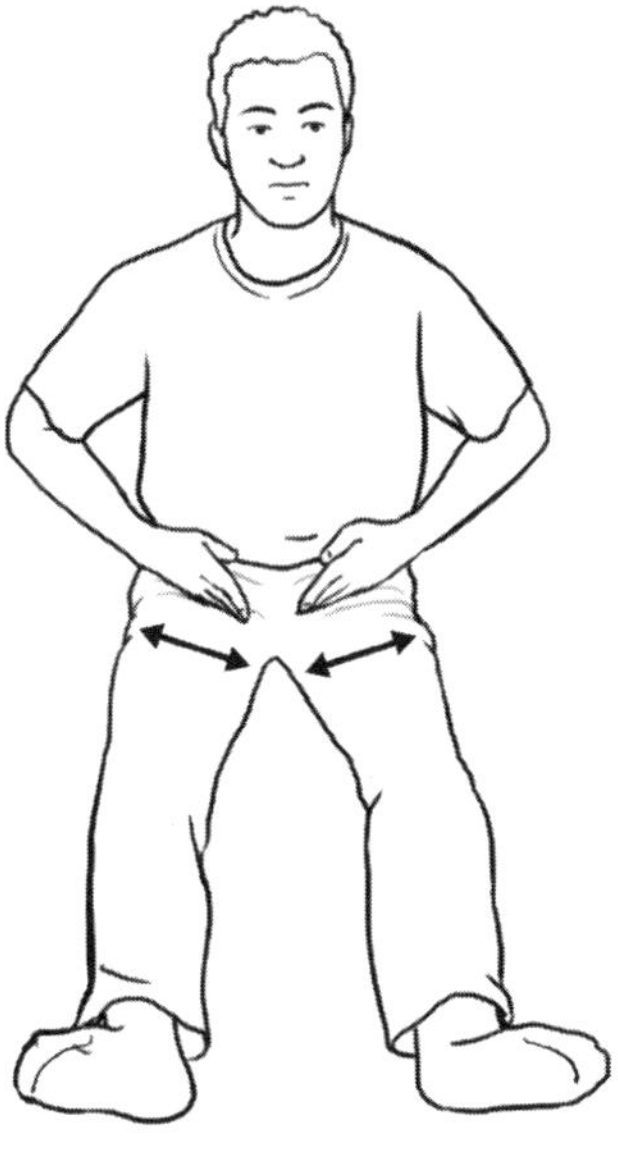

ンスを発揮するには、このいい具合に笑える感覚が大事なので、ここにこうして取り入れてあるのです。

最近、ようやくこうした考え方も注目されるようになってきましたが、笑いもトレーニングの大切な要素なのです。

もちろん、ただゲラゲラ笑えばいいというものではありません。ゲラゲラ笑いながら、スポーツはできないので、集中しながらも、いい具合に笑える感じでいることが肝心です。

ここ最近のオリンピック選手が、試合前に「楽しみたいと思います」、試合後に「楽しめました」とコメントするようになってきましたが、それが「笑いたいと思います」とか「笑えました」になると、いろいろ差障りがあるでしょう。

彼らが「楽しむ」という表現で、何とか伝えようとしている心と身体の本質は、生理学的に言えば「集中しながらいい具合に笑える感じ」なのです。

⑤拳の軸で、拳の重みが股関節の中心、転子まで突き通るように打ちこみます。

一回ごとに、その打撃がどこまで通っているかを感じながら打ってください。

股関節チェック法を筆頭に、すでに股関節を意識化するトレーニングを積んできている皆さんなら、一回ごとにどこまでその響きが伝わってきているか感じられる関節脳が、育ってきているはずです。

とくに中心まで到達するとよくわかります。

●股関節擦打法　その2　大転子打法

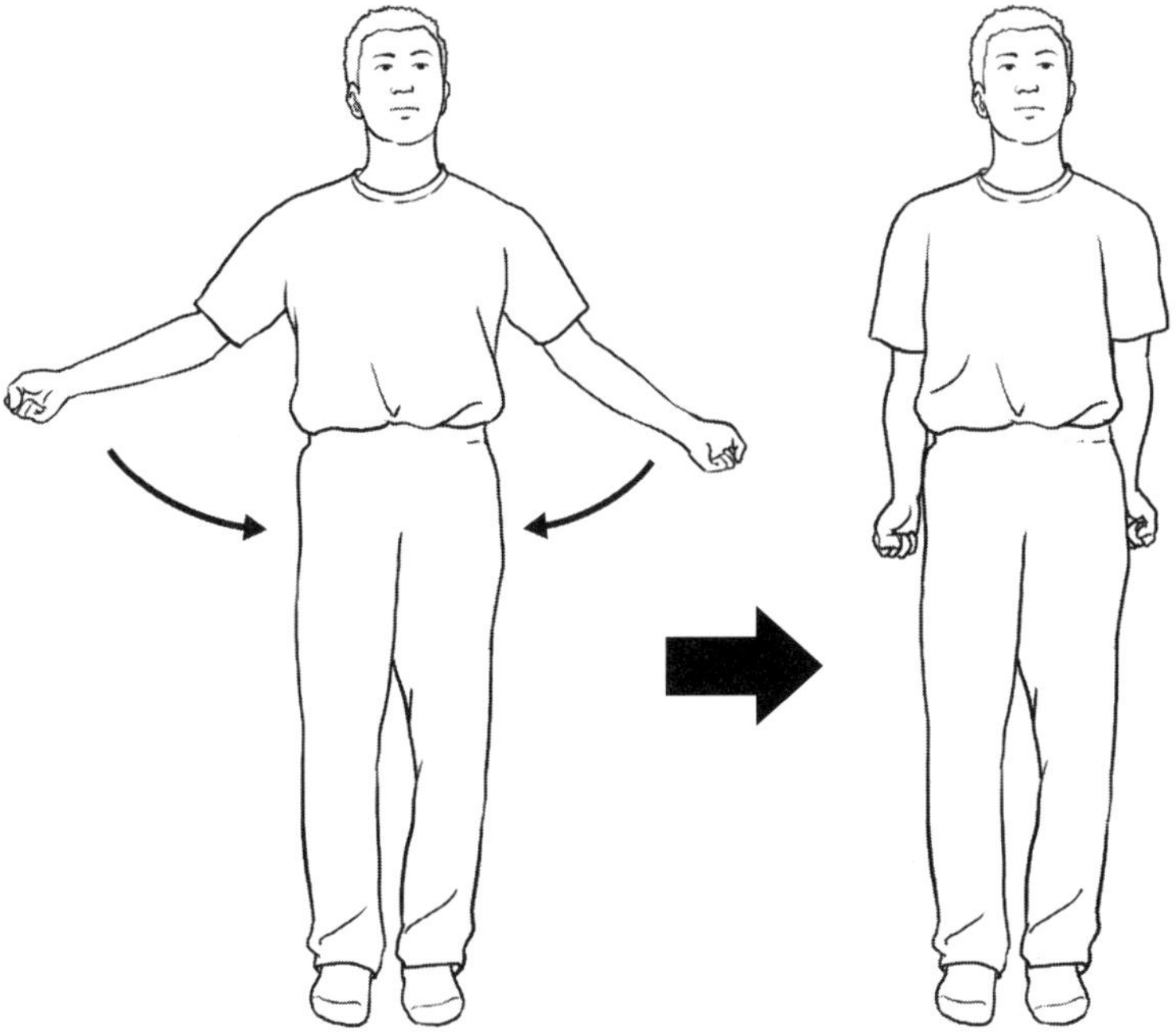

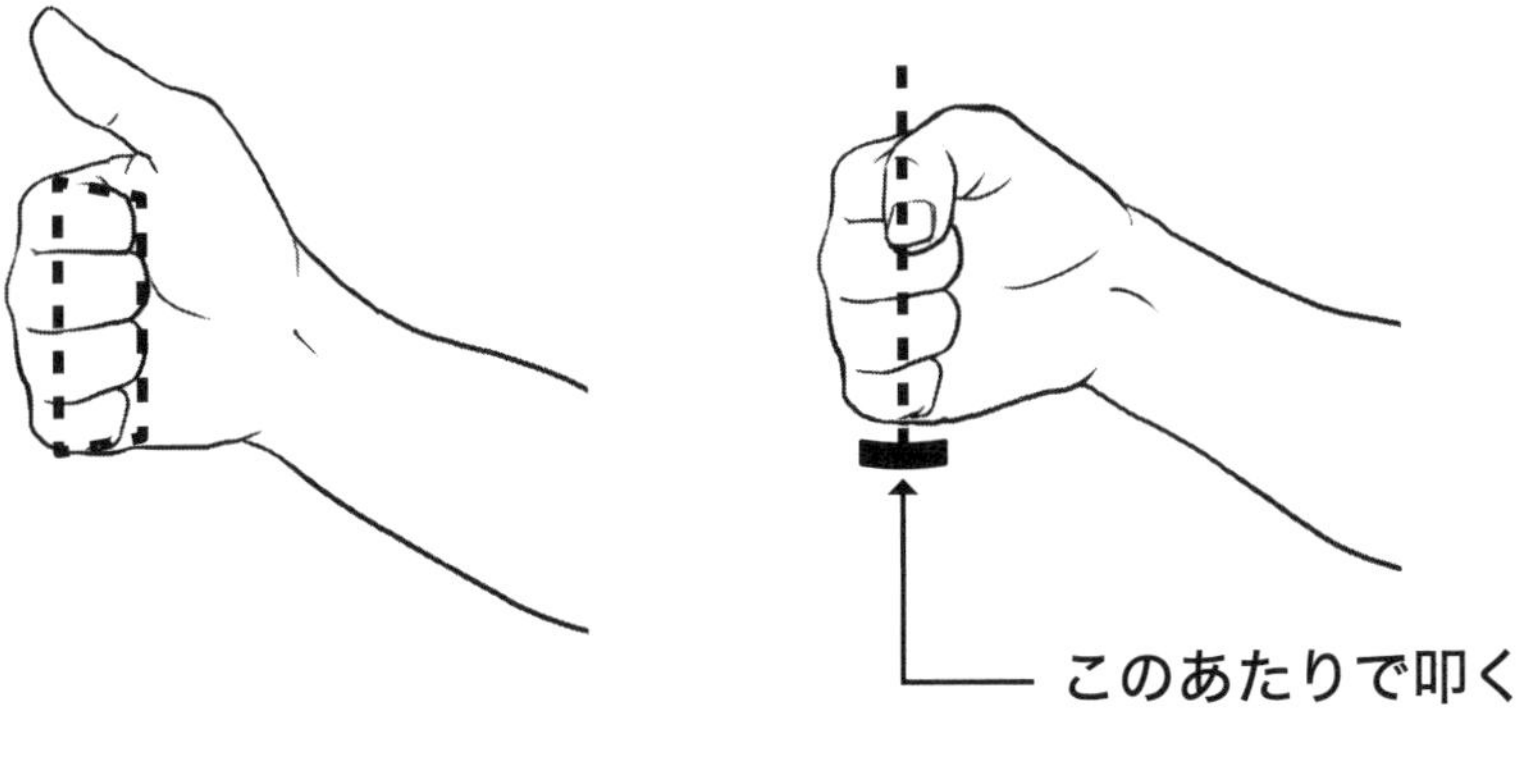

大腿骨回解法

『その1　片脚立位法・壁手支持法

①片脚の股関節と膝関節を深く屈曲し、膝下を両手で捕捉し、膝を抱え込むようにして美しいシルバーの地芯上空６０００キロに乗って立ちます。

②股関節周りを脱力させ、股関節の中心である転子を意識します。

③壁に片手をついて、転子を感じながら、手と膝の力で大腿骨を外旋させます。慣れてくれば、片脚立ちの両手使いでできるようになりますが、はじめのうちは、壁に片手をついて、もう一方の片手で膝を回してください。

④転子をよく感じて外旋します。

⑤徐々に股関節周りが柔らかくなってくるので、だんだん大きく回すようにしましょう。

身体を大きく動かすのではなく、股関節を中心に脚を大きく動かすようにしましょう。股関節を大きく動かすには、転子をよりよく、より正確に感じる必要があります。

そうしないと身体のバランスを崩し、腰全体が動いて、軸が狂ってしまいます。つまり体幹の崩れです。自由脊椎周りの体幹の格定が崩れて、自分で自分の体幹を崩してしまうのです。

⑥外旋をある程度行ったら、次は外転系筋群をよくゆるめながら内旋をします。

内旋のほうが、外旋よりもさらに難しく、余計に体幹が崩れやすくなるので、注意深く行ってください。

その2　片脚立位法・自立法

これは前述の、片手での壁支持を使わないやり方です。

自立法には、片手と両手がありますが、両手はかなり難度が高いので、片手からはじめてください。両手にチャレンジしたとしても、身体が固まり、バランス取りごっこになってしまっては、股関節開発のトレーニングにはならないからです。

両手は、片手でのトレーニングを積み、転子がよりわかるようになってからにしましょう。

●大腿骨回解法　その１　片脚立位法―壁手支持法

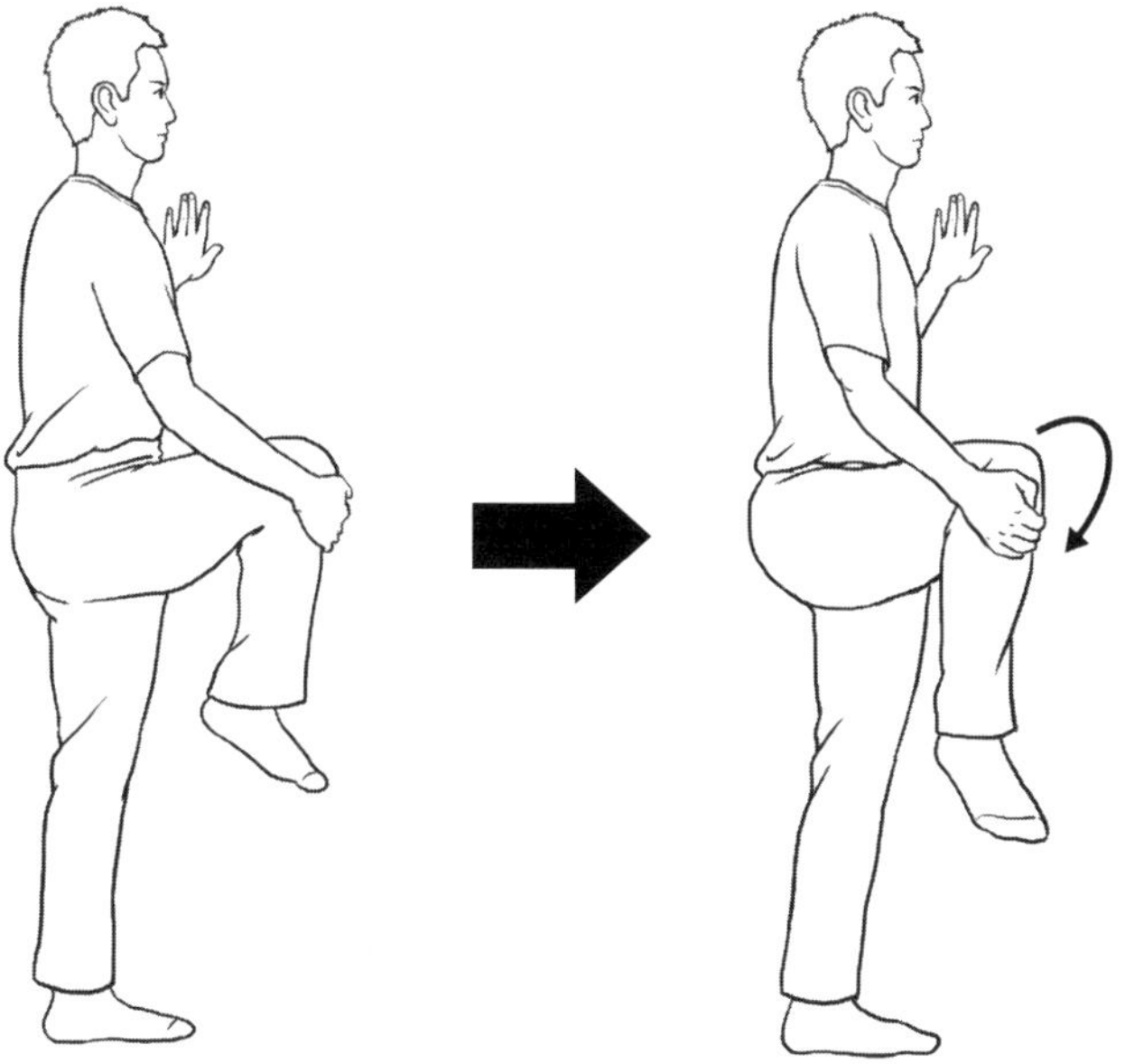

転子がよりわかるというのも、いろいろな身体の、いろいろなポジション、いろいろな状況にしたがって、発展させていってほしいのです。

この片脚立位法の自立法の両手でのやり方を、徹底的に、理想的に極めたらどうなるかと言うと、他のどんなポジションでも転子を使うことができるようになるはずです。

とはいえ、なかなか理想的なレベルで行うことはかなわないので、さまざまなポジションの中で、それを応用しながらトレーニングを進めていってください。

ここまで紹介してきたメソッドでも、骨盤と大腿骨の角度関係は、何通りもやってきましたが、いろいろなスポーツのいろいろなシーンで使う、骨盤と大腿骨の角度、方向性というものを、これらのトレーニングの中でいろいろやっておくといいのです。

●大腿骨回解法　その2　片脚立位法─自立法・片手

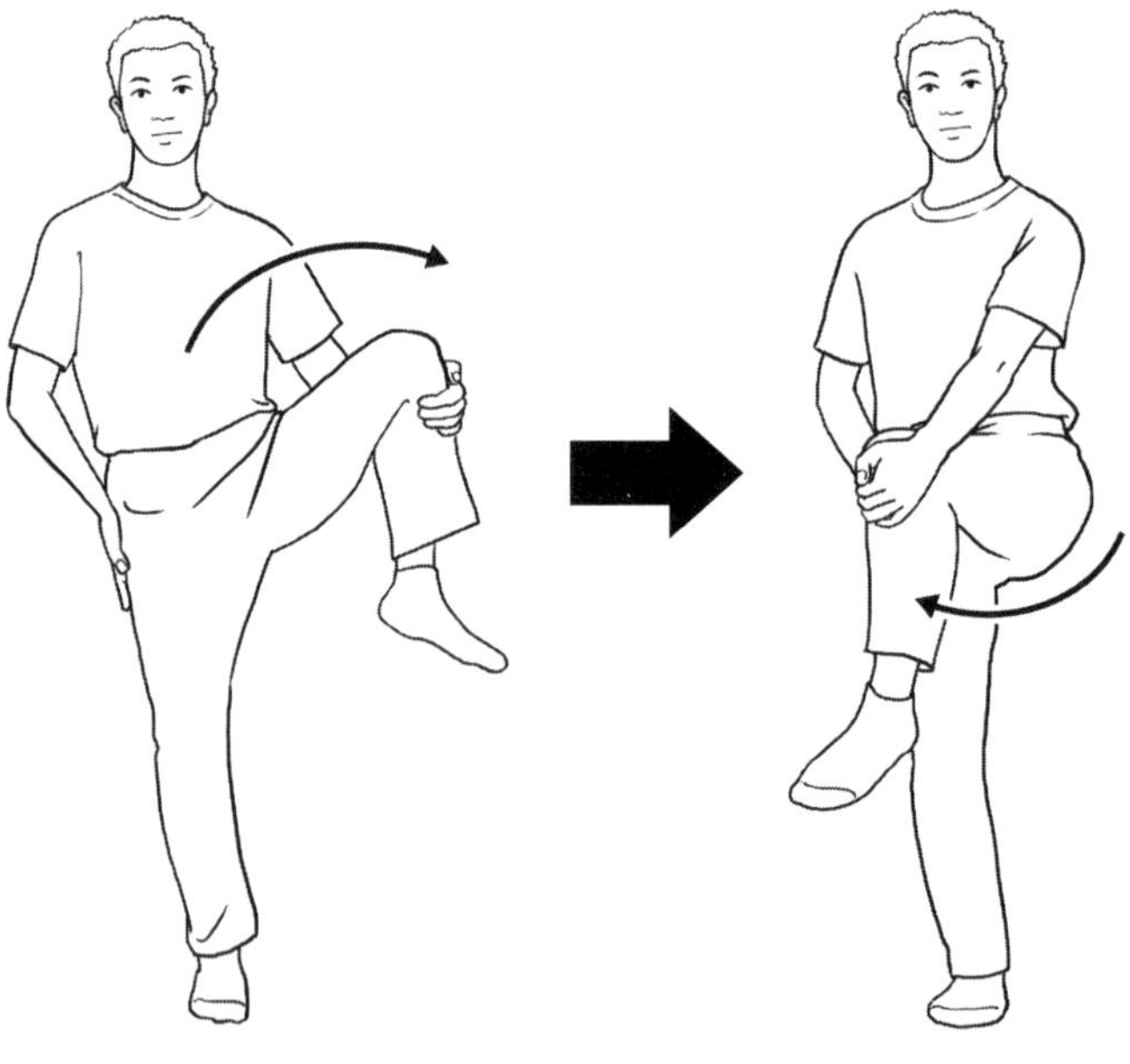

●大腿骨回解法　その２　片脚立位法─自立法・両手

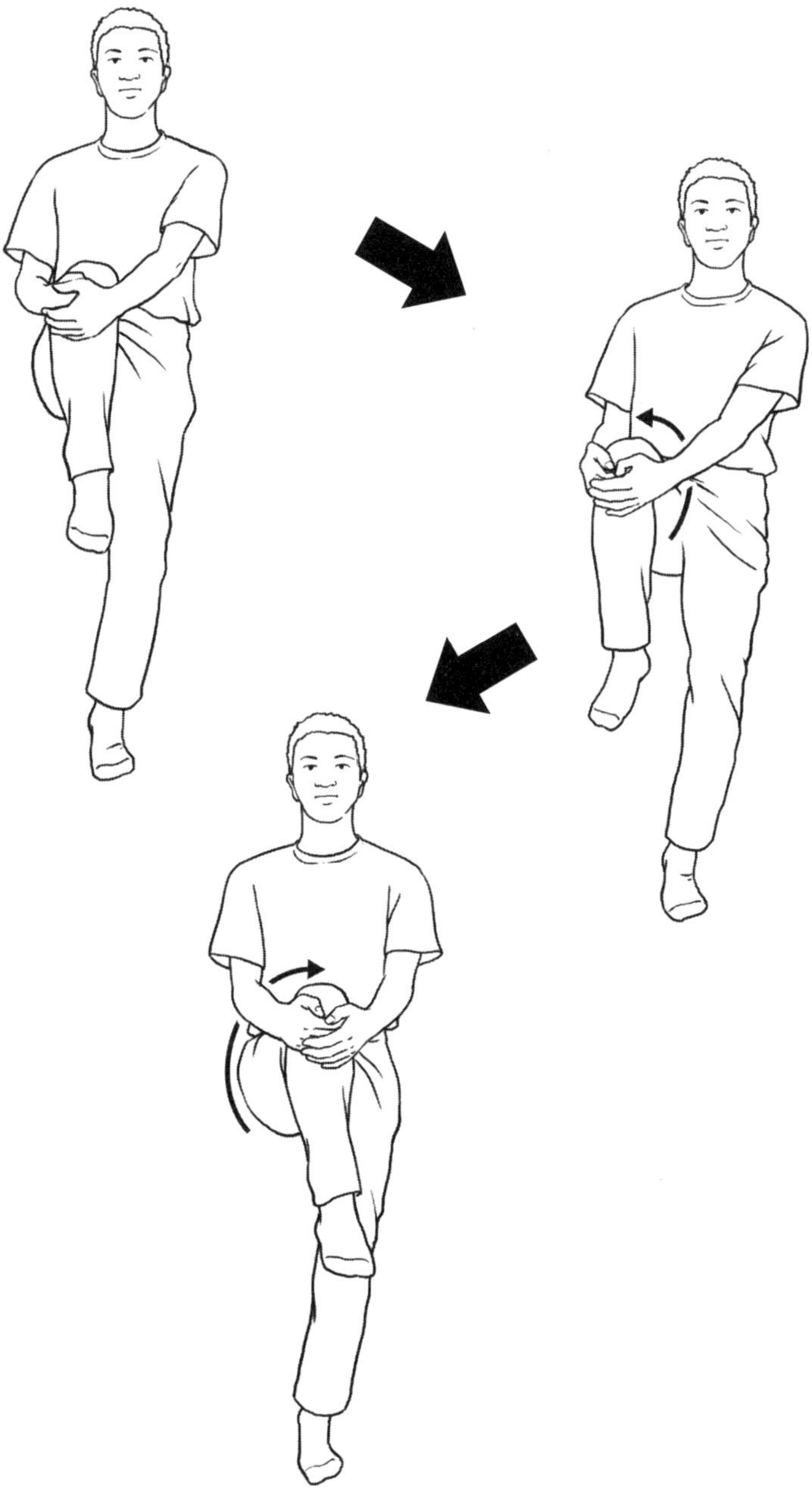

その3　イス座位法

続いては、大腿骨回解法をイスに座って座位で行います。

①イスに座って、片手で足を抱えて外旋からはじめます。

座っているので壁に手をついて支える必要もありません。

立位に比べれば、両手でも圧倒的に楽にできますが、まずは片手でやってみてください。

座位で行うと、より脱力しやすく、股関節もより意識化しやすくなることが実感できるはずです。

しかし、やりやすいからといって、座位だけで満足してしまってはいけません。

スポーツの競技中はもちろん、普段の練習も立位で行う場合がほとんどでしょう。

さらに片脚で立つとなると条件はもっと厳しくなりますが、片脚で立つ能力は非常に重要です。スポーツにおいて「片脚になりたくない」としたら、プレーがほとんど成り立たないからです。

そういう意味で、アスリートにとって片脚で立つ能力は重要なので、片脚立位法から紹介したのです。

一方で、皆さんに体験していただいた通り、片脚立ちになって大腿骨を正しく股関節の中心から回旋させるのは意外にも大変難しいことなのです。

そして脳が股関節の中心を本当にわかった状態でこれをやることだけが重要なのです（もちろん股関節の中心を本当にわかるには、あの地芯上空……に立つことも必要不可欠です）。もし股関節のことを無視して、股関節を意識しないまま、バランスを保ちながら、ただ大腿骨を大きく回旋するだけでよければ簡単ではありませんが、少しの努力でスポーツ選手なら誰でも問題なくできるでしょう。

でもそれでは、何の意味もありません。よろしいですか、何の意味もないのです。片脚立ちになりながら美しいシルバーの地芯上空６０００キロに立ち、脳が左右両脚の股関節の中心をよくわかり十分に脱力しきれた状態で、大腿骨を回旋できるような能力を持った人物が、世界のトップに立てる選手なのです。

②左脚・右脚の外旋をやったら、同じように左右の内旋も行ってください。

●大腿骨回解法　その３　イス座位法・片手

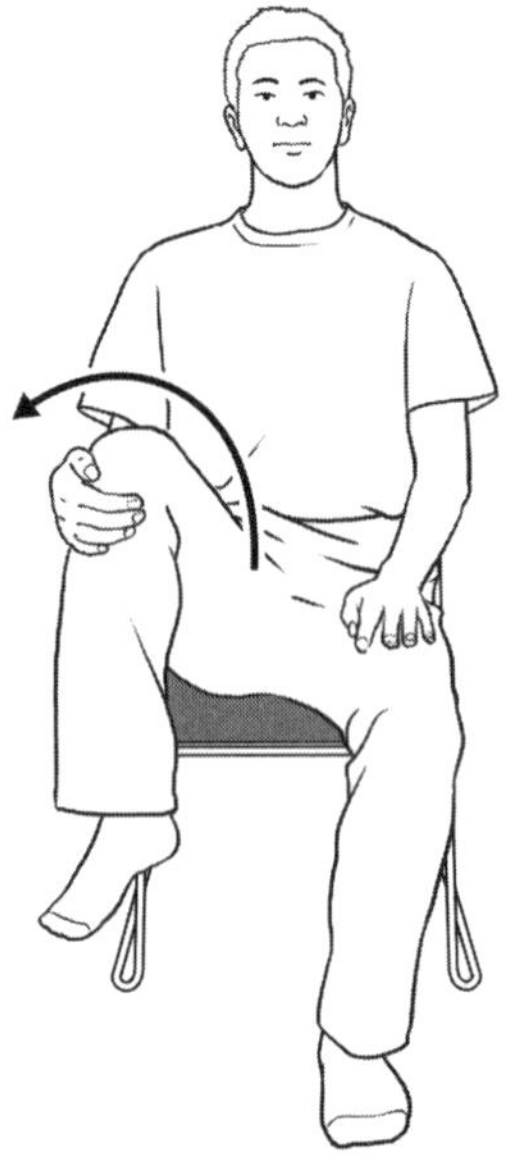

●大腿骨回解法　その３　イス座位法・両手

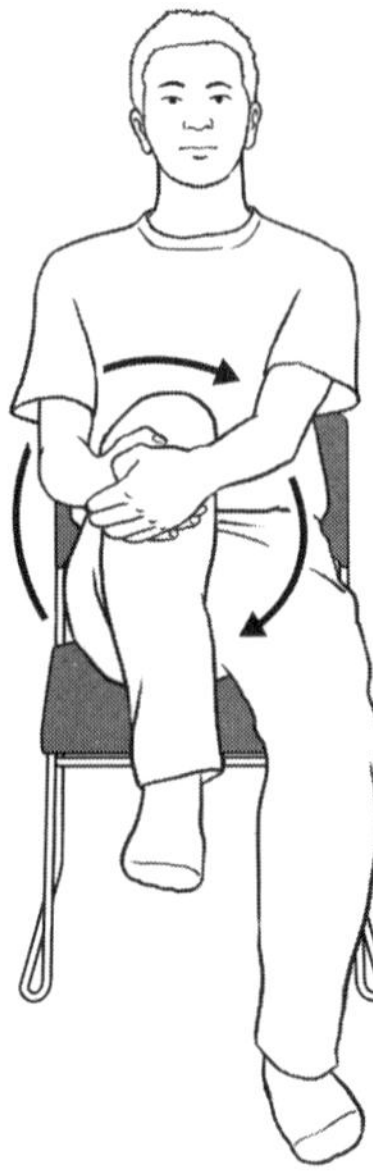

その4　仰臥位法

最後のやり方は、仰臥位です。

①仰向けになって、美しいシルバーの地芯上空6000キロに乗って寝てください。「あぁ～、気持ちいいなあ」と感じられたら、うまくイメージできている証拠です。

②まずは片手で大腿骨を外旋させます。

これまでと同じように、これも片手のほうが簡単です。

細かく言うと、股関節を覚醒させるのが目的の場合は、片手のほうが簡単です。両手でやると身体が詰まったような感じになるからです。

③これも左右の外旋、左右の内旋と4パターンを行ってください。

いずれにしても股関節脳を育てることが真の目的ですから、まずは片脚の、次は両脚の股関節の中心を徹底的に正確に意識し、股関節周りの徹底脱力を進めながら行うことが重要です。

●大腿骨回解法　その４　仰臥位法・片手

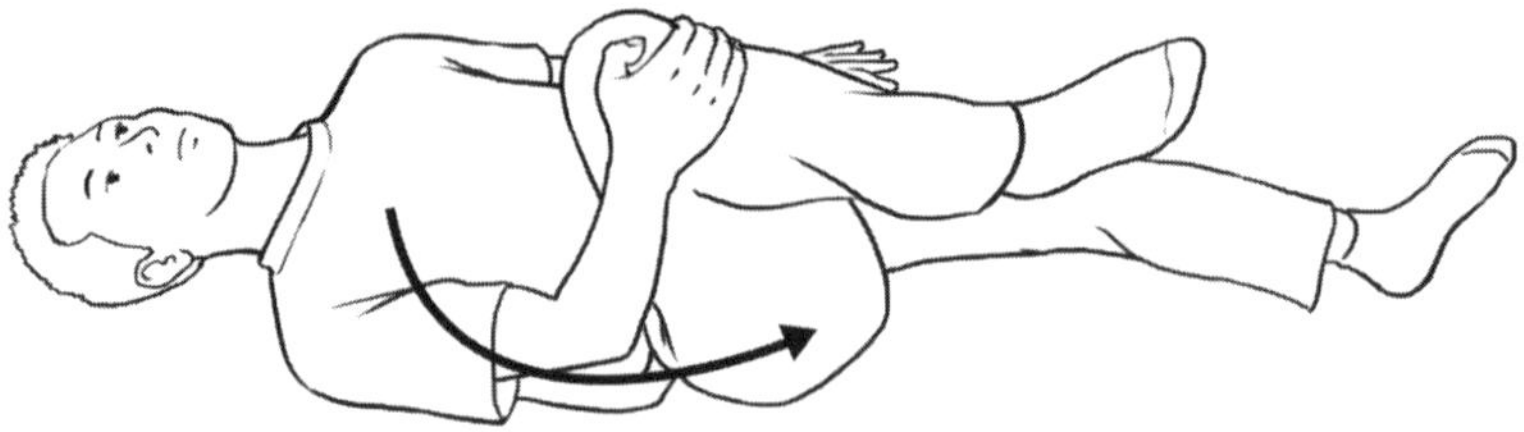

●大腿骨回解法　その４　仰臥位法・両手

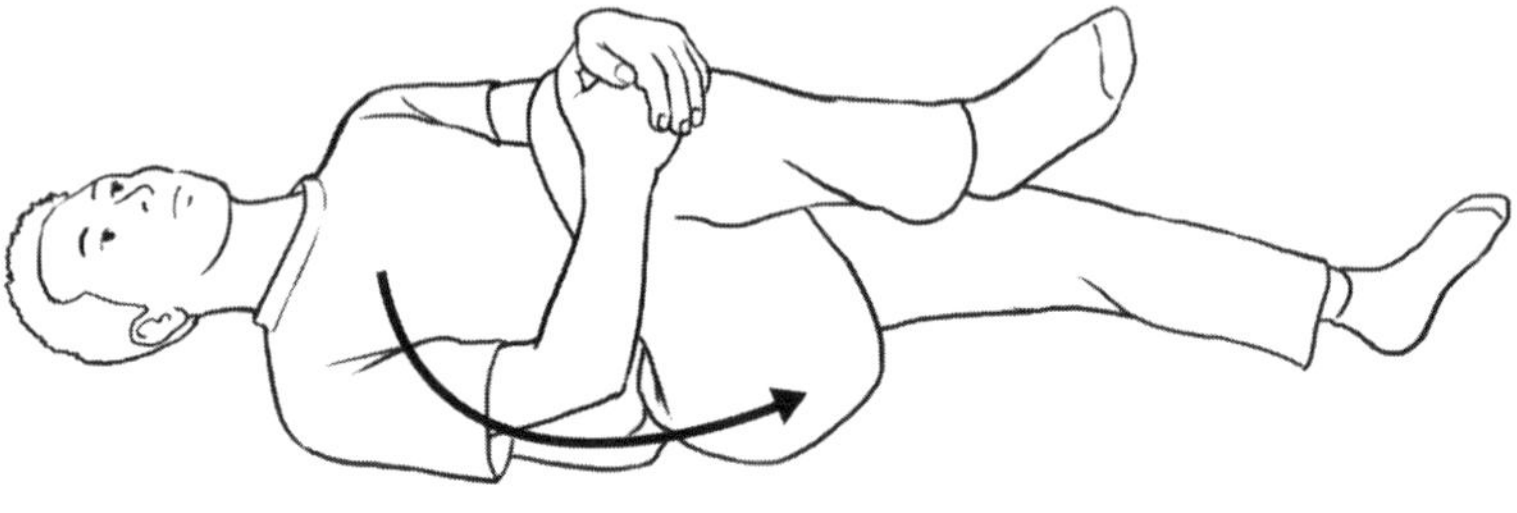

第2章

〝裏転子〟という最強将軍

――中臀筋をゆるめよ！

股関節で体幹を力強く前へ運ぶ

日本のアスリート史上屈指の股関節使い・イチロー

まずは、第1章の話をまとめておきましょう。

ひとつは、これほど重要な股関節の位置について、実は脳がわかっていないということです。第1章で記した、指を使った股関節の位置の確認、そして静止立位とその場歩きの実験を試してみた方なら、「いままで自分の脳は、内側から股関節の位置がわからないまま、スポーツをやってきたんだ」と実感されたはずです。

大事なことなので繰り返しになりますが、世界のさまざまな種目のトップアスリート、たとえば、ジョージ・シスラーのメジャー歴代シーズン最多安打記録を更新した２００４年前後のイチローなどは、日本が生んだアスリートの中では、本当に頂点ともいえる股関節使いができていました。

私のような運動科学の専門家からすると、当時のイチローの動きは、股関節が動いているように見えました。つまり、ユニフォームを着ていても、服の上から彼の股関節の動きがわかるぐらい、股関節を鮮やかに使えていたことを覚えています。あのような小さな細い身体ながら、過酷なメジャーリーグの世界の中で長く、トップ選手として活躍し続けることができた要因のひとつが、この股関節の優秀さにあることは、間違いありません。

とくにイチローはバッティングだけでなく、走塁や守備なども、超一流であったことを忘れてはいけません。体格、体力の面で、身体資源に恵まれていないにもかかわらず、首位打者、盗塁王、ゴールドグラブ賞などのタイトルを数多く取ることができたということは、必要に応じて使う身体の関節（さらには骨格）や筋肉のことを、メジャーリーグのどの選手よりも脳がわかっていた選手だったからに間違いありません。それに尽きると言ってもいいでしょう。

その中でも、関節の中で一番重要な働きをしている股関節、また最も鈍感でもある股関節をキレッキレに使えるほどに股関節脳が優れていたのが、全盛期のイチローだったのです。

イチローの股関節脳の次元から語れば、同じメジャーリーグで活躍中の大谷翔平の股関節は、まだまだ開発ができていない状態です。逆に言えば、大谷には股関節の開発による伸び代が、まだたっぷりと残っているとも言えるでしょう。前著「肩甲骨本」でも紹介したように、大谷は肩甲骨の開発に関しては相当に進んでいる選手です。その肩甲骨に比べると、この股関節、そして股関節とつながっている骨盤骨の開発度は、まったく低い次元でしかありません。

「大谷はあれほど足が速いのに？」と思うかもしれませんし、私自身も、野球専門のネットメディアである『ベースボールチャンネル』で、彼の足の速さを評価していました。しかし大谷の足の速さは、肩甲骨のおかげなのです。我々人類の脳には四足動物時代に作られた、肩甲骨が働くと同時に腸骨も働く「甲腸同調性」というメカニズムが備わっているからです。

それをなぜ多くの選手が使えていないかと言うと、そのスイッチが入っていないからです。人間の脳と身体のスイッチは、テレビやエアコン、パソコンなどの電化製品のように、ポッと触れただけでオンになるようにはできていません。そのスイッチを入れるためには、どうしてもトレーニングが必要で、その方法を紹介したのが「肩甲骨本」でした。

大谷はその肩甲骨が非常によく開発されている選手です。それによって腸骨が働くようになっていて、「甲腸連動」を起こすことで速く走ることができているのです。

大谷翔平は「甲腸連動」を使えてはいるが……

さてここからひとつ、皆さんが驚くような話をしておきましょう。

大谷は肩甲骨側からのアプローチに優れているため、そのおかげで「甲腸連動」を起こし、メジャーリーグの中でもかなり走力のある選手として注目されたわけですが、股関節側からのアプローチはまだまだ不足しているのです。

このような話をすると、「えっ、肩甲骨側から十分アプローチできていれば、甲腸同調性があるから、実際にバッティングでも走るにしても、甲腸連動によって腸骨もそれなりに使えていて、練習をしたり試合に出たりするたびに、甲腸連動の繰り返しで、腸骨の開発も進むのでは？」と疑問に思うかもしれません。

それは確かに、その通りです。

しかし、スポーツのトップアスリートの世界では、あらゆる可能性を開発しないと、本当の

●甲腸連動とは

チーターは甲腸連動を自然に行っている

人の甲腸連動による走りのイメージ

トップにはなれません。つまり、開発の不足している部分があるうちは、トップオブトップには届かないのです。

メジャーリーグでは中堅クラスの球団でも、チームの中にトップ選手が1~3人はいるでしょう。それが優勝するようなチームとなると、5~6人は揃っています。ということは、メジャーリーグ全体で少なくとも数十人のトップ選手がいるわけです。その数十人の枠の中なら、甲腸連動で肩甲骨側から開発し、下半身もよくなっていれば、トップ選手として十分通用します。

しかし大谷には、開発できていない大きな方向性が残っています。それは股関節自体を開発し、股関節から全身を変えていくというアプローチです。

それがなくてもメジャーリーグのトップクラスの仲間入りはできますが、そのトップクラスを抜け出して、真にメジャーナンバーワンのピッチャーやバッターになれるかと言うと、そういう選手は間違いなく肩甲骨と股関節の両側から開発ができている人です。

当然、トップクラスと言っても差があって、松竹梅といろいろな選手がいるわけです。最近の日本のプロ野球で言えば、ピッチャーなら巨人の菅野智之が目立っています。バッターでは、ヤクルトの山田哲人が打率・本塁打・盗塁のトリプルスリーを3度達成して騒がれましたが、彼の場合は少々波があります。

いずれにせよ、トップの中でも抜きんでた選手は、両方からの開発ができている選手で、それ以外の選手の大半は「上」ではあっても「上の下」レベルなのです。

一方、「上の上」、トップオブトップの選手は開発の余地があるのでしょうか?

これは皆さんも気になるところでしょうし、それを知ることで肚が決まり、アスリートとして生きる上で軸がぶれなくなるはずなので、その疑問にハッキリとお答えしておきましょう。

実はトップオブトップの選手でも、開発の余地はいくらでもあるのです。

科学者としての立場から見れば、まだまだ開発は半ばといったところです。

たとえば、テニスの錦織圭。彼はテニスという身体の大きさが重要な種目で、小柄な体格ながら大健闘しています。しかし、男子のプロテニスの世界でトップを目指すのなら、身長で190センチは欲しいところです。

錦織は180センチ弱ですから、大変厳しい戦いが続いています。世界ランキングはシングルスで一時4位まで行きましたが、いまは落ちてしまいました。しかし、あそこまで活躍できるということは、あの身体の小ささから考えると、かなり開発は進んでいる選手と言えます。

そんな錦織でも、肩甲骨、肩関節、腸骨、股関節と見ていくと、まだまだ開発する余地は残っています。

ましてや世界のトップクラスに入っていないような選手だと、肩甲骨、肩関節、腸骨、股関節について、いくらでも開発の余地があると言えるのです。

大谷翔平の肩甲骨も、「肩甲骨本」でかなり褒めていますが、科学的に推測できる究極の開発度で言えば60パーセント前後でしょう。

また肩甲骨と股関節の開発度は、種目によってもある程度違ってきます。

サッカーのような競技は、肩甲骨の開発が低い傾向にあります。だから肩甲骨の開発に取り組むと、選手のパフォーマンスはグンとよくなります。他の選手が注目していない分、チャンスが大きいとも言えるでしょう。

とくに日本人のサッカー選手は肩甲骨使いが下手で、肩甲骨の開発にもまったく関心がないので、その影響が色濃く出ています。彼らの場合、肩甲骨がある種のリミッターになっているような状況です。同じサッカー選手でも、海外の選手のほうが、肩甲骨使いができています。

「いいタイヤ引き」をした選手が結果を残した

それに対し野球では、とくにピッチングについては、日本でも肩甲骨使いをかなり研究するようになってきました。

実際、日本のピッチャーも変わってきています。メジャーリーグの影響もあるのでしょうが、昔に比べると肩甲骨を開発して、上半身をよく工夫、研究して投げる選手が増えてきています。

かつての日本のピッチャーは、ケツを鍛えて、ケツをたくましくしないとダメだという風潮があり、誰もがものすごく下半身を鍛えていました。その分、上半身に関しては研究も工夫も進んでいませんでしたし、開発にも消極的でした。その結果が、下半身中心の非常に日本独特の特殊なピッチングスタイルだったのです。

そこで面白いのは、かつての日本の野球界が好んでいた〝タイヤ引き〟のトレーニングから見えてくる運動科学上の真実です。そして古い時代の名選手ほど、「いまのピッチャーは、タイヤ引きをやらないからね……」というぼやき、苦言を呈しています。

前人未到の400勝を達成した金田正一は、「いまの選手は下半身がなっちゃいない」とよく言っていますが、彼自身は日本の野球界で突出した選手で、身体能力、中でも関節脳、骨格脳で言えば、ピッチャー、バッターを問わず、日本のプロ野球史上ナンバーワンの選手でした。

それだけの選手から見れば、下半身だけでなくそこかしこが物足りなく見えても仕方ありません……が。

その上で〝タイヤ引き〟の功罪について考察してみると、極めて興味深い身体運動の秘密が見えてくるのです。まずタイヤ引きに取り組んで、大成功した選手は、いい運動構造の「いいタイヤ引き」ができた選手だということです。反対にタイヤ引きに真面目に取り組んだにもかかわらず、パッとしない成績で終わった選手は、タイヤ引きのやり方が悪かったのです。

タイヤ引きによって生まれる効果を考えた場合、成功しない選手には特徴があって、そうした選手は股関節も膝も関節脳がないまま、無駄な力みを抱えた状態で頑張ってしまった選手です。

一方、成功した選手は関節周りの脱力がかなりできている状態でタイヤ引きをした選手ですが、実は、関節脳のあり／なしは、体幹屹立（垂直方向にスパーンと立つこと）＝高重心／体幹前のめり＝低重心という形で外側から見た姿にも現れるものなのです。同じ筋量と体格で同じウエイトのタイヤを同じスピードで引ける2人の選手を比較したとき、関節脳のある選手は屹立で重心がより高く、関節脳のない選手は前のめりで重心がより低くなるということです。

要はいかに体幹屹立高重心で、強力なタイヤ引きができるかどうか、なのです。

金田正一のような天才は、高重心で誰よりも強いタイヤ引きができてしまった人なのです。では高重心でタイヤ引きができると何が違うかと言うと、体幹屹立状態で股関節脳がハムストリングスと大臀筋を強く働かせて、大腿骨を後方へワイプする（かき動かす）能力が鍛えられるのです。その結果、これらの筋力を高効率でより強く、垂直位での体幹の前進運動量に変換することが必要なピッチングにとって、ワインドアップに続く後片脚立ちからリリースまでの最重要プロセスにおける、姿勢と筋出力のコーディネーションが最適に磨きあげられてしまうのです。

一方、体幹前屈の低重心でタイヤ引きを行うと体幹が前のめりにかぶることにより、股関節が強い屈曲状態で、大腿骨がより垂直方向に近づいてしまいます。すると前にかぶった体幹の重量を支えるために前ももの筋肉がより強く働き、それがブレーキとなり、同時に脳が、体幹前のめりで股関節を深く屈曲するポジションでハムストリングスと大臀筋を出力とすることを覚えてしまうのです。それによって、同じ最重要プロセスにおいて、全身が前のめりに縮こまり、全身の裏側の筋力を使えない、小さなピッチングになってしまいます。屈曲状態で前ももが強く利いた股関節の使い方は、股関節周りの硬縮を促し、脱力のできない股関節脳を作りあげてしまうのです。

ピッチングに限らずサッカーのキックでも、前のめりの低重心で、股関節周りが硬縮し、より深い屈曲状態から前ももを利かせて大腿骨を使うクセがつくと、強く正確な球を投げたり蹴ったりするために必要なポジションがとれなくなってしまうのです。

〝正しい〟高重心でマウンドの高さを活かす

野球場のピッチャーマウンドというのは、重力を利用して球威が増すようにするために、必ず周囲よりも少し高く作られています。ピッチャーの筋力の出力によるエネルギーに位置エネルギーを加味して、ボールを投げられるように設計されているわけです。

位置エネルギーとは、前にも触れた地球上の物体に常時働いている重力に由来します。それを野球の歴史の中で、関係者が直感的にピッチングに利用させたくなったのです。というのも、位置エネルギーを加味しないと、ゲームが面白くなるような球威のあるボールが来ないことに気づいた、センスの優れた人物がいたからです。

言い換えれば、真っ平らなところで勝負すると、ピッチャーよりもバッターのほうが有利になり過ぎてしまうということです。つまり、ピッチャーとバッターで好勝負が繰り広げられるように、ちょうどいいところまでマウンドを高くしていったということです。

要するに高いところから低いところに向かって、ゆっくり時間をかけ、位置エネルギーを最大に有効利用して投げるのが、野球のピッチングなのです。そこが、野手が高低差のないところでゴロを取って素早く時間をかけずに投げるといったことと、決定的に違うところなのです。

したがって、高い位置＝高重心のところから投げていかないと、せっかくの位置エネルギーをロスすることになるので、前のめりで縮こまった重心の低い身体使いをしていると、せっかくのマウンドの高さというアドバンテージを自ら捨てることになるわけです。

だから、高重心でマウンドの高さを減らさない身体使いではワインドアップからの後片脚立ちで可能な限りこの軸脚の膝関節や股関節を屈曲させないことが重要なのです。

それなら棒立ちでいいのか、と言えばまったくそうではありません。前述の通り、球威は人間の筋出力のエネルギーと位置エネルギーの総和なので、位置エネルギーだけに頼っても大した球威は生まれないからです。

つまり、高重心になるように全身をセンター（軸）に沿って屹立した状態から筋出力を開始し、深く腰を落としつつさらに筋力を加算し続け、体幹に強大な前方への運動量を持たせられるかどうか。この難しい課題を達成できるかどうか、これが非常に重要なのです。

太もも裏と臀部の筋肉を収縮させるために

ではこの難題をどうしたら解決できるのか。その答えは後片脚立ちが有する位置エネルギーの大きさを最大限利用する重心落下と、股関節による巧みな股関節周りの筋肉群の使い方にあります。その筋肉の使い方とはどのようなものか。

後片脚立ちの最高重心位からバッター方向へ全身がゆっくり流れくだるように移行する時、実はその最初の動き出しのプロセスでは、全身をバッター方向へ押し進める筋力は小さなものでよいため、軸脚の股関節横の中臀筋から大腿筋膜長筋、時には外側広筋などの前方への筋出力に劣った筋肉を使い、バッターに背と尻を向けるようにしつつ流れくだるのです。

実は、このプロセスで陰になり活躍するのが大臀筋とハムストリングス・内転筋といった大腿の内裏の筋肉群（内裏転子筋という）なのです。これらの筋群は滑らかに流れくだる身体を支えつつさらに滑らかに流れくだっていくよう、筋繊維を引き伸ばされつつ筋収縮をするエキセントリック・コントラクション（伸張性筋収縮）という、最大の筋力を発揮する筋肉使いを行うのです。すると何が起きるのか。

流れくだる身体は、動き出しからの筋力とその後の重力加速度を活かして、大きなバッター方向への運動量を得て、バッター方向へ突き進みます。これと同時に片脚立ちの軸脚の大臀筋と大腿内裏筋群は、伸張性筋収縮から生まれる最大の筋力を発揮して、全身をバッター方向へ加速させつつ軸回りに体幹をローテーションさせ、さらに後下方に垂れ下がっていたボールを持つ腕を高く引き上げ投げる動作へと、（コッキングプロセスを）強力に推進していきます。

これこそ、重力による位置エネルギーと筋力が一致協力して強大な前方力を産み出す、極めて困難でエレガントな身体運動の芸術的とも言える運動構造と言えます。

この余りに見事なピッチングプロセスを支える股関節の働きはまさに股関節脳の最たる働きであり、運動科学ではこれを「股関節縦軸全周筋働」と呼んで、格別に注目しているのです。これをマネして、後片脚立ちで半周近く後方に体幹を軸回りさせバッターにお尻を向けることは、易しいことではありませんが、できないことではありません。問題は後方半周近く＋前方半周近くの合わせて一周近く体幹を軸回りさせる間に、最高低差の位置エネルギーの利用と伸張性筋収縮による最大の筋力の発揮を同時に矛盾なく一致できるか、ということなのです。

これこそ、軸と股関節と筋力と重力の高度な協力作業、すなわち至高の連動のひとつと言えるでしょう。

金田正一は、ピッチング前半でいかに裏側を使って大きな運動をするか。そこで作り出した大きな運動量に乗って、その運動量をボールに素直に矛盾なく伝えること、決して後半で無理な腕振りでボールを加速しないこと、こうしたことこそが真に人間の脳と身体が求めるべき、身体運動だということがわかっていたのでしょう。

また金田正一のような天才はタイヤ引きにおいても、より高重心で行える天性の資質を持っていて、体幹の前のめりにより股関節が曲がったような低重心でやることを、軸と股関節脳が不快に感じ、避けることができたのでしょう。だから、同じタイヤ引きでも体幹屹立による高重心でトレーニングし、その結果、ますます強くなることができたのです。

そして屹立した強力な体幹と最大の高低差を余裕で活かし支える強靭な下半身を利して投げ続け、偉大な記録を打ち立てることができたのです。

多くのアスリートにとって、それぐらい体幹屹立と重心の適切な高さは大切なのです。

股関節を無駄に曲げず股関節裏の〝裏転子〟を使う

このように、股関節の使い方を考えたとき、股関節をどのような屈曲状態で使ったらいいのか、股関節周りのどの筋肉を、どういう筋収縮状態で使わせたらいいのかといったことが、非常に重要になってくるのです。それを手短にまとめると、次のようになります。

筋力を活かしてピッチングを行うためには、体幹を裏転子を使って前に運ぶということが、最も重要なファクターになります。これはサッカーのシュートにも当てはまりますし、ダッシュで相手を抜くのもそうですし、他のどんな種目のスポーツでも同じです。

体幹をいかに強力に前へ運ぶか。これが一番肝心です。股関節を少しも無駄に屈曲させることなく、裏転子筋であるハムストリングスと大臀筋を使えるか。これがカギを握っています。股関節がより伸展位で筋力を発揮できるかどうか、すべてはそれにかかっているわけです。

サッカーの場合はボールコントロールが必要なので、ある意味、バレリーナ以上に左右の脚を常に自由に使えなければなりません。

サッカーのような条件下では、かつての日本代表がそうであったように、低重心になればなるほど、脚の自由度は奪われてしまいます。

したがって、高重心で移動することが、サッカーにとって絶対要件になってきます。サッカーに比べれば、テニスやバスケットボールのほうが、より低重心でもなんとかなります。なぜなら、テニスやバスケットにおいて、ボールを足で直接コントロールするのは違反だからです。もし、バスケットにボールを蹴ってもいいというルールができれば、新しい戦術や技術も開発されるはずです。その結果、新しいルール下でのバスケットでは、選手の平均的な重心の位置が、数センチ程度高くなることでしょう。

だからこそ、バスケットボールに比べ、サッカー選手はより股関節の屈曲が少ない状態で、筋力発揮することを求められるのです。

また別の種目、たとえばアマチュアレスリングの選手などは、もっと股関節を屈曲させて構えています。アマチュアレスリングには特有のルールが作り出す重心の低さがあるので、サッカーに比べてずっと選手の重心が低いこと自体に問題はありません。しかし、アマチュアレスリングという競技の中で通用する最適な重心の高さより低くなっている選手は、いいパフォーマンスを発揮できません。やはり、その種目の中でも、最適な重心で裏転子を強く利かせて動けなければダメなのです。

相撲も同じです。相撲は各種スポーツの中で、腰の低さが最も評価される種目のひとつです。そんな相撲でも低ければ低いほどいいわけではなく、適正な腰の高さ、重心の位置があり、必要以上に低いのはダメで、もちろん高いのもダメです。

サッカーでも、あまりにも高い重心がNGなのは言うまでもありません。

とくにサッカー界では、「日本の選手の骨盤は落っこちているからダメだ」といった批判をよく耳にしますが、あまり的を射ているとは言えません。

骨盤は真横から見たときに、若干前傾しているのが普通です。そのため、仙骨から腰椎にかけては、前に向かって反っています。その前傾が足りなくなっている状態を、「骨盤が落ちている」と言いますが、それを直したほうがいいという教えは、実は非常に危険な教えです。「骨盤を落とすな」と言われたコーチや選手は、まず腰椎周りをより反らせようとします。つまり腰椎周りの筋肉に力を入れて、腰椎をより反らせる方向に必ず努力してしまいます。

そうすると、見かけ上は骨盤が前傾してきますが、見かけだけ、骨盤が前傾した状態を私は

「骨盤が立つ」とは言いません。

なぜなら、骨盤が立つためには、その下にあるもの、立たせるものが正しく働かなければ、その上のモノも立たないからです。この「下にある、立たせるもの」こそ裏転子です。

建物を正しく建てるには土台からきちんと作って、土台から構造物を建てていかないと、家もビルも建ちません。

それを骨盤より上にある、腰椎周りの筋肉を働かせて無理に反らせると、パフォーマンスは圧倒的に低下し、腰椎～仙骨周りの障害を引き起こす原因にもなってしまいます。ゆえに、その方法は絶対にお勧めできません。

一方でその部分の筋肉、いわゆる腰背筋が弱過ぎる人は、十分に鍛える必要があります。これらの筋肉は、体幹周りの重要な筋肉なので、強くなければなりません。

しかし、そのことと、骨盤を立てるために筋力で無理やりに腰を反らせることはまったくの別問題です。

腰椎周りの筋肉、腰背筋が弱い選手が、無理に腰を反らせようとした結果、障害が多く発生しているということを覚えておいてください。

腰椎周りの筋力が弱い選手に、その部分の筋肉を無理やり使わせるようなポジションをとらせると、筋肉自体を傷めて、さらに悪い状態になってしまうのです。

ゆえに、そうした選手ほど、丁寧な腰椎周りの筋トレが必要になります。それは骨盤を立てるために姿勢を変えて、腰を反らせるような努力をすることとは、まったく違うのです。

カギを握るのは中臀筋

大臀筋は〝上部〟が発達するのが本来の姿

では、本当に骨盤を立たせるためには何が重要なのかと言うと、それこそが股関節脳なのです。股関節の位置、場所を、脳がきちんとわかるようになることが第一です。

先ほどの実験でもわかる通り、股関節の位置がわかることで、裏転子筋である大臀筋とハムストリングスがたちどころに働くようになるのです。裏転子の筋肉が強く働き収縮し出すと、前にあった大腿骨が後ろに向かって、ワイプされて立ってきます。静止した立位でこの状態になると、骨盤は必ず立ってきて体幹も屹立し、軸も垂直に通ってきます。

こうして骨盤の下から、裏転子筋に支えられて骨盤が立ってくるのが肝心なところで、きちんとした土台にビルを建てるのと同じ状況が得られるわけです。

この状態になったとき、はじめて股関節が〝使える選手〟になるのです。

股関節が使えて活かせるので、裏転子の大臀筋とハムストリングスが働く。しかも体幹前のめりで股関節を曲げて膝関節を曲げた状態と違って、体幹屹立位状態であれば、これらの筋肉の活性化は、いろいろな種目のスポーツのポジショニングとして極めて有効です。

またもう一方でサイドからのポジショニングに関わる中臀筋は放っておけば必ず硬縮し続け、カチカチになる性質があります。トレーナーや指導者の中にも、「カチカチの中臀筋がいい」と思い込んでいる人もいるぐらいで……。

そうした人々は「姿勢保持のためには、中臀筋がアイソメトリックに働かなければならないのだから、カチカチでいいじゃないか」と考えているのです。

しかし、それなら筋肉ではなく、靭帯でもよかったということになるでしょう。ただ、もし中臀筋が靭帯だとしたら、横方向への運動出力には、一切役に立ちません―ゼロです。

中臀筋の拘縮が股関節の中心意識を妨げる

実はここに、非常に重要な問題が隠されているのです。

というのも、筋肉の硬縮があまりに進むと、前述したように、脳は筋肉と骨の区別がつかなくなってくるからです。

人間の脳は、ある面では大変優秀なのですが、ある面では非常におバカさんで、このことは前著「肩甲骨本」でも触れましたが、とくに股関節に関しては中臀筋という筋肉と、股関節という骨の区別がつかなくなってしまうという、おバカさんな性質があります。

骨格標本図を後ろから見ていくと、股関節の中心から真下には骨があるでしょうか？

ここには骨のない空間があるだけで、空っぽの状態になっています。これはなぜでしょうか。

実はこの空間には半腱様筋、半膜様筋、要するに、ハムストリングスの最も重要な内側の二筋と、4つの内転筋群がスッポリ収まるようになっているのです。

これらの股関節の中心から真っ直ぐ下ろしたラインに乗ってくる筋肉が働くことが、一番重要なことなのです。

直立二足歩行の人間は立って運動する場合、必ず軸足が左右交互にスイッチします。そのたびに、股関節の中心（である転子）から真っ直ぐに下ろしたライン上を中心にした筋肉が、最大の活躍をすると、軸のとれたいい動きになるのです。とくに内転筋とハムストリングスの内側の最重要な二つの筋肉が働くと素晴らしく軸が通ってきます。

ところが中臀筋があまりにも硬縮し、脳の中で股関節と中臀筋の区別がつかなくなってくると、脳は実際の股関節の中心より外側に、股関節の中心があるように誤解してしまうのです。

本来は、腸骨のより内側から股関節の中心へというラインで身体を支えるものなので、脳もそのように認識するのが正しいわけです。そのライン上に沿って筋肉を使わせると、自分の支持組織のラインで筋肉が使えるからです。

たとえば右脚が支持脚になったとき、右腿の内裏の筋肉は一瞬、支持組織になります。次の瞬間、今度は左脚が支持脚になると、右腿の内裏の筋肉は脱力して支持組織ではなくなります。

この支持組織になることと、脱力が繰り返されるのが、下半身の優れた筋肉使いなのです。

こうした考えが、日本のスポーツ界でまだ全然見受けられないのは実に残念なところですが、大腿内裏（内裏転子）の筋肉に、脱力と支持組織化を瞬時に繰り返させるためには、股関節の中心の位置を脳が正確に知っていることが大変重要になります。

そのため、「このラインだぞ。このラインで筋肉は働くんだぞ。そうでなければ交互に支持組織にはなれないのだから」と、脳は覚え込み指示を出すわけです。

しかし、中臀筋があまりにも硬縮してしまうと、その股関節の中心の意識が、数センチ単位で外側にずれてしまうのです。そうなると、ハムストリングスの内側の二筋と内転筋がより使えない状態になっていきます。おまけに、外側にこうした優れた働きをする筋肉はないので、歩いたり走ったりするときに、どうしても斜め後ろ外側に蹴るような動き、体幹が左右にぶれる悪い動きになってしまうのです。

数年前までは、日本人サッカー選手にはこうしたタイプが多く、身体が左右にぶれるような動きが目立っていました。

当然のことながら、身体を前方に鋭く向かわせる最重要の前方力、前進力は、このような筋肉使いでは得られません。

そして内転筋群が働かないと、身体の中心軸というものを重視したバランスのとれた動き、全身の力を統一して結集したような動きはできません。

その結果、同じ人間のはずなのにパフォーマンスの質がまったく違ってきてしまうのです。

これも股関節の位置を、脳が身体の中ではっきりわかっているかどうかという問題なのです。

中臀筋も休息を必要としている

ここで思い出してほしいのは、第1章でやっていただいた、自分の股関節を触って位置を確認する実験です。

実際に股関節を触り、その位置がわかっただけで、立ち方も歩き方も即座に変わる体験をしていただきました。あれは、触って少し動かすことで、一時的にせよ股関節の位置が身体の中でわかる、脳が身体の内側からわかる状態になったからです。

そうすると、中臀筋がわずかに脱力するという現象が起こります。しかし、その中臀筋が脱力したパーセント以上に、脳は股関節がどこにあるのかを知り得たのです。つまり、脳は股関節がどこにあるのかがわかると、中臀筋をあまり使わずに、しかもその正しい支持ラインの位置までわかるようになるのです。だから、その支持ラインのところにある股関節周りのハムストリングスを使うようになります。股関節の位置がわかると、脳は直ちにこうしたことをやり出すわけです。その点では、脳は決しておバカさんではありません。

中臀筋の脱力については、わずか数パーセント程度に過ぎませんが、それでも脳がそれだけ賢くなると、正しい動きができるのかと疑問に思うかもしれませんが、その答えは明確です。

脳が股関節の位置を把握すれば、その分だけ正しい動きができるようになります。ただし、中臀筋がそれ以上に脱力しなければ、余計に働いている分だけ、脳は常にその邪魔を受けていることになります。そのため、余計に脳疲労しやすくなるのです。つまり身体の外側、中臀筋のほうにサイドフォースが働いて、支持ラインが引っ張られてしまうことと脳が戦い続けることになるわけです。中臀筋のほうへ支持ラインが引っ張られてしまうという状況下で、脳は「正しいのはそっちじゃない。正しいのはこっちだ」と抵抗し続けるのです。それによって脳は、中臀筋が脱力できている身体に比べ、余計な仕事をずっとしなければならなくなります。だから脳は疲れて、それを続けられなくなるのです。股関節に触れて、正しい位置を認識しても、その効果が持続せず、10分はもっても20分はもたないのはそのためなのです。

たとえると、カーナビが正しい道順を指示しているのに、ドライバーがそれを無視して走るために、何度もリルートをくり返しているような状態です。カーナビは機械なので、文句を言いませんし、疲れもしませんが、生身の脳がそれをすると、かなりの負担になるわけです。

だとすれば、「中臀筋も脱力させる、つまり、ゆるめる、緩解させたほうがいいのでは？」と思う人も多いでしょうが、まさにその通りです。

序章で語った、鈍い股関節を作り出す元凶とも言える、股関節周りのアイソメトリックで硬縮してしまう筋肉をゆるめ、解きほぐすのは非常に有効なことなのです。

前述の通り、中臀筋は身体が横ぶれしないように、アイソメトリックで防止するための筋肉ですが、身体の横ぶれを止める瞬間だけ働かせ、それ以外のときはできる限り脱力させるのが理想なのです。

その意味で、より優れたトップ選手ほど、ゆるんだ柔らかい中臀筋をしています。これは世界のトップ選手や武術の達人を触って確認した、間違いのない事実です。

こうした筋肉は、中臀筋が代表ですが、それ以外にも梨状筋などの外転筋群、太もも周りの外側広筋や大腿筋膜張筋といった筋肉もそれぞれマイナスの影響を与える筋肉です。

脳が股関節の中心の位置を正しくつかめていて、その支持ラインがあることもわかっている状態をキープさせるには、それを邪魔している筋肉たちを脱力、緩解させることが不可欠になります。そのためのメソッドも、本書では紹介していますので、ぜひ取り組んでみてください。

180度開脚などは百害あって一利なし

股関節の位置を脳がわかるようにするための方法、つまり股関節脳を作る方法は、第1章で紹介した、イスに座って股関節に触れてみることが一番手軽で、効果の高いやり方です。それこそ食事中でも片手でトレーニングすることができますが、中学生、高校生の選手が食事中にやっていると、親に怒られてしまうかもしれません。それでもアスリートなら寸暇を惜しんで取り組んでもらいたいと思いますし、自分の身体をよくするためのトレーニングですので、他人に迷惑をかけない環境にあるならば、常に積極的に取り組むようにしてください。

股関節を開発するためには、これがイの一番に導入すべきメソッドです。

これに続くような、股関節の位置をより積極的にわからせる方法がいくつかあり、さらにストレッチ系の方法も数種類あります。このストレッチ系の方法も、上手にやると股関節の位置をわからせることに役立ちます。本書で紹介するストレッチは、一般的な静的なストレッチ的要素に加え、股関節の開発を目的とした「突擦ストレッチ」を厳選してお届けします。

たとえば、坐骨で座って、膝を開いていく方法。これは「両屈膝横開脚法・床座位」と言います。日本の伝統的な健康法である「真向法」の代表的な体操に近いものです。これも股関節の位置をわからせる方法です。

ただ股関節の開発という意味では、この体操はそれほど効果を期待できません。本当に効果が期待できるのは、これを応用したやり方で、片方を外旋位、もう片方を内旋外転位させる「両逆転屈膝横開脚法」と言います。

「両逆転屈膝横開脚法」では、片方は股関節を思いきり外旋させることになります。関節はある程度以上の範囲に可動域を広げると、その関節自体の可動限度に近づきます。それ以上広げようとすると、関節を痛めることになりますが、その手前ぐらいのところだと刺激があります。これ以上やると危ないというところに近づくと、脳は働き出すので、その一歩手前のところまで広げていきます。すると脳がその刺激を覚えるので、これを利用するわけです。破壊刺激の少し手前まで広げることで、股関節の意識を促進させるやり方です。靭帯が過度に伸展され、関節自体も関節の面に対しても普段体験しないような力が加わることで、そういう刺激によって、脳は場所を感知し、股関節脳を成長させるのです。

しかも「両逆転屈膝横開脚法」では、片方は外旋位によってその刺激を与え、もう片方は内旋位にすると、左右でちょうど真逆の動きによって刺激が生まれます。これを交互に繰り返すと、脳は最も効率よく股関節の場所を覚えてくれます。

この場合のストレッチは、脳が内側から股関節の場所がわかることが最大の目的なので、このような工夫が肝心なのです。

通常のストレッチでは、腱や筋肉を弛緩させ、さらに伸緩させるのが目的ですが、本書中のストレッチでは、脳が内側から股関節の位置をわかるようにするのが目的です。

逆に言えば、股関節の開発においては、いわゆる180度開脚のようなものは一切必要ありません。

さらに言えば、一部の特殊な種目を除き、一般的なスポーツやとくに日常生活では、180度開脚はまったく必要ないものです。正直な話、一般的には180度開脚そのものは百害あって一利なしと言ってもいいでしょう。

180度開脚を目指したがゆえに、筋肉や腱の断裂、股関節の靭帯や軟骨の損傷、膝の障害の再発などを起こし、整形外科を訪ねた人も少なくないからです。

一方、クラシックバレエや新体操、フィギュアスケート、キックボクシングや空手、テコンドーなど、180度前後で開脚することが必要な種目もあります。これは、その目的が特殊ですから、やるしかないわけです。しかし若い頃、新体操に熱心に取り組んで、ストレッチのために後に身体がボロボロになってしまった人は少なからずいます。あの過剰なストレッチは、やはり身体に大きな負担があることを覚えておいてください。

これはヨガでも珍しくありません。新体操の選手やヨガの指導者の中にも、関節の過伸展で身体を壊した人が少なくなく、私もそこから回復するための指導と治療を何人も手がけてきた経験があります。

というわけで、一般的なスポーツ種目の選手や健康のために何らかの運動をしている人にとって、180度開脚は何の意味もなく、リスクばかりが高いので、180度開脚のストレッチを何が何でも求めることは絶対にいけないと強調しておきます。

同様に１８０度の縦開脚も危険です。

したがって、開脚ストレッチに関しては、次のように考えてみてください。

両脚をどの方向についても同時に大きく１８０度に開く開脚位は、特別なスポーツや舞踊、ヨガなどでの必要性を除き、すべての人に必要ありません。必要な最大値は、一般人で１５０度、一般的種目の選手で１６５度で、それ以上は決して必要ありません。

一方で片開脚、片方の脚の膝を曲げた状態で、片方の脚だけ開くストレッチは、障害がない限り誰にとっても必要です。例えば前後開脚の後方については、腰を落として前脚の膝を曲げ、反対の脚だけ後ろに伸ばす。これを丁寧にやるのが最適です。このストレッチも丁寧にやらないと、股関節の前面の筋肉を傷めたり、腰の傷害を起こしやすいので気を付けてください。

前方への伸展もある範囲は必要です。ストレッチで大事なことは、正しく行うと、筋肉の疲労をとり、筋肉の伸長反射の調整もできるなど、それによってある程度は脱力する能力も鍛えられるので一定の範囲は有効ですが、やり過ぎは絶対にダメです。

また中臀筋には、身体の外側で外転作用があると説明しましたが、外転の反対にあたる内転系のストレッチ、代表的なもので座った状態で足を組み引きつけるポーズは、股関節の外側の中臀筋が引き伸ばされます。こうしたストレッチも、中臀筋を伸ばして解きほぐすのに有効で、それに伴うメソッドも僅かですが、本書巻末で紹介していますので、確認してください。

膝支え裏転子活性法

その１　両膝腕支え肘抜き法

①美しいシルバーのイメージで地芯上空６０００キロに乗って、ＮＰＳで立ちます。
②屈んで両膝の膝頭のすぐ上に手のひら、手根骨を置いて、肘は伸展位で脱力します。肩関節も、背中も、腰も、首も脱力させてください。
③うまくできると、仙骨から腰椎にかけて、反りが生まれます。
④反りが生じること＝仙骨がよく働いていることであり、仙腸関節もよりよく働く可能性のある身体になっていることを意味します。

いくら脱力をしても、腰が反らずに丸くなってしまう人の身体には、無駄な硬直があると考えてください。これはいわゆる身体の柔軟性とはあまり関係ないのです。「両膝腕支え肘抜き法」でどうしても腰裏が丸くなってしまう人は、試しに四つん這いになって脱力してみてください。ほとんどの人は、きちんと腰が反るはずです。もし、四つん這いになって脱力しても腰がまったく反らない人がいたとしたら、まともにスポーツができるような身体ではなく、身体に障害があるレベルに近いと言えるでしょう。

つまり、「両膝腕支え肘抜き法」で腰が反るかどうかは、身体の固さ云々ではなく、脱力と仙骨使いの問題だということです。上手に脱力ができない人は、このメソッドをやっても「仙骨反り」ができないのです。このことも覚えておいてください。

カギを握っているのは、肘を伸展位で脱力させる「肘抜き」です。

上手な「肘抜き」を成功させるには、まず腕の外側を擦ってみましょう。擦りながら「(力が)抜けるように、抜けるように」とつぶやきます。同じように今度は腕の内側を擦りながら「通るように、通るように」とつぶやくと、だんだん脱力が進んできます。

●膝支え裏転子活性法　その1　両膝腕支え肘抜き法

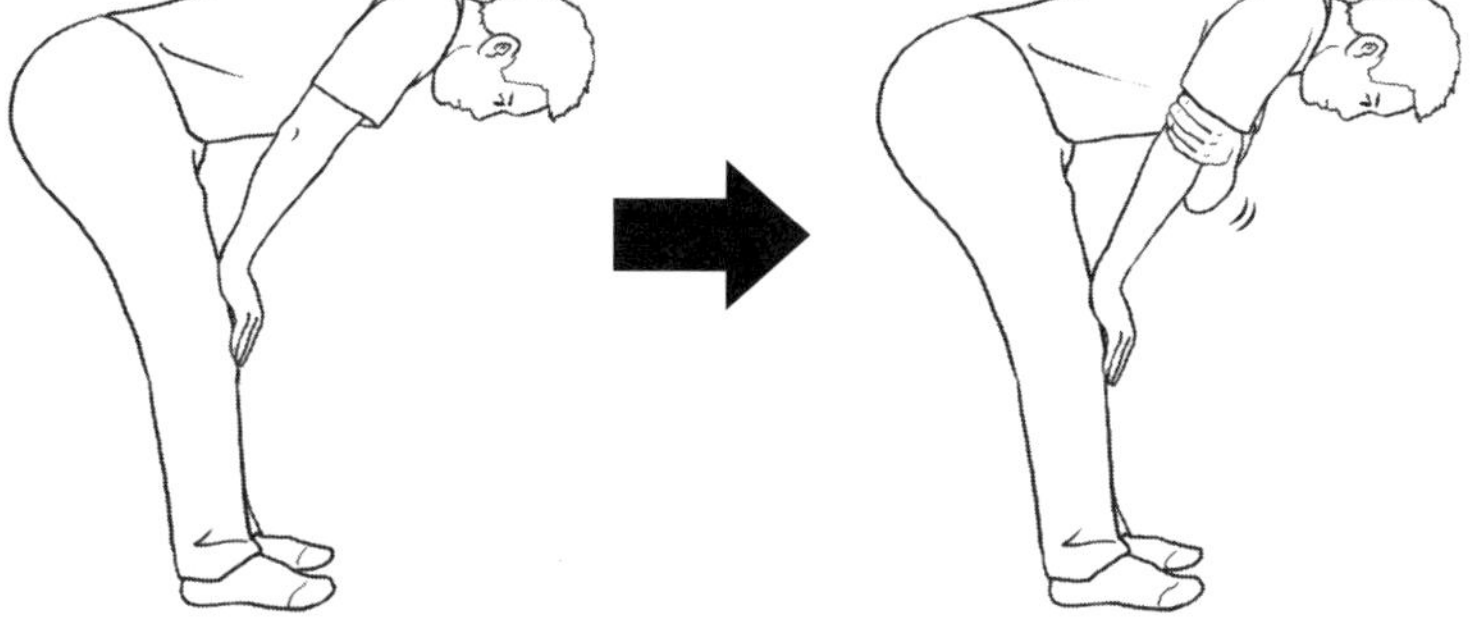

その2　片膝腕支え擦り・叩き

①両膝腕支え肘抜き法と同じ姿勢になり、肘抜きをして、片手だけで上半身を支えます。

②フリーになったほうの手で、裏転子を擦る（片膝腕支え擦り）、あるいは叩きます（片膝腕支え叩き）。

この片膝腕支え擦りの擦り方は2種類あります。ひとつは優しく丁寧に擦るやり方で、「通るように、通るように」と声に出してつぶやきながら行います。

もうひとつは、指の腹を使って、指先が熱くなるほど強く擦ります。早く行う必要はなく、ゆっくりでもいいのでかなり強めに擦るやり方です。食い込むように強く擦っていきます。このときは、「こっちだよ、こっちだよ」とつぶやきながら行ってください。

優しい擦りと強い擦りは効果が違うので、使い分けましょう。優しい擦りは、毎日繰り返していくと、数カ月、半年、1年と時間が経つにつれて効果が現れてきます。時間をかけることで、裏転子系の筋肉の神経線維が育ってくることで、裏転子系の筋肉が使える神経系が発達してきます。

一方、強烈に擦ったり叩く方法は、即効性があります。擦った瞬間からそれを支配している脳神経系が刺激を受けて活性化され、使えるようになる効果があります。

したがって、スポーツの試合直前であれば、強く擦る方法が適しています。自宅でルーティンのトレーニングとして行う場合は、優しい擦り方をすればいいわけです。

●膝支え裏転子活性法　その２　片膝腕支え擦り

●膝支え裏転子活性法　その２　片膝腕支え叩き

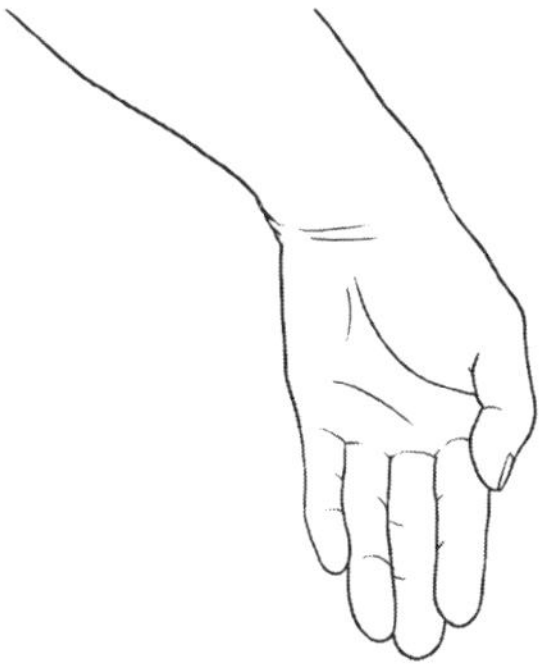

片脚立ハム擦法

片脚立位で行う

①美しいシルバーの地芯上空6000キロに乗るイメージで、NPSで立ちます。
②片手で庇（ひさし）のような形を作り、額の前にかざします。
③片脚立ちになり、かざした手を、引き上げた側の脚の太ももの真ん中に持ってきます。
④そのまま力強く足を着地させる動きと同時に、手をお尻の下半分までしごき上げます。
⑤これを片側10回ほど行い、反対側の脚も同様に行います。

このメソッドの特徴は、片脚立位でセンター（軸）をしっかり通して行うことです。前述の通り、片脚立位はスポーツにとって基本であり、絶対的に重要な姿勢なので、その姿勢のまま鍛錬できるというのは大きなメリットとなるはずです。

グラウンドやコートにいても、2～3回なら、ちょっとした合間ですぐできます。

●片脚立ハム擦法

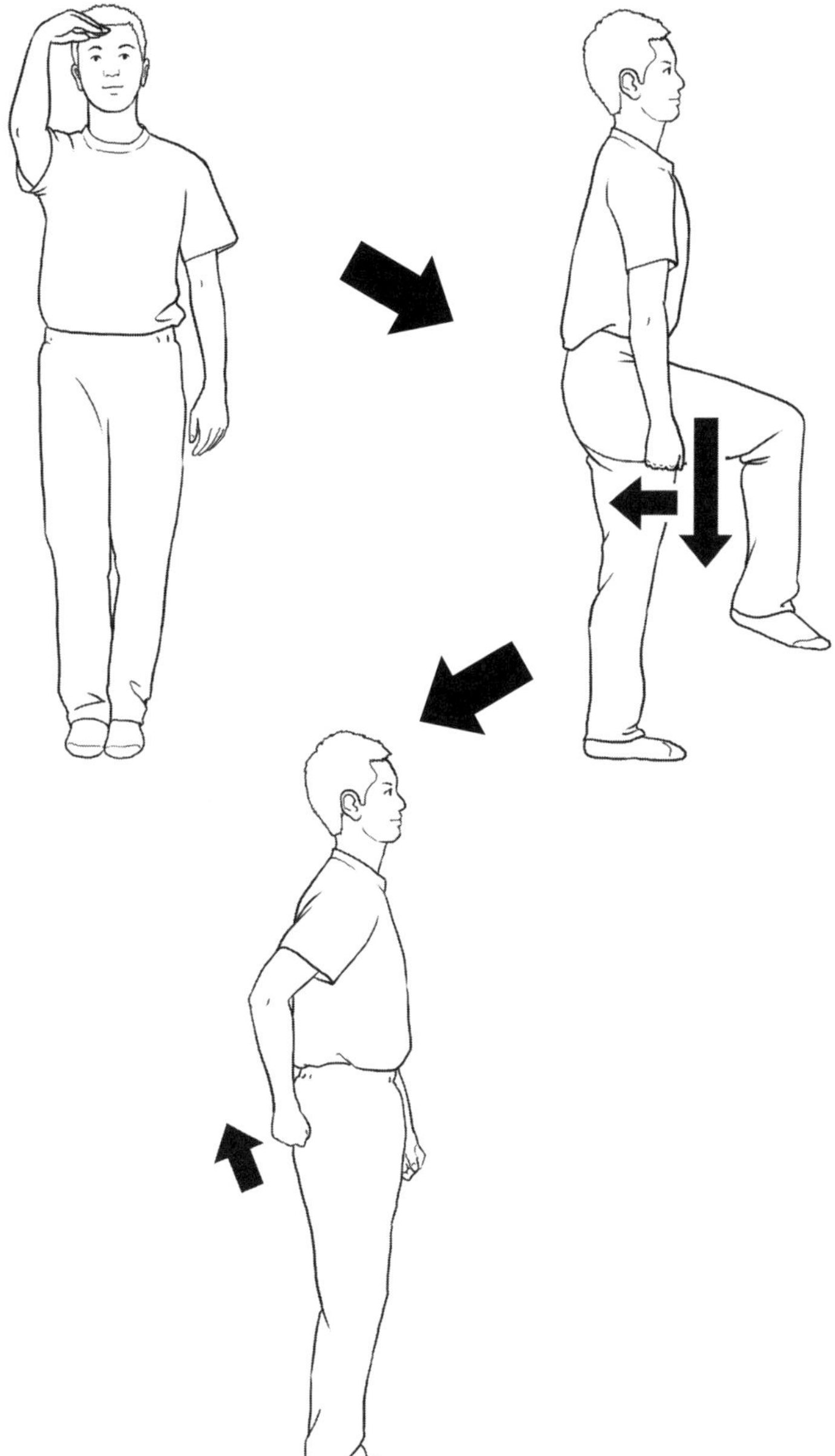

柔重量裏転子挙上法

つきたてのお餅のようにベターっと

①仰臥位になって、ダラーッと力を抜きます。このときも美しいシルバーの地芯上空6000キロを忘れずに。
②脚は腰幅に開き、膝を正確に90度に曲げます。
③腰を床にこすりつけるように、左右にモゾモゾと動かします。
④腰を起こしてゴロリと回ります。
⑤尾骨から仙骨を「こっちだよ、こっちだよ」と、つぶやきながら擦ります。
⑥腰椎を「こっちじゃないよ、こっちじゃないよ」「反らないように、反らないように」とつぶやきながら擦ります。
⑦裏転子を「こっちだよ、こっちだよ」「頼むよ、頼むよ」とつぶやきながら擦り、叩きます。
⑧再び仰臥位に戻ります。ベターっとつきたてのお餅のようイメージです。
⑨床にくっついてしまった、そのお餅状の身体を、尾骨から剥がしていきます。
⑩尾骨から仙骨、腰椎の5番、4番……1番と床から剥がしていきます。

⑪尾骨が一番高い位置になるので、仙骨から腰椎を擦ります。

このとき、腰椎が反らないように意識してください。これは普通の背筋トレーニングとは違い、裏転子系の筋肉トレーニングなので、腰を反らさずに尾骨をどんどん上げていきます。腰椎からさらに上の方まで、自由脊椎が反らないようによく擦るのがポイントです。

膝から肩までの線、体幹から太ものラインが一直線になるのではなく、股関節付近を頂点に床方向に弓状になるようにやるのが正しい方法です。

この姿勢で、腰椎が反らないようにしようとすると、裏転子がものすごく働いてくるのがわかるはずです。

⑫今度は背骨の上のほうから、順番に下ろしていきます。

このメソッドでは、どうしても膝関節が伸びて、膝関節の角度が鈍角になりやすいので気を付けましょう。膝関節が鈍角になってくると、裏転子の効果が減ってくるので要注意です。

1回ごとに、膝関節が90度になるよう、厳しくチェックすることを忘れずに。また1回ごとに腰を擦って、裏転子を擦ってください。

身体全体が、柔らかい重量体になるようにしておいて、裏転子で挙上させる、それがこの「柔重量裏転子挙上法」の肝です。

●柔重量裏転子挙上法

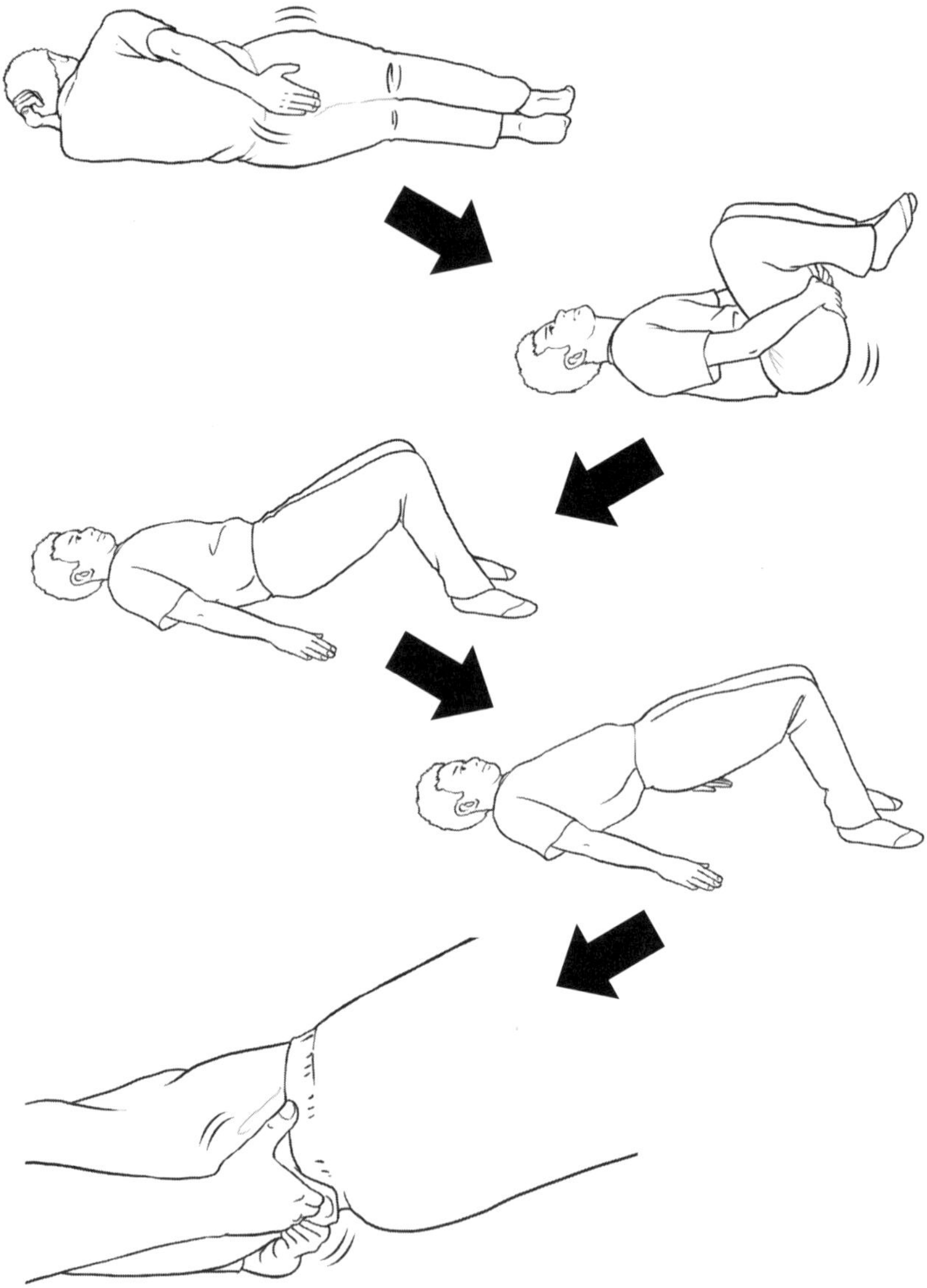

第3章

最強帝王がキレッキレに動く

――上下動・前後動・左右動・回旋動

股関節の動きを理解する

脚を上げて歩いても股関節がほとんど動かない？

通常考えられる股関節の働きは、股関節の臼状関節側（凹側）に対して、大腿骨の骨頭が回転運動することがメインです。これをクランク運動と言います。

このように臼状関節に対して、球状関節側＝大腿骨が前後に回転運動することを屈曲・伸展と言い、左右に回転運動することを内転・外転と呼びます。さらに、大腿骨の長軸周りの回軸運動を内旋・外旋と言います。

これが、通常考えられる股関節の役割なのですが、もうひとつ、股関節の位置そのものがお互いに動きあう働き方も重要です。

これは臼状関節の中で、球状関節が回転しているのとは異なり、2つの股関節自体が相対的に位置を変えあう運動があり得るのです。

この動き方は、おそらくなかなかピンとこないという人が多いでしょうが、丁寧に説明していきますので、根気強くお付き合いください。

まず立位になり、左脚を支持脚にしてゆっくり右脚を上げる。次に右脚を床についてゆっく

●屈曲・伸展、内転・外転、内旋・外旋とは

屈曲・伸展

股関節を横から見た図。大腿骨が前後に回転運動することを屈曲（大腿骨を体の前面に向かって屈曲させる動き）・伸展（大腿骨を体の背面に向かって屈曲させる動き）と言う。

内転・外転

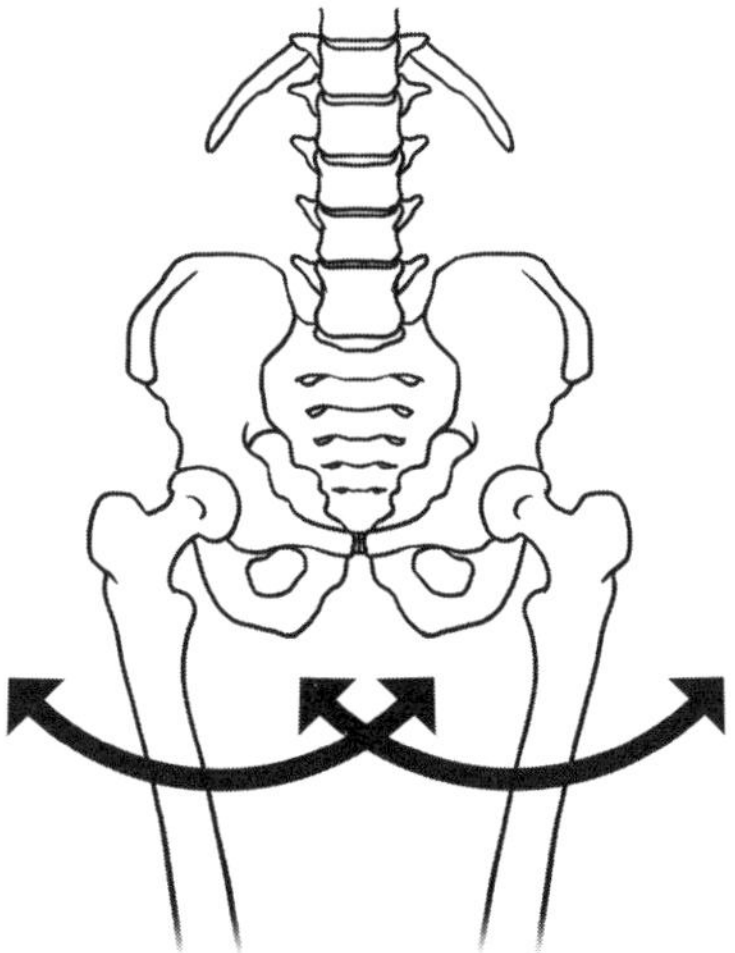

大腿骨が左右に回転運動することを内転（股関節を起点に脚を内に閉じる動き）・外転（股関節を起点に脚を外に開く動き）と言う。

内旋・外旋

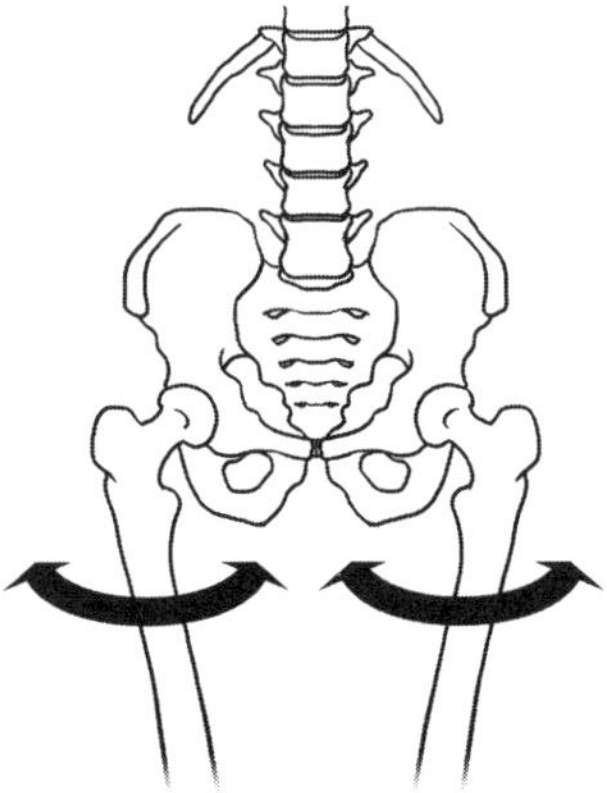

大腿骨の長軸周りの回転運動を内旋（大腿軸を中心として内方へ回旋する動き）外旋（大腿軸を中心として外方へ回旋する動き）と言う。

り左脚を上げる。いわゆる「その場歩き」に近いような運動をしてみてください。

このとき普通の人は、両方の股関節自体の位置がほとんど変わることなく、大腿骨から先が屈曲・伸展運動を繰り返しているはずです。つまり臼状関節を中心に、球状関節につながっている大腿骨がクランク運動（回転運動）をして、それを右脚と左脚で逆方向に繰り返すのが、「その場歩き」のような運動となるわけです。

しかし、同じような運動をしても、股関節自体が上下に動きあう人もいるのです。右の股関節が上方に向かうときには、左の股関節は相対的に下方に向かう。右が下方に向かうときは左が上方に向かう……。こういう運動があり得るのです。

これはぜひ、皆さんも実際にやってみてください。

立位になって、両足の裏をベッタリと床につけたままでかまいません。股関節に触らず、左右の股関節を交互に上下動させてみましょう。

どうですか？　正直、かなりイメージがつかみにくいのではないでしょうか。そもそも股関節自体が上下に動いている感覚がわからないという人が大半のはずです。

そこで第1章でも紹介したように、鼠蹊部＝Vゾーンの中心に、補助的に中指を立ててみてください。その奥に股関節があります。中指を中心にして指全体を股関節に当てたまま、再び股関節を上下動させてみてください。

先ほどに比べ、股関節の動きが少しわかりやすくなったはずです。

少しわかりやすくなったところで、左右の股関節がずれあう距離（＝ストローク）を1センチから2センチ、2センチから3センチとゆっくり伸ばしていくようにしましょう。自分がはっきりと理解できる、ゆっくりしたスピードで大丈夫です。

さて、皆さんはどのぐらいの距離まで、左右の股関節をずらせたでしょうか?

5ミリぐらい? 1センチ? 1・5センチ? あるいは2センチ?

その長さを覚えておき、次に股関節を指で押さえたまま、「その場歩き」をしてみましょう。

どうですか? 足の裏をペッタリ床につけたまま、左右の股関節を上下にずれ動かしたときよりも、この「その場歩き」のほうが、股関節のずれ動く距離が短くなってしまった人が多いのではないでしょうか。

「その場歩き」では、足を床から離してもいいので、脚全体の動きは大きくなっているはずなので、股関節のずれる幅も本当ならより多くなってもいいはずなのに、結果は逆になるケースがほとんどです。

しかも、「その場歩き」をする前に、股関節を上下にずらしあう練習もしていたわけです。

にもかかわらず、「その場歩き」のほうが股関節の動く量は減ってしまいました……。

ということは、皆さんの場合、普段「その場歩き」をするときは、股関節はほとんど上下にずれあっていないということです。それが、このような方法でわかるのです。

この股関節の上下動に関して言えば、「その場歩き」は間違いなく、その人自身の歩いているときの運動を反映しています。

前後の股関節の動きとなると、実際の歩きでは歩幅を稼ごうとするので、股関節が前後に動くこともあり得ますが、上下の成分については、「その場歩き」も普通の歩きも、ほとんど変わりがありません。

ボルトでさえ十分には使いこなせなかった〝対芯回旋〟

ここまでのことを踏まえて、「その場歩き」を、股関節の上下のずれ幅、ストロークが大きくなるように努力しながらやってみてください。

股関節の上下のずれ幅を増やそうとすると、太ももや膝をより高く上げようとしているはずです。股関節の上下動も、足裏が床にピッタリとつけていたときが1・5センチぐらいだとしたら、2センチぐらいにはなったのではないでしょうか。

あるいは、より内側の筋肉を意識して腸腰筋などを使おうとし、ずれ幅が2倍くらい増えた人もいるでしょう。反対に慣れない人は、上体が前後左右にぶれるように動いて、腰も前後に動き、骨盤が回転するような動きで、股関節を動かそうとしてしまったかもしれません。

実は優れた身体使い、股関節に関する身体使いを追求していくと、左右の股関節が相対的にずれあうように上下に動く「上下動」、前後にずれあう「前後動」、左右方向に水平に動く「左右動」、そして「回旋動」の4つのパターンを使いこなせるようになってきます。

このうち「回旋動」は、上下と前後の運動成分が順序よく合成され、その結果として起きてくる運動です。

ちょうど回転する自転車のペダルのような位置関係で動くことを「回旋動」と言います。

これを専門用語で「対芯回旋」と呼んでいます。つまり、お互いに回旋しあう中心が物体としてはっきりあるわけではありませんが、機能としては存在しているのです。自転車の部品で言えば、クランクシャフトに相当する部分ですが、人間の股関節には物理的なクランクシャフトは存在しません。しかし、左右の股関節が回旋運動しあうときに、機能的にはお互いの中心のところにひとつの中心軸ができるわけです。

その中心軸を真ん中に、理想的な回旋動ができた状態を「対芯回旋」と言います。

陸上の100メートル走で世界記録を持つウサイン・ボルトは、この「対芯回旋」をかなりよい状態で使いこなせた人物です（※対芯回旋の動きのイメージ図は38ページを参照）。

ウサイン・ボルトの走りについて、歩幅がどうだとか、身長の割にピッチが速いといった視点で語る人がいますが、それは表面的な現象を捉えたものに過ぎません。つまりそれは、科学的な解釈でも解明でもないということです。

それはそれで大事な情報とも言えますが、190センチを超える身長、90キロもの体重、短距離選手としてはむしろ大柄で不利といわれた体格で、なぜ世界最速のスプリンターになり得たのか。

オリンピックでの3大会連続3冠の大記録はもちろん、2009年にマークした、100メートル9秒58の世界記録は、ボルト本人でも二度と出せない驚異的なレコードとなっています。これは22歳のときの記録なので、その後も更新する可能性はあったはずだったのに、なぜボルト自身でも塗り替えることができないまま終わってしまったのか。

その要因となっている運動は非常に高度であり、しかも、その高度な技術を支えている要因が複雑で難解ということが重なりあっていたため、20代中盤から後半の気力、体力に経験が加わって選手としてさらに成長できる時期でも、記録更新に至らなかったのです。

その典型的な複雑かつ難解な要因こそ、この股関節の「対芯回旋」だったのです。

対芯回旋のマスターには順番が大事

最近、スポーツ界で「股関節ローテーション」といった言葉を耳にするようになりましたが、その意味を正しく理解している人はまだまだ少なく、その真の運動構造は、この「対芯回旋」なのです。

ここで大事な話はいくつもあって、まず前提となるのは、上下動と前後動というものが運動として存在し得ています。それが非常に見事に重なりあい、順序よく、方向性よく、さらに左右が調和しあって実体としては存在しないシャフトが成立し、破たんすることなく運動し続けるという状態になったのが、「対芯回旋」になるわけです。

最近では、ウサイン・ボルトの真似をして、「対芯回旋」をいきなりモノにしようと考える人も現れはじめていて、アメリカなどでは、トップクラスのスポーツトレーニングチームが、選手にトカゲのような四つん這いの姿勢をとらせ、匍匐前進に近い運動のトレーニングにトライさせているところも出てきています。

しかし、この「対芯回旋」については、著者であるこの私が世界に先駆け、女子マラソンの世界記録保持者ポーラ・ラドクリフや、男子２００メートルで日本人初の世界選手権３位に入賞した末續慎吾を例に、ボルトより先に同じような運動構造を持っている選手が存在したことを発表したのは、多くの人に知られているところです。

そうした私の研究からわかったのは、この「対芯回旋」をスポーツ選手たちが求めて、いきなり取り組もうとするのは、正しい順番とは言えないということです。

前述の通り、「対芯回旋」は、上下動と前後動の運動成分が絡みあって、非常に合理的に、大変難解なところを乗り越えてできあがっている運動なので、順番としてはまず上下動をマスターすることが肝要です。さらに前後動を、それぞれ順調にこなすことができた先に、「対芯回旋」が生まれてくるのです。

というわけで、皆さんはまず、上下動のトレーニングから取り組んでください。

すでに、足裏を床にペタリとつけたままでの股関節の上下ずらしと、「その場歩き」での上下ずらしを体験してもらいましたが、そこからいろいろなことがわかったはずです。

第一に、股関節が上下にずれあうということは、感覚的にわかりにくいというのがはっきり確認できました。指で押さえながらやらなければ、イメージするのも困難なぐらいです。

それに比べて、臼状関節を中心にして、球状関節側＝大腿骨側がクランク運動することは、はるかにわかりやすいでしょう。とくに股関節の位置が「あ、ここなんだ」とわかってきた人にとっては、大変理解しやすいことです。たとえば肘関節の位置を固定し、肘関節を中心に前腕を屈曲・伸展するのと同じようなわかりやすさで行えるわけです。

一方、股関節の上下運動はクランク運動のざっと100倍以上のわかりにくさです。大事なことは、「股関節自体を上下動させて」と言われたときに、どういうことかわからない、少しできたとしても、「これでいいのかな?」と不安になるほど難解だという点です。

ゆえに、非常に現実の中で起こりにくい運動であって、その起こりにくさは、前記の条件設定、足裏をペタっと床につけたままの状態で中指の先を股関節に当て、その指を通して何ミリずれあうか、よく探索する……という過程を経て、ようやく認識できるというレベルです。

「指を当てて何ミリずれているのか、よく探索して」という指示を与えられると、人間は驚くほど集中力を発揮します。脳の支配領域を見てもわかる通り、手の指先はものすごい解像度を持っています。デジタルカメラの画像などで言えば、圧倒的な総画素数(ドット数)が指先にあり、しかも「何ミリのずれ」と問われると、比較対象のための尺度までもがあるので、ますます集中力が高まるわけです。

そうして指先にアシストしてもらったまま「その場歩き」をすると、シューッとしぼむように股関節の上下のずれ幅が減ってしまいます。

このことから、普通の「その場歩き」状態や普段の歩行状態では、股関節の上下動はまったく感じられるものではないということがわかります。それと同時に、その上下動はほとんど行われてもいないのと同然なのです。

その上下動を何とか使えるようにしようというのが、本章の目的です。

したがって、本章は股関節を上下に動かすことからはじまると考えてください。

スポーツの場面で股関節を動かす

キックは股関節そのものが動く

この股関節を上下に動かすことのメリットは何なのか。次はこのことについて語っておきましょう。

序章において、「股関節は中心だ」という話をしました。序章の時点では、この「中心性」は、クランク運動の中心として理解されたはずです。

そこでまず、クランク運動の復習からはじめましょう。股関節の臼状関節に対し、球状関節側＝大腿骨が動く、回転する。これが典型的なクランク運動で、重要なのは中心の関節＝股関節の動きで言えば僅かな動きが、大腿骨の先端、ちょうど膝の部分になると、大変大きな動きになるということです。さらに、走ったり、ボールを蹴ったりすると、足が働きます。

ボールを蹴ることを考えると、後ろに振り上げられた足先が、ボールに向かってスイングし、ボールを蹴ってフォロースルーになっていく……。これはとても大きな動きで、足先の移動距離で言えば、円運動で1メートル以上は軽くあります。

股関節の回転角度で言えば、120度ぐらいの動きになりますが、股関節の臼状関節と球状関節から少し奥に入った部分での動いた長さで言えば、何ミリというわずかな数字でしかありません。

ゆえに、「股関節の中心性というのは、このことか」と思われたことでしょう。

それはそれで正解なのですが、さらにもっと深い話があります。

実はクランク運動ではなく、関節面での回転運動でもなく、股関節自体が動くことがあるのです。サッカーのキックで言えば、股関節自体が後ろのほうにあって、大腿骨や膝関節から下の下肢がさらに後ろにある。それを引きずるように、股関節が前下方に出ていきながら、最終的には前上方に向かって動き出していく……。極端に言えば、後方から前に向かっていくときは一度下方に向かってから、その後上昇すると言ってもいいでしょう。

股関節がそのように動いたとき、股関節に引きずられた大腿骨から下の部位に対し、非常に大きな停止慣性力が働き、「ああ、重い」と感じられるはずです。股関節自体が動かないと、ただの回転運動になってしまうので、このような感覚は得られません。

前述のように、股関節自体が前に向かっていきつつ、さらに下に向かっていきながら、徐々に上に向かって前進していく、つまり股関節自体がしゃくりあげるような動きになるわけです。その結果、大腿骨から下の脚・足は、後ろ斜め上から下に引きずりおろされるとき、先端は後ろに残りながら、さらに股関節の角度が広がっていきます。

このとき、股関節前面の筋肉は伸ばされるわけです。ストレッチされた筋肉は、伸張性筋収縮により、強く縮もうとする性質があります。これを一種のバネ効果ということもできます。

そのバネを十分伸ばしきっておいて、さらに引きずりながらタイミングよく引き上げていくという使い方です。そうしないと、脚が一旦下がることで、地面を蹴ってしまうからです。そうして地面をギリギリかするようにして、足はボールに当たっていきます。

この動きの中に、股関節の上下と前後の運動成分が入っているわけです。

こうした動きができるかどうかが、世界の超一流クラスのシュートになるか、一流以下のシュートになるかの大きな分かれ目になっているのです。

これができないと、どんなに筋肉が発達し、たくましい足腰をしていても、威力がないか意味のないキックしかできなくなってしまいます。

当然ながらそのキックには方向性があり、すでに十分にテイクバックしている脚に対して、股関節が前に進みながら下がっていくということが起きると、非常に低い軌道を描きながら脚全体が動いていきます。一方、股関節はその脚に先行するように、前・上方に向かっていきます。その結果、足は股関節に対し、常に後ろへ後ろへと残りながら、地面を蹴らないギリギリのところでボールを捉えていくことになります。

つまり、ボールの下を蹴って跳ねあげてしまい、クロスバーを大きく越えたり、バーに当てるようなシュートミスをしなくてすむようになるということです。

股関節が先行して動けるようになることで、ボールを引きずるように蹴れる。これが肝心なところです。

股関節自体の前後動・上下動を使えない選手は、ボールに当たるときの足の角度が上向きになり、結果としてボールを下から蹴り上げるような形になってしまうので、バー越えが増え、枠内シュート率が下がるのです。

このように、サッカーのシュートで比較すると、股関節の上下動・前後動の威力がよくわかります。

〝走り〟と〝キック〟に共通する股関節の動き

そして蹴る動作に関しては、サッカー以外でもすべて共通しています。

たとえば、キックボクシングやムエタイのキックもまったく同じで、このような股関節自体の前後動・上下動の使い方ができると、いわゆる鞭のようにしなった、いい回し蹴りを放てます。痩せていて、線の細いタイの一流選手が、ものすごく威力のある蹴りを繰り出せるのは、こうした股関節の使い方ができているからです。

そして、すべてのアスリートに関係する走りにも、股関節の前後動・上下動はハイパフォーマンスをもたらします。

走るときも、後ろの足はキックの初動と同じように、宙に浮きます。そこから前に運ばれていくのも同じです。そう考えてみると、シュートの動きは、走りの動きをほとんどそのまま応用しただけと言っていいでしょう。

走りの場合、右足で後方に蹴る。そのとき左の股関節に対し、右の股関節をそのまま運んでいくと、ボールを下から蹴り上げて、クロスバーを越えるシュートのキックと同じになってしまいます。

それに対し、後方から右の股関節が下方に落ちながら前方に進むというラインを描くと、足が後ろに残されながら、股関節の角度がより開きます。つまり、超一流選手のシュートと同じです。

その状態で脚の筋肉がストレッチされ、非常に強力なバネが生まれるわけです。そして、筋肉が最大限ストレッチされると、足は急速に前に突き進むことになります。これも、あの非常に威力のあるゴールキックと同じです。

キックと同じなので、そのままでは足先は地面を擦ることになるため、シュート同様、いよいよのところで足が地面に触れないように引き上げるわけです。

つまり、後方からダウンしながら前に進み、そこからアップしていって足を運ぶ。この動きを繰り返すのが、走るという運動になります。

この動きを左右で繰り返すと、右足で後方にストレッチされているときは、左足は着地するタイミングを迎えます。左足が地面に着きながら、右の股関節は下がっています。つまり、軸足側の股関節より、空中脚の股関節のほうが低くなるということです。

これを専門用語で、「空中脚腰（股関節）下垂」と言います。これが超一流の「走る」という運動の全体で起きている股関節の現象です。

股関節はそのまま、低い位置をキープした状態から上昇へ変化しつつ前方へと移っていき、ようやく足が着地します。足が地面に着いて軸足になると、そちら側の股関節は、反対側の股

●空中脚腰（股関節）下垂とは

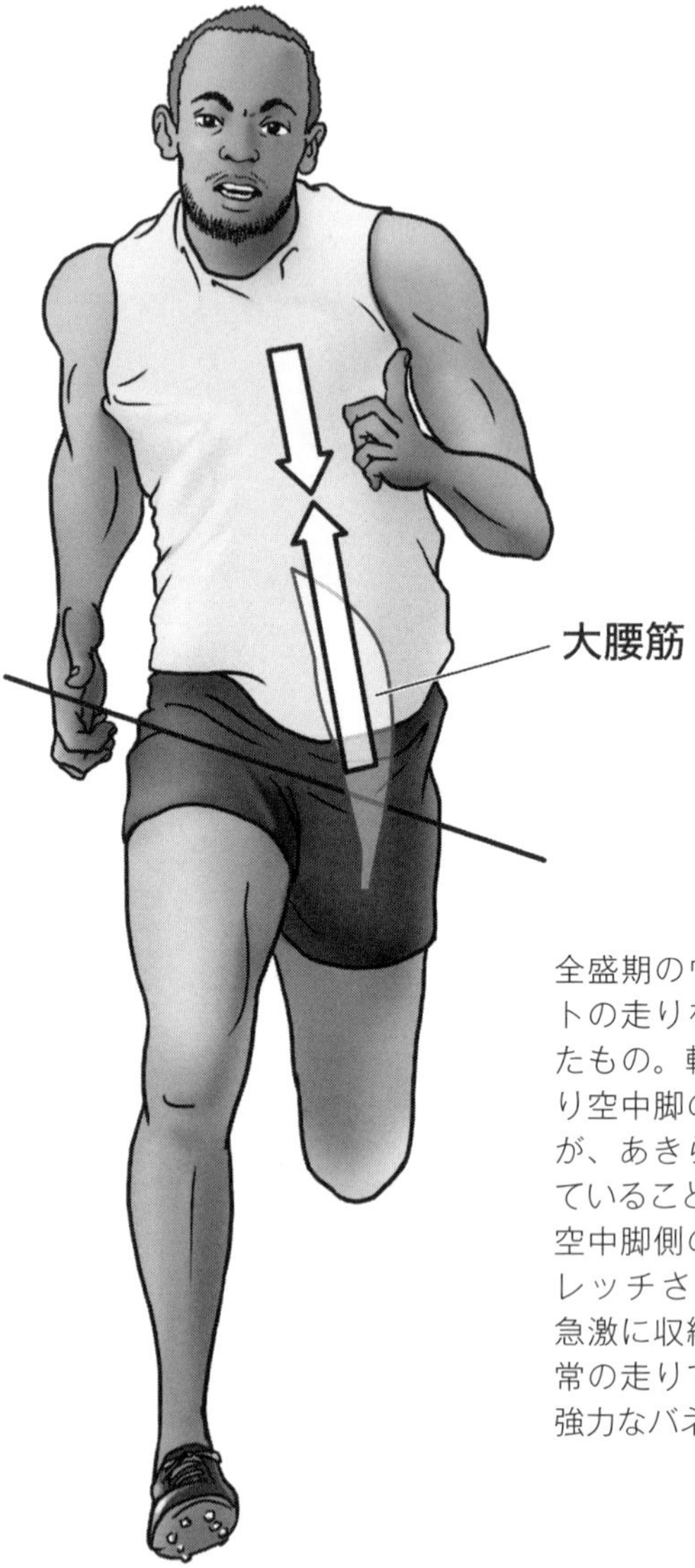

全盛期のウサイン・ボルトの走りをイラスト化したもの。軸足の股関節より空中脚の股関節のほうが、あきらかに低くなっていることが見てとれる。空中脚側の大腰筋がストレッチされ、次の瞬間、急激に収縮することで通常の走りではあり得ない強力なバネが生まれる。

関節より高い状態になっています。

左足が地面に着いているときは右の股関節が低く、右足が運ばれて、右足が着地したときは右脚の股関節が高く……。このように股関節の高さは、一歩ごとに交互に入れ替わっているわけです。

これを全体として見ると、「対芯回旋」運動になっているわけです。

本章の前半で、股関節の前後動と上下動の成分が巧みに組み合わされて、さらに順序よく、方向よく、しかも目に見えないシャフトができ破綻することなく連続することは大変難しいと記しました。

サッカーの超一流選手が決める鋭いシュートは一発決めるだけでも難しいのに、それを左右連続して高速でやり続けるのが、走ることにおける「対芯回旋」運動なのです。

そして、それを体現したのが、世界記録を出したときのウサイン・ボルトでした。

日本のサッカー界で、「空中脚腰（股関節）下垂」をかけられるシュートが最もうまくできたのは、全盛期の中村俊輔でしょうか。彼はやはり、日本選手の中では突出して上手でした。クニャ～と一瞬腰が下がってキックしていたのが印象的でした。

階段多段上り

腸腰筋の開発メソッドで一番取り組みやすいのは、「階段多段上り」です。

①階段を「二段抜き」で上ってみましょう。もちろん、よく脱力することと美しいシルバーの地芯上空6000キロを忘れずに。

大人なら最低でも「二段抜き」以上でないと、腸腰筋には効いてきません。段数が多くなればなるほど、腸骨筋から大腰筋を使う割合が増えてきます。

腸腰筋とは、正確には「大腰筋・小腰筋・腸骨筋」の総称なのですが、とくに大事なのは、大腰筋です。

大腰筋は胸椎の12番～腰椎の4番から発していて、より身体の中心につながった、より長い筋肉だからです。身体の構造上も、センター＝軸の形成のためにも、大腰筋のほうがより重要な筋肉ということになります。

基本的には、大腰筋と腸骨筋は協同して働くので、生理学では複合筋として腸腰筋と呼びますが、どちらの筋肉をどれだけの比率で使っていくかは、動きによっても変わってきます。

そういう意味で、よく脱力して「二段抜き」以上で階段を上ると腸腰筋が使えるようになるので、まずこの階段多段上りからトレーニングをはじめてみてください。

●階段多段上り

後残重引運法

後残重引運法については、ここから2種類のトレーニングを紹介していきますが、いずれにも共通する基本的な動きは以下の通りです。

①よく脱力して美しいシルバーの地芯上空６０００キロに乗って、足を腰の幅に広げて立ちます。

②右脚を真っ直ぐ引きます。

③前足は真っ直ぐ前。後足は90度横に向けます。

④身体を起こして、両脚の中央に立ちます。

⑤骨盤の角度は60度に開きます。

その1　自重負荷法

①前述の⑤までの体勢になったら、さらによく脱力してそのまま重心を前後に大きく移動させ、行ったり来たりを繰り返します。

このとき、身体はなるべく傾けないようにするのがポイントです。

前に重心を移動させるときは、前脚の膝をあまり曲げないようにしましょう。膝を曲げないで移動しようとすると、後ろ側の腰が自然と下がってきます。

骨盤の体軸周りの角度は、前に出たときは40度。戻ったときは60度が目安です。

前後に重心を動かすときに、両手を左右の腸骨稜にのせておくと、後ろ側の腰＝「後腰」が自然に下がるのがわかります。

後腰が下がるような状況で、前に出ようとすると、腸腰筋にストレッチがかかるのです。左脚が後ろの場合、腰椎の左側と腸骨の内側に吊れる感じがしたら、それが腸腰筋です。腰椎側の吊るようなテンションが大腰筋、腸骨側の内側のテンションが腸骨筋です。

ここで重要なのは、後腰が下垂すること。文字通り、高さが下がることが非常に重要です。後腰はその名の通り、後ろの脚側に残った腰のことですが、これが上がってしまうとトレーニングになりません。後腰の高さが上がってしまうと、大腰筋・腸骨筋がまったく働かなくなってしまうので気を付けてください。

後腰の位置が低いまま、重心を前に移動していくと、大腰筋・腸骨筋にストレッチがかかり、刺激され、筋肉が働こうとしてきます。

この大腰筋・腸骨筋がストレッチされた体勢ができると、サッカーであれば、ここから非常にいいインステップキックを放つことができます。

腰が後ろに残りながら、しかも蹴る側の腰が残りながら低く、落ちます。このことによって

●後残重引運法　その１　自重負荷法

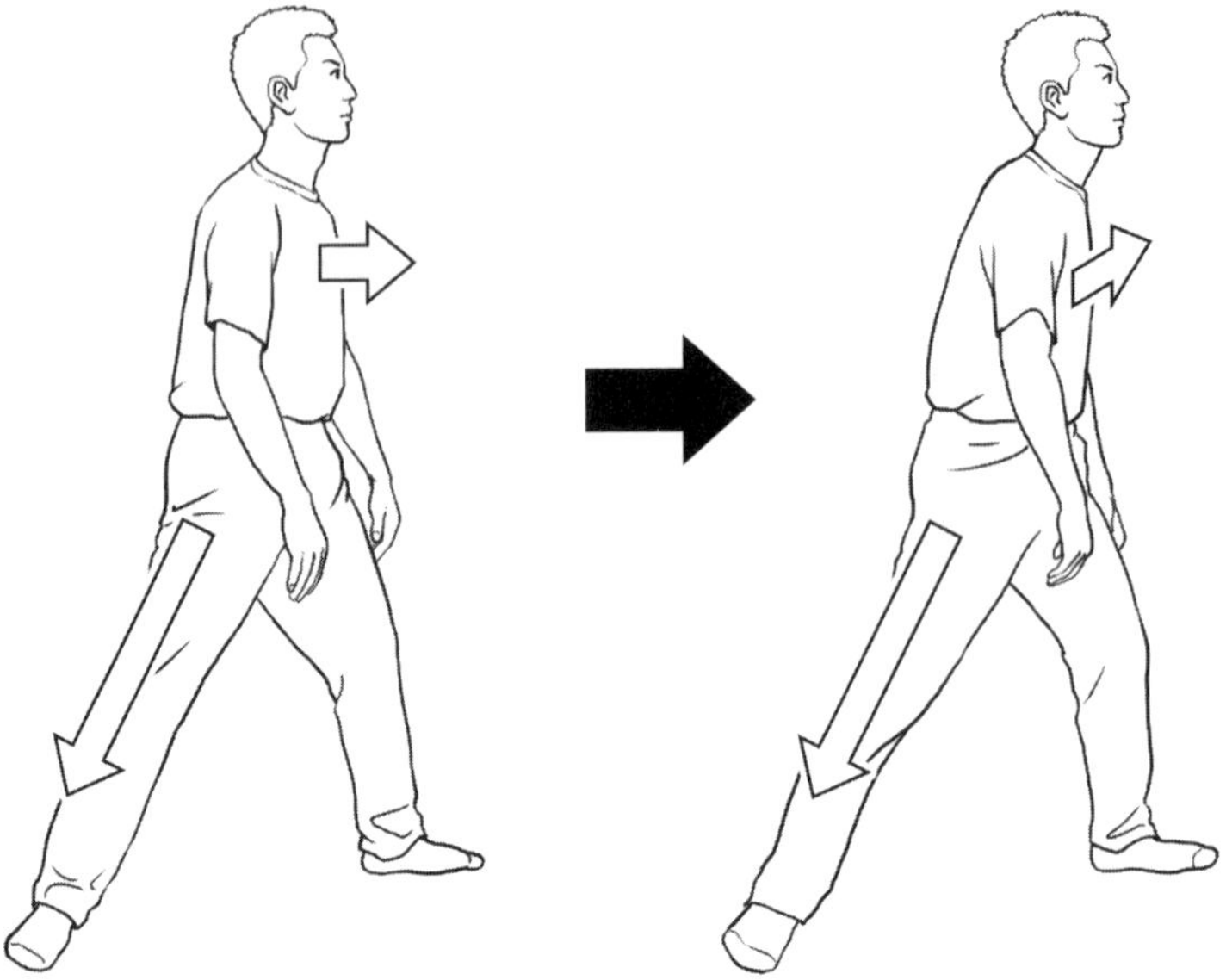

上から見たときの体幹部の角度

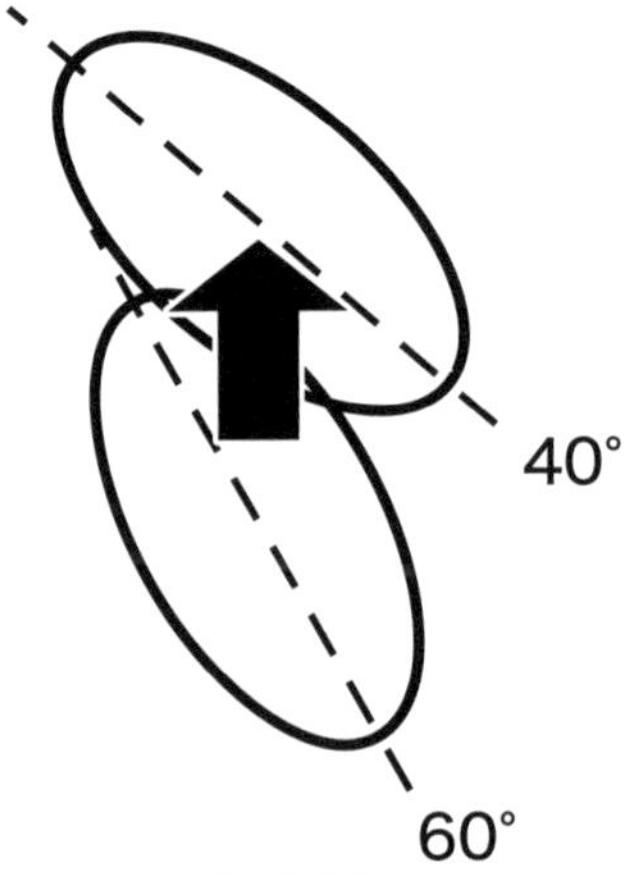

大腰筋・腸骨筋、とくに大腰筋がものすごく働きます。

その結果、中心のとれた、タメのある、威力のあるキックになるのです。また、後腰が低いので、蹴り足を引きずるようなキックになり、後ろに腰も残れば脚も残るので、クロスバーをオーバーする、すくい上げるようなシュートにならなくてすみます。

クロスバーを越えるようなシュートになるのは、腰が後ろに残らずに、なおかつ腰が上がってしまうので、ボールの下から上に蹴ってしまうからです。

このメソッドは、正直言って簡単ではありません。

その点、「階段多段上り」なら、あまり考えなくても腸腰筋が鍛えられるので、まずは「階段多段上り」から普段のトレーニングメニューのひとつに取り入れてみてください。

改めてポイントをまとめると、次のようになります。

・全身をよく脱力し、後足はベッタリ床に着けたまま、腰椎と腸骨に引き連れ感を作る。
・後腰は下がるように行う。
・腰が中央の位置から前脚の方向に出る。腰の向きは中央のときは60度。前に出たときは40度。その間で行ったり来たりを繰り返す。
・行ったり来たりするごとに、後腰が下がってくる。後腰が上がると腸腰筋は働かない。

その2　他重負荷法

第二段階は「他重負荷法」です。

①よく脱力し、足を押さえてもらって、最後に少しだけ足を引きずるように前進します。
②ゆっくり動いて、十分に後腰が伸びてきたら、押さえていた手をサーッと離します。
③このとき伸ばされるのが腸腰筋です。

腰の向きは同じように中央で60度。前進したときに40度となります。

このメソッドはいいポジションに入れると効果絶大で、その効き具合をすごく実感できます。それだけに、回数をやり過ぎたり、休養も入れずに毎日毎日、面白がってオーバーワークになるほどやり続けると、筋肉が損傷するリスクがあります。ひどい場合は肉離れや筋断裂を起こすこともあり得るので、オーバーワークにならないように注意する必要があります。

とにかく、メソッドとしては簡単ではないのですが、その中でうまく回答を見つけ出し、いいポジションに入れるようになっても、やり過ぎないように十分気を付けてください。

この「他重負荷法」もトレーニング法のひとつですが、その効果が出てくると、普段のさまざまなスポーツの動きの中でも、だんだん腸腰筋が使えるようになってきます。

腸腰筋が使えるようになると、面白いようにいい動きができるようになるため、ついつい夢中になって動き続けることがよくあります。

そうすると、トレーニングではなくスポーツの中のその動きで、腸腰筋を傷める可能性が出てきます。

腸腰筋へのダメージは、筋断裂はもちろんのこと、もっと軽度な疲労による痛みにしても、ものすごく辛いものです。しかもその痛みは、腰痛と間違えるケースが多いのです。しかし、

●後残重引運法　その2　他重負荷法

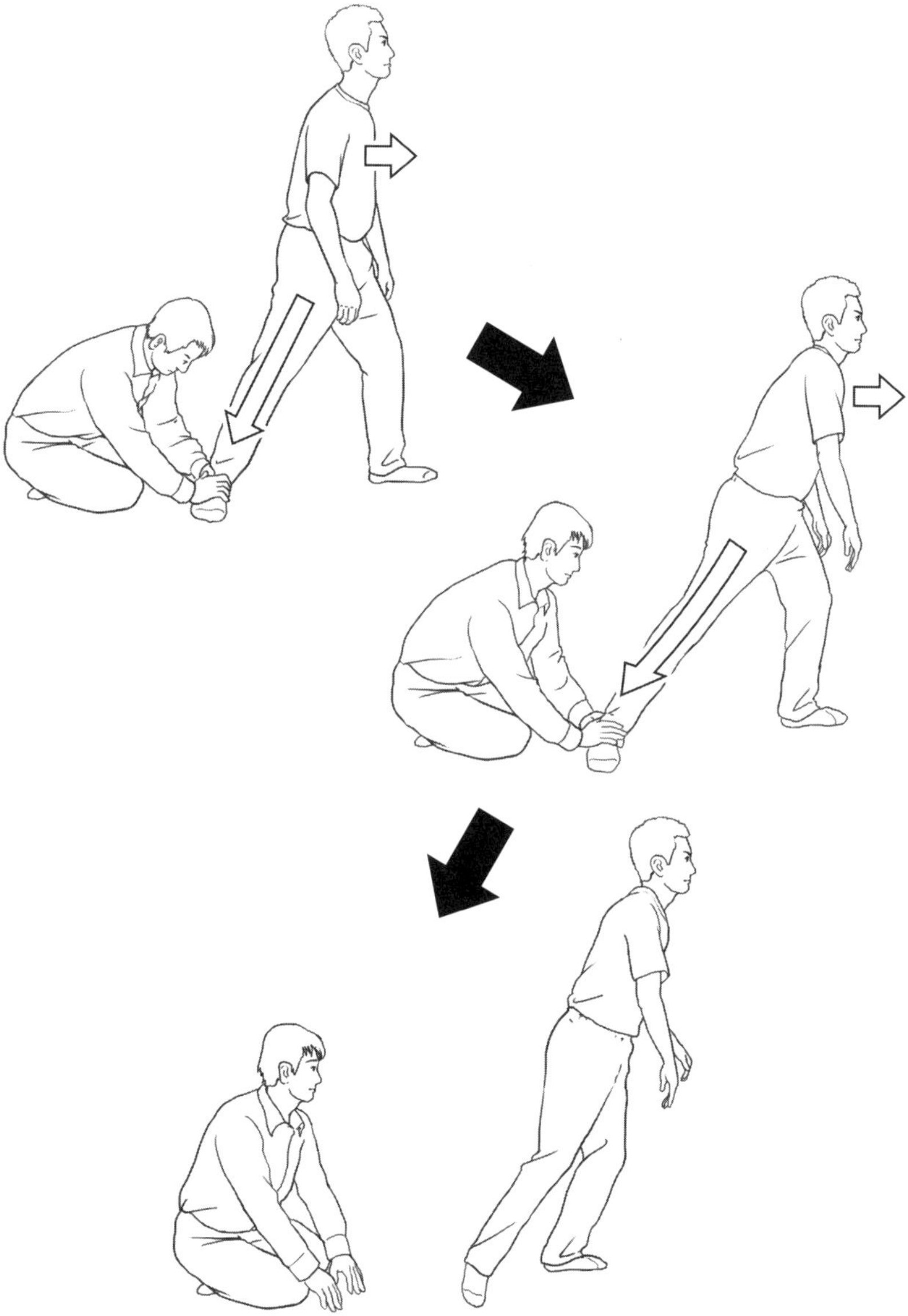

腸腰筋の痛みは腰痛より深く、腰痛のほうがずっと表面的な痛みになります。

スポーツ選手にとって効き目のある方法があれば、誰だって正しいやり方を見つけ出してやりたくなります。見つけ出したときには、ものすごく効果があるので、夢中になってやり込みたくなるのが人情です。

しかし効果のあるメソッドほど、やり過ぎないように気を付けなければいけません。

前著「肩甲骨本」でも、仙腸関節の話を紹介しましたが、あれは数年かかって数ミリ動くかどうかという話ですので、急にうまくなったりするのはリスキーです。

このメソッドは、より早く正しい方法を見つけ出して、トレーニングの量をコントロールするのがベストです。同じようにスポーツの実践の場でも、コントロールすることが肝心です。

急にいい動きができるようになってきたら、少し抑え気味に〝流せる〟ようにならないと、故障する危険があるということも覚えておいてください。

でも、そもそもこのメソッドは難しいので、正解を見出して、いいポジションにはまれるようになるのはなかなか容易ではないでしょう。

とくにパートナーに足を押さえてもらう「他重負荷法」では、〝パワーアンクル〟（アンクルウエイト）のようなフィットネス器具をつけてやると、かなり危ないのでやめてください。

腸腰筋も他の筋肉と同じで、筋肥大して筋肉が強くなるためには、最低でも1カ月はトレーニングを続けないと本当の意味での筋肥大ははじまらないので、徐々に筋肉を太く強くしてから、それを使った動きをする、できるようになると考えておきましょう。

空中脚腰（股関節）下垂歩法

３つ目は「空中脚腰（股関節）下垂歩法」で、文字通り〝歩き〟です。

①美しいシルバーの地芯上空６０００キロに乗って、まずは普通の「その場歩き」を行います。よく脱力することを忘れずに。

②次に脚を下げながら上げるようにして、「その場歩き」をします。

③「その場歩き」から、動き回る「歩き」を行います。

④腕もしっかり振って歩くようにしましょう。

●空中脚腰（股関節）下垂歩法— その場歩き

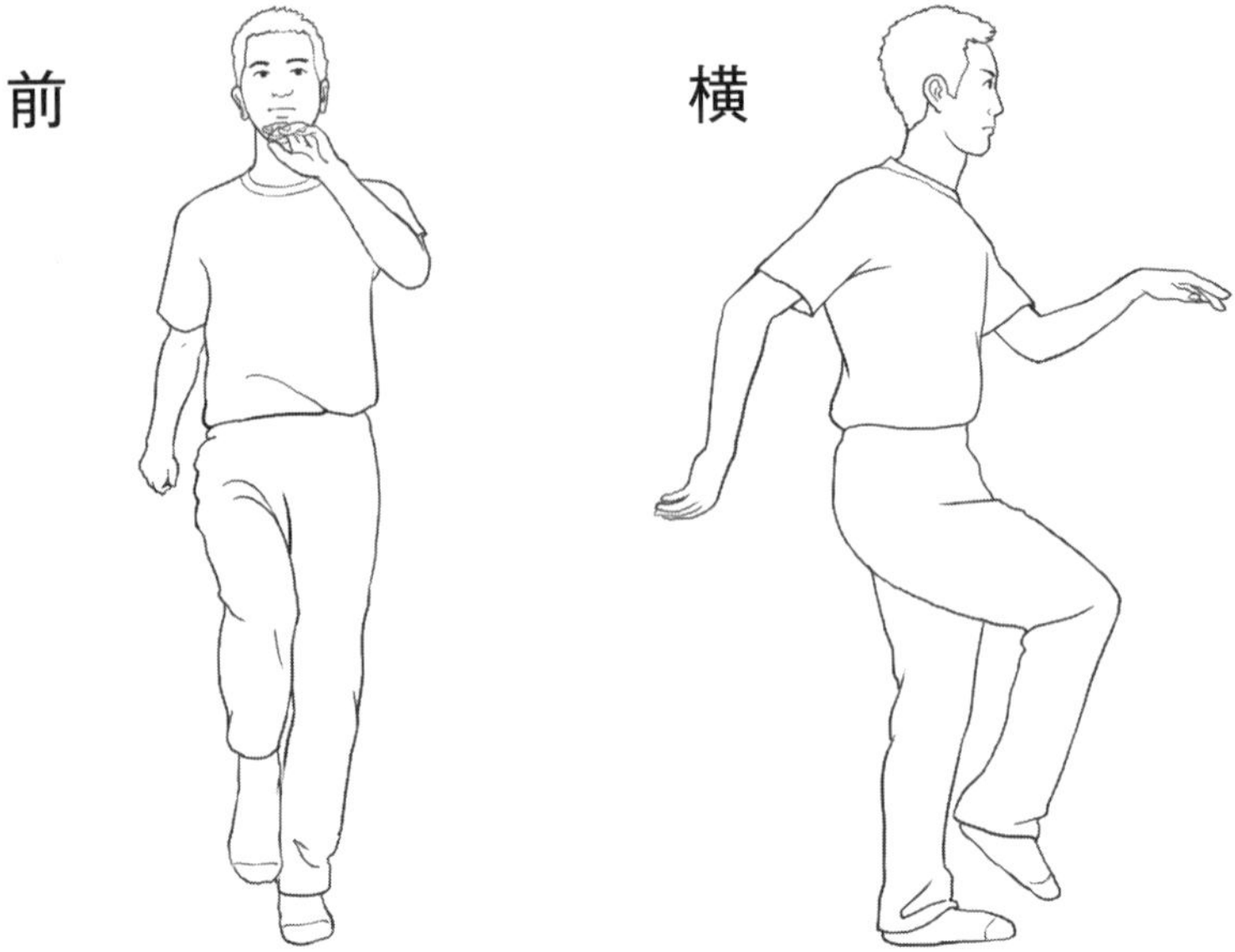

●空中脚腰（股関節）下垂歩法— 歩き

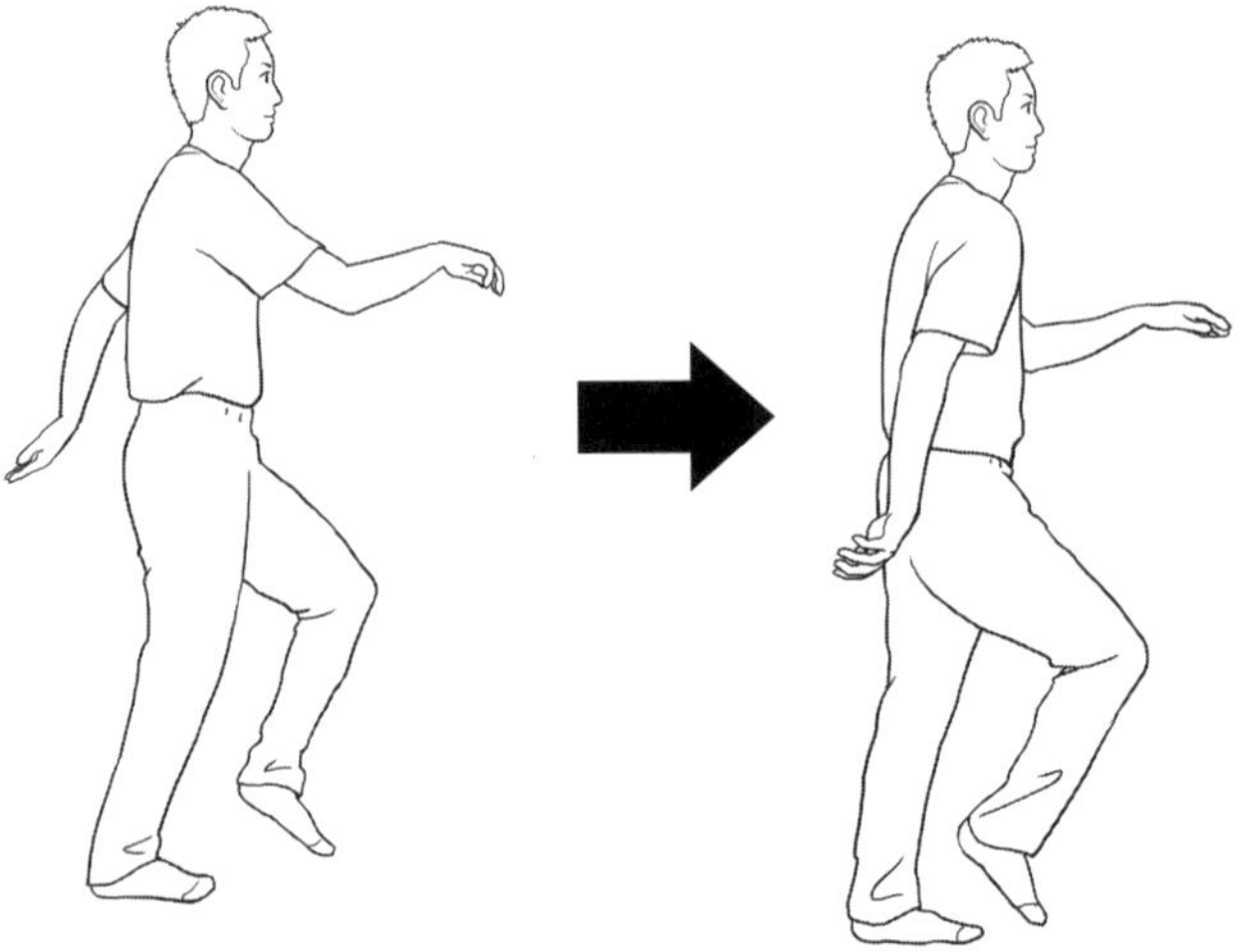

転子を〝揺解運動〟で開発する

上下運動に揺解動を加える

前項までの内容からもわかる通り、股関節の前後動・上下動という解き方から入っていくと、「対芯回旋」というとんでもないところまで行きつくことができるのです。

だからこそ、スポーツの種目を越えて見ることが必要なのです。走ることだけを見ていたのでは、こうしたことは容易にはわかりません。サッカーのシュートにおけるインステップキックから見たほうが、ずっとよくわかるのです。

この股関節の前後動・上下動を行うのに必要なのは、紹介済みの、揺すりながらほぐす「揺解動」、伸ばしながらほぐす「伸解動」、擦ってほぐす「擦解動」のメソッドが有効です。

とくに「揺解動」をやり込むことは、どうしても欠かせません。

序章で触れたように、股関節周りの筋肉はたくさんあって、しかもそれがアイソメトリックに近い状態で使われることが多いので、硬縮しやすい傾向にあります。

そのことが股関節の鈍さを作り出す大きな原因にもなっていて、硬縮した筋肉にとり囲まれているからこそ、股関節は鈍くなっているとも言えるわけです。

したがって、その硬縮している筋肉をあらゆる手段を使って、トロトロになるほど解きほぐすことがどうしても必要なのです。

そのために、ストレッチもある程度は役に立つでしょう。

というより、これまではストレッチしかほとんど方法がなかったと言ったほうが適切でしょうか。したがって、股関節をより動かしたい、開発したいと思った選手たちは、ストレッチに取り組み、トレーナーやコーチも、実質的にストレッチしか処方していませんでした。あとはどんなストレッチを選んで、どれだけ精度よくやれるかにかかっていたわけです。

この「精度よく」というのは序章で説明した通り、股関節の状況を的確に理解しながら、どこをどう意識して、重点的にストレッチしていくかにかかっていることを意味します。

つまり、股関節の位置がよくわかることも大事で、その位置の深い理解のために行うストレッチなのか。あるいは股関節の周りで硬縮し、股関節の鈍さの原因となっている筋肉を伸ばしてほぐすことで、筋肉の呪縛から股関節を開放するために行うのかは違うということです。

ストレッチをするにしても、これらをよく理解したうえで行うことが非常に重要です。

そうすれば、ストレッチも股関節の開発にある程度は役に立ちます。

しかし、ストレッチだけでは、画期的に優れた股関節脳を作ることは難しく、いわんやロナウドやメッシのような股関節を開発するのは非常に困難で、ましてやボルトのような股関節脳を作るとなると、不可能に近いと言ってもいいでしょう。

それを可能にするのは、ずばり揺解運動なのです。

すでに読者の皆さんにも試していただいた通り、立位で股関節を上下動させること自体は、誰でも多少はできるわけです。

それをもっと深く、長い距離で、しかも自分自身が何をしているのか、どこができているのか、どこができていないかなどをよく理解しながら攻めることができるようになるには、揺解動を加えながら行うのが一番です。

要するに、揺解動を加えた上下運動をやるのがベストなのです。

転子を揺すって〝上下〟に解きほぐす

読者の皆さんも立ちあがって試してみてください。

まず、中指突出手法で、Vゾーンの中心＝股関節に中指を当てて、股関節を揺すってみてください。片方の股関節に指を当てて、その股関節自身がまるでペチャクチャとおしゃべりしているようなイメージで、「ペチャクチャ、ペチャクチャ」とつぶやきながら、股関節を揺すってみましょう。「ペチャクチャ、ペチャクチャ」という感じがつかめてきたら、もう片方の股関節も同じように揺すってみましょう。必ず美しいシルバーの地芯……を忘れずに。

このような細かい揺解動をやると、股関節の位置がよくわかると同時に、実は股関節周りの硬縮が大変ゆるみ、解きほぐれるのです。

では、そのまま右の股関節をペチャクチャしながら下げていきます。次に左の股関節をペチャクチャしながら上げていきます。

今度は左の股関節を下げて、右の股関節を上げます。それを何度か繰り返します。コツは、股関節をできるだけ真っ直ぐ下げることです。そのとき反対の股関節は真っ直ぐ引き上げ、左右の股関節の高低差ができるだけ大きくなるようにしてみてください。

本章の最初の実験に比べ、左右の高さの違いが大きくなったのではないでしょうか。ペチャクチャしながらやった場合とやらなかった場合を比べた場合、2倍から2・5倍ぐらいは動くようになったはずです。

この動くようになった感じだけをじっくり味わってみてください。

いかがでしょう。すごく楽になった気がしませんか？

スッスーとスムーズに快適に動くようになったのではないでしょうか。一方、ペチャクチャなしでやっていたときは、もっとゴワゴワした不快な動きだったと思います。この違いをよく覚えておいてください。

では、「その場歩き」をしてみましょう。

これも、より軽く動くようになり、抵抗が少なくなっているはずです。

続いて「その場走り」で確認してみましょう。違いが確認できたのではないでしょうか。

このように揺解動を入れると、たちどころに動きが変わってくるのです。それは股関節を小刻みに動かしてやると、情報量が大変に増えるからです。

想像してみてください。中が見えない袋に手を入れて、その中に何が入っているかを当てるように言われたら、指先をいろいろ動かして、揉むようにして形を確認するはずです。

その動きこそ、揺解動と同じなのです（※詳細は２１１ページ参照）。

揺解動はスポーツに適した動き

身体の中にある関節をわかろうとしたとき、２つの大きな発想があって、そのひとつの方法はストレッチです。可動域を広げていき、関節にとって少しきつくなるところまで攻めていくと、その関節の意識が高まります。なぜなら、それ以上負荷を加えると関節にダメージが生じるからです。そのダメージが生じる手前まで持っていくと、その関節がよくわかります。これがストレッチ＝伸解動による関節を認識する方法です。

この伸解動による関節のわかり方は、静的な方法です。関節をゆっくり伸ばして「痛い」と感じるのは静的です。なおかつ、体重をかけて開脚したり、膝を曲げて手で股を開いていくようなストレッチは、股関節自体の動きではありません。外的な要因による動きになります。

つまり、ストレッチによる関節の確認方法は静的であり、外的な要因による動きという特徴があり、実際のスポーツの動きとはまったく異なるものなのです。

脳の機能から見ても、ポジティブな関節の意識ではなく、パッシブな感じ方となります。

私は研究の過程で、「ストレッチをすると、確かに関節の位置がわかるようになるが、スポーツの動きにはどうも直結していない」ということに気付き、家伝の古流武術の中にある、身体を揺する、擦ることで動きを円滑にするという教えを応用できないかと考え、科学的に揺解動と擦解動による関節のあぶり出し方を導き出したのです。

この揺解動で股関節の位置を知る方法は、先ほど体験してもらった立位でできます。

そのため、スポーツ選手が試合のときにグラウンドやコートに立ってからでも行うことができ、しかも競技で股関節を使って動こうとしたときの、一番基本となる股関節の動かし方と同じ、あるいは極めて似た動きで、股関節の位置が確かめられます。

また、自分の意志で股関節自体を動かそうとするので、脳で自律的に股関節を動かすことになります。もちろん、指先を使ったり、ペチャクチャと言葉を発することで助けられている部分もありますが、股関節自体を動かそうとする脳の作用が一番大きく影響しています。

そういう意味でも、実際のスポーツの動きとかなり近くなります。

しかも非常に大きく関節を伸ばした結果、はじめて生まれる静的な刺激とも違います。

スポーツの動作の一番中心となっている動きで、股関節を認識できる。これが揺解動の大きな利点なのです。

股関節を真っ直ぐ垂直に動かす

スポーツの動きの最も基本となるのは、立っていることです。水泳やボート、自転車などの例外を除けば、どのスポーツも真っ直ぐ両足で立つことがすべての基本で、どんな動きもその状態からはじまります。クリスティアーノ・ロナウドがすさまじいフリーキックを決めることがありますが、その直前、彼は両足で立っています。

繰り返しになりますが、両足で立っている状態こそ、スポーツの一番の基本形です。この一番当然な事実を多くの方がわかっていません。野球のピッチャーも、まず両足で立ち、それから足を大きく上げ下ろしてボールを投げ、そのあと再び両足を揃えて立ちます。他のスポーツも同じで、両足で立っていることが一番の基本形で、すべてのスポーツの共通項なのです。

それゆえ美しいシルバーの地芯上空6000キロに乗って、両足で立った状態で、股関節の位置感覚を研ぎ澄まし、位置がよくわかるようにするトレーニングは、決定的に重要なのです。

さらに、股関節周りの筋肉がほぐれ、楽に股関節が動かせるようになるのも肝心です。股関節の位置の理解は、柔らかくなったり固くなったり自由自在に変化する、変動成分の高い筋肉組織と、変動しない股関節という骨との違いがよくわかることも意味しています。

スポーツは常に両足で立っている状態からはじまるので、両足で立った状態でそれができるようになることが、一番大事なのは自明の理です。

クリスティアーノ・ロナウドがすごいシュートを打つときも、その前に両足で立って、股関節の位置がよくわかり、その周りの筋肉が十分にゆるみ、脳が筋肉と骨の違いをはっきりとわかる状態になっているからこそ、非凡なハイパフォーマンスを体現することができるのです。

実はストレッチに対して揺解動が優れているのは、ここなのです。

ストレッチでは、股関節に対し大腿骨をさまざまな方向に他動的に動かして、そこから軽度な痛みに近い刺激で、股関節の位置を確認することしかできません。こうした静的なストレッチに対し、膝を持って、大腿骨をぐるぐる回したりすると、可動域の限界付近まで行かなくても、股関節の位置感覚がある程度生まれ、周りの筋肉が解きほぐれることもあるでしょう。しかし、これも他動的であることには変わりません。

そして、スポーツの基本姿勢にも一致しません。

また、揺解動のワークの中で、「真っ直ぐ、垂直に股関節を動かす」ことを意識すると、垂直への意識も高まり、その感覚が身につきます。すると、股関節が抵抗なくスムーズに動くようになり、「その場歩き」では、足が非常にシャープにスパッと上がるようになります。と同時に、これも大事なことですが、上げた足がスパッと下りるようになります。そのスパッと下りた足が、非常に素早く、瞬時にして真っ直ぐパーンと体重を支える支持脚になってくれます。

実はこの接地・離地というのが、身体運動能力の一番の基本になるのです。

スポーツにおける身体運動の一番の基本は、「その場歩き」をしたときの接地・離地なのです。股関節がきちんとした垂直感を伴って、股関節自体が運動し、それに引きずられるように大腿骨が動いて、股関節の垂直性に対して導かれるように足が下りる……。その動き全体が、地芯に乗って一本の軸に沿って行われると、シャープで見事な接地・離地になるわけです。

これがあらゆるスポーツの一番基本になる運動能力であって、非常に地味に見えますが、優れた選手ほどこの地味な動きが突出して優秀で、だからこそ、この基本以外のすべての動きでも他の選手に大きな差をつけることができるのです。

転子を揺すって〝前後〟に解きほぐす

では今度は、前後動を少しやってみることにしましょう（※詳細は212ページ参照）。

まず部屋の中でもかまわないので、5~10メートルぐらい歩いてみてください。

先の上下動のワークを行ってから時間がそれほど空いていなければ、まだその効果が残っているので、股関節の垂直性がそれなりにあって、きれいに歩けても不思議ではありません。

それでは立ち止まって、再び中指突出手法で指を股関節に当てて、美しいシルバーの地芯……で「ペチャクチャ、ペチャクチャ」とつぶやきながら、股関節を揺すってみましょう。

そして数回、「ペチャクチャ」しながら上下動も入れてみます。

右の股関節だけを「ペチャクチャ」しながら上げていき、左脚の股関節を「ペチャクチャ」させながら下げていきます。それを交互にやったあと、「ペチャクチャ」しながら、左右の股関節をニュートラルポジションに戻します。

そうしたら、次に右の股関節を「ペチャクチャ」しながら、前に突き出していきます。左の股関節も「ペチャクチャ」しながら、後ろへ後ろへと動かします。

目いっぱい動かしたら、今度は反対に左股関節を「ペチャクチャ」しながら前へ前へ、右股関節も「ペチャクチャ」しながら後ろへ後ろへとずらしていきます。

これを交互に繰り返してください。

この前後動はなかなか難しく、腰を体軸周りに回すようにして、股関節をずらそうとしがちなので、回転ではなく、直線的に股関節をずらし動かすよう気を付けてください。

また前後動だと、股関節周りをゆるめにくい人もいるので、丁寧に「ペチャクチャ」しながら、ゆるむように、ゆるむようにすることが大事です。

2～3分繰り返したら、またニュートラルに戻り、周囲を少し歩いてみましょう。

歩きはどう変わったでしょうか？

足がスッスッと連続して出るようになった。しかも足先ではなく、脚の根っこから出るようになった。ストライドが非常にスムーズに広くなった。足先が遠くに着くという感じよりも、体幹が両脚によく乗れて、身体の中心になっている軸がどんどん前に出ていく感じ。股関節から歩幅が生まれる。大腿四頭筋の力が抜けた。努力感なく歩くのが速くなった……。

こういった感想を抱いた人が多かったはずです。

肝心なのは、ワークを行ったのが極めて僅かな時間だったということ。前後動で股関節を動かした距離は、数ミリから10数ミリぐらいです。

にもかかわらず、努力感なく歩幅が大きくなる、歩くスピードが上がるのです。この努力感のなさが重要で、努力感があるのはそれだけ精神的なエネルギーも使っており、それに伴い、筋力をより発揮して動きを大きくした証拠です。しかし、それでは意味がありません。

要するに実力、パフォーマンスが優れているかどうかは、同じ努力感なのに、客観的には運動能力が上がっている状態かどうかで決まるわけです。スポーツでは、より強大な動きをより素早くできて、正確に動くことを、同じ努力感でできるかどうかが問われるわけです。

たとえば、サッカー選手がボールを奪いあったり、ボクサーがパンチをヒットさせようとしていたりと、2人の選手の間で互角の争いが続いているときに、片方が努力感たっぷりで、もう片方は努力感なくプレーしていたとしたら、どっちの選手が有利でしょう？

当然、努力感のない選手のほうが有利です。努力感のない選手にはまだまだ余力があるので、「ちょっと本気になろうかな」と思っただけで、五分五分の関係は崩れ、相手を制することができてしまうからです。

クリスティアーノ・ロナウドが複数のディフェンダーに囲まれながら見事なシュートを放つときを見ても、彼からは努力感が見えないはずです。逆に言えば、そこでもし努力感があるようなら、他の選手に抑えられてしまうのです。

〝中心性〟を逆手にとって股関節を開発

というわけで、皆さんにも股関節の上下動と前後動を体験していただいたわけですが、これは実に重要な体験です。

前後動も、やっていただいたことは小さな動きです。股関節を揺解運動させながら、前後に真っ直ぐ、互い違いに動かしたとき、その移動量はどのぐらいの距離だったでしょうか？ 大きくても20ミリ程度だったのではないでしょうか。

もっと動いたという実感がある人は、真っ直ぐな直線的な動きではなく、腰を軸周りで揺解動もあまりせずに単に回している疑いがあります。単に回すだけでは、よくある体操のひとつになってしまいます。それが、股関節の開発にまったく効果がないとは言いませんが、より高度な身体運動としては問題があります。腰の回転が入ることで、能力を画期的に高める機会を奪ってしまうからです。

そして揺解運動です。揺解運動の動きの幅はどれぐらいだったでしょう。こちらはもっと小さく数ミリ幅です。数ミリ幅で動かしながら、股関節そのものとしては、前後で20ミリぐらいですから、実に小さな動きでしかありません。

しかし、その動きを少ししてみただけで、突然歩幅が1・2倍にも1・3倍にもなり、歩く速さも同じような倍率で増したのです。しかも本人の努力感もありませんし、努力感がないどころか、大きく速く動けることに気持ちよさすら感じるほどです。

このことから言えるのは、非常に重要な話です。

「中心の動きは小さくても、末端に行くと非常に大きくなる」とすでに記しましたが、それを逆から考えると、中心である股関節、中心の動きは小さなものでしかなく、わかりづらいのです。だから中心の中の中心である股関節、さらにはその中心である転子はわかりにくいのです。

序章で記した「三大鈍感性」のひとつが、まさにこのことなのですが、その「中心性」を逆手にとってしまえばいいのです。

鈍感の最大の要因のひとつである「中心性」を逆手にとり、中心である股関節をよくわかるようにし、その周囲もゆるんで動かせるようにする。その動きはわずかでもかまいません。少しでも動けば、すごいことになるのですから。

そうなのです。股関節の中心性を逆手にとることは可能であって、その方法こそが、ここで紹介してきた揺解動付きの上下動・前後動などのワークなのです。

事実、揺解運動自体は数ミリ、股関節自体が動くのはせいぜい20ミリまでぐらいだったわけです。でも、その小さな動きが「中心性」であるがゆえに、末端に行くと大きく拡大され、すごいことになるのです。

これこそが優れたスポーツ選手たちの秘密だったのです。しかし、その秘密はすでに解明されているわけですから、このワークを正しく丁寧にやれば誰でもできるようになるのです。

これらのワークは、正式には「転子上下揺解法」「転子前後揺解法」と言いまして、もうひとつ「転子水平横進揺解法」というのもあります。

転子を揺すって〝水平〟に動かす

では、「転子水平横進揺解法」も体験してみてください（※詳細は214ページ参照）。

これまでと同じように美しいシルバーの地芯上空6000キロで立ち、地芯から立ち上がる軸が背骨の前を通るように手で「スパー」となぞってから、股関節に中指を立てて、「ペチャクチャ、ペチャクチャ」言いながら、股関節を揺解していきます。

そして、右の股関節を「ペチャクチャ」させながら、右へ右へと水平にずらしていきます。右方向へずらしたら、元の位置に水平に動いて戻します。今度は、左の股関節を「ペチャクチャ」させながら、左へ左へ水平に……。これを左右で繰り返します。

何往復かしたら、右の股関節を「ペチャクチャ」させながら、左へ左へ食い込んでいくように、水平にずらしていきます。左までずらしたら水平に元に戻り、次は左の股関節を「ペチャクチャ」させながら、右へ右へと水平に食いこませていきます。

これを数回繰り返したら、左右にフットワークを使いながら、卓球のラケットを振るような動作をしてみてください。

どうですか？　かなり動きやすいと感じるのではないでしょうか。

野球のバッティングフォームなどで試してみるのもわかりやすいはずです。

サッカーのキックもおすすめです。パスの中で最も多用する、インサイドキックで試してください。すべての動作に軸がスパーッと通り、やりやすいですよね。

また、テニスのレシーバーになったつもりで、相手のボールが左右どちらからくるのか、待ち構えている状態になってみましょう。これも軸が決まりすごく動きやすいと思います。

相撲でも立ち合いから、差しながら反対の上手まわしを取ったほうに、サッと相手を起こすように回って、横にかぶりつくように動いてみましょう。この動きも目に見えてよくなります。

左右動は、上下動、前後動より難しく感じる人が多いかもしれません。というのも現代社会では、普段の生活の中で、左右に動く機会があまりないからです。

序章にも記した通り、人間の骨盤は非常に特殊で、Z軸方向（横方向）に広い形状をしています。それに比べ、四足動物の骨盤はもっと閉じていて、肩甲骨がそうだった通り、X軸方向に向かいます。そのため、多くの四足動物は横への移動は苦手です。馬や犬が腰の位置で左右に動くことはなかなか想像できないでしょうし、実際に横方向にはほぼ動けません。

人間は、それができるのです。

この横方向の動きを鍛えようとすると、一般的にはフットワークに近いような動的ストレッチが処方されます。そうした動きが求められるスポーツ、たとえば卓球、テニス、野球、サッカー、そしてスキーなどは左右動系が含まれるスポーツなので、やはりフットワークに近い動的ストレッチに取り組んでおく必要があるでしょう。

私が「スライダー」「スパイダー」と呼んでいる、ほどほどの歩幅をとって、腰を落としながら、左右に体幹を移動する運動がその代表です。要するに低負荷の筋力トレーニングをしながら、突擦法で股関節の感覚を高めていく動的なストレッチです。左右動系の選手は当然、こうしたストレッチも積極的に取り組む必要があります。

そして、その前提として「転子水平横進揺解法」などのトレーニングが重要になってきます。要するに、中心である股関節の「中心性」のマイナス面を、すべてプラスにひっくり返してしまうことです。そして必ず、美しいシルバーの地芯は忘れずに、です。

そうして、優れた股関節脳で自由自在に動かせるのが一番の基本です。これに動的ストレッチを組み合わせると、左右動が必要な世界で、最強の動きができるようになります。

理論を自分自身の脳と身体で実証する

少し自慢話になりますが、40歳で初めてやった私のスキーの話を聞いてください。

私はアルペンスキーをやったことはありませんし、ゲレンデにポールを立てて滑ったこともありません。いわゆるフリースキー専門です。しかし、そのフリースキーでの滑走なら、アルペンスキーの世界チャンピオン以上の速さで滑ることができるらしいのです。

実際、アルペンスキーの全日本選手権の優勝者と滑り比べたことがありますが、彼の倍以上のスピードで滑ることができました。また、スキーの元全日本デモンストレーターでプロスキーヤーとして活躍する金子裕之さんと競争したシーンは、NHKの番組でも全国放映されましたが、このときは金子さんの3倍の速さで滑っています。あの映像を見た人たちの中には、「金子さんが手を抜いただけだったのでは?」と誹謗する人もいるようですが、とんでもないことです。

そのNHKの撮影時には、金子さんがリーダーを務めるスキーチームのメンバー30人ほどが一緒にいました。そのスキーチームには、金子さんの息子さん2人も選手として参加していたわけですから、彼らの前で金子さんがわざと負けるようなことは決してありえないわけです。

このときの金子さんは、彼が最も得意とする、いわゆる「高速ウェーデルン(ノーブレーキ・ウェーデルン)」で本気で斜面を滑り降りたのです。

ちなみにスキーのウェーデルンというのは、もともとは急斜面でブレーキをかけながら、安全に滑り降りるための技術です。ところが70年代から80年代に活躍したアルペンスキー史上最高の天才スキーヤー、インゲマル・ステンマルクが来日したときのことです。直滑降で滑っている日本人選手を、ウェーデルンで滑るステンマルクが抜いていくという衝撃的なシーンがありました。その直滑降よりも速いステンマルクのウェーデルンから、やがて「高速ウェーデルン」という技術が開発されていったという経緯があります。

私と競争したときの金子さんも、その直滑降よりも速い「高速ウェーデルン」を駆使して滑ったのですが、私は、通常は高速ウェーデルンより遅い、回転弧がはるかに深く大きな弧を描くパラレルターンで滑りながら、金子さんの3倍の速さで圧勝してしまったのです。

ワールドカップのチャンピオンが金子さんにつけられる差は多くても2~3割と言われていますから、私のスピードがどれほどのものかおわかりになるでしょう。

これはスキー界では、知る人ぞ知る事実です。

名前は出せませんが、アルペンスキーの選手の中には、噂を聞いて私と競争したいと挑戦してきた選手が何人かいました。私はその挑戦を受けてみましたが、ことごとく圧勝。彼らは皆「どうかご内密に、絶対に名前は出さないでください」と白旗を上げたぐらいです。

こうしたスキーでのパフォーマンスも、股関節の鈍感性を逆手にとり、中心性を鍛えることで、末端の大きなパフォーマンスになるという実証実験の一環になっているのです。

私の科学者としての大きな特徴は、実証科学の科学者であるという点にあります。非常に新しい、奇抜とも言えるような理論をどんどん開発、発表してきたために、理論家のように思われがちかもしれませんが、実は、実証を最も大事にしてきた科学者だと自負しています。

その研究成果を選手に実証してもらうのもひとつの方法ですが、自分自身で実証できればもっと理想的です。そうすれば自分の大いなる財産になると同時に、理論と実践の統一という一番大切なことを、自分の脳と身体を使って達成できるのです。それが一番誠実であると考え、スキーでそれを証明してみせたのです。

では、なぜ、スキーという種目を選んだのか。

それは私が40歳になるまで、スキーの経験がまったくなかったからです。私は小さいときから武術の鍛錬を積んできたために、陸の上の通常の競技ではすでに非常にハイレベルなパフォーマンスを難なく体現できていたので、自分の考えた運動理論を実証するための種目には適していないという事情があったのです。バスケットボールの1対1などをやってみると、日本代表のポイントガードでも私を抜くことは不可能だったぐらいです。

そこで、自分が経験していないような条件下で行われるスポーツで実証しようと考え、スキーに目を付けたという次第です。

はじめてみると、雪上という特殊な状況はあまりにも条件が違い過ぎて、最初の頃は本当に悪戦苦闘いたしました。転んだり、ゲレンデ待ちの人の列に突っ込んでしまったり、木に激突したりと大変な目に遭いました。

私以外に、中高年になってスキーに挑戦した著名な武術家がいて、彼は古伝空手の最高実力者のひとりで大変な運動能力の持ち主でしたが、その彼もゆる〜い緩斜面でスキー板を着けた瞬間、ススス〜と滑りはじめ、コントロールを失って急斜面を滑り落ち、最後は駐車場の観光バスに激突……。そのまま二度とスキーをしなかったという話が残っています。

その空手家も、天井の梁《はり》にパッと飛び上がり、手足の指の力だけで張り付いていられるほどのすさまじい運動能力の持ち主です。

それほどの運動能力を誇る空手の達人でも、2枚の板で雪上を滑るスキーにはまったくお手上げ。安定した地面で戦う武術と雪上のスキーでは、それほど条件が異なっているのです。

●転子上下揺解法

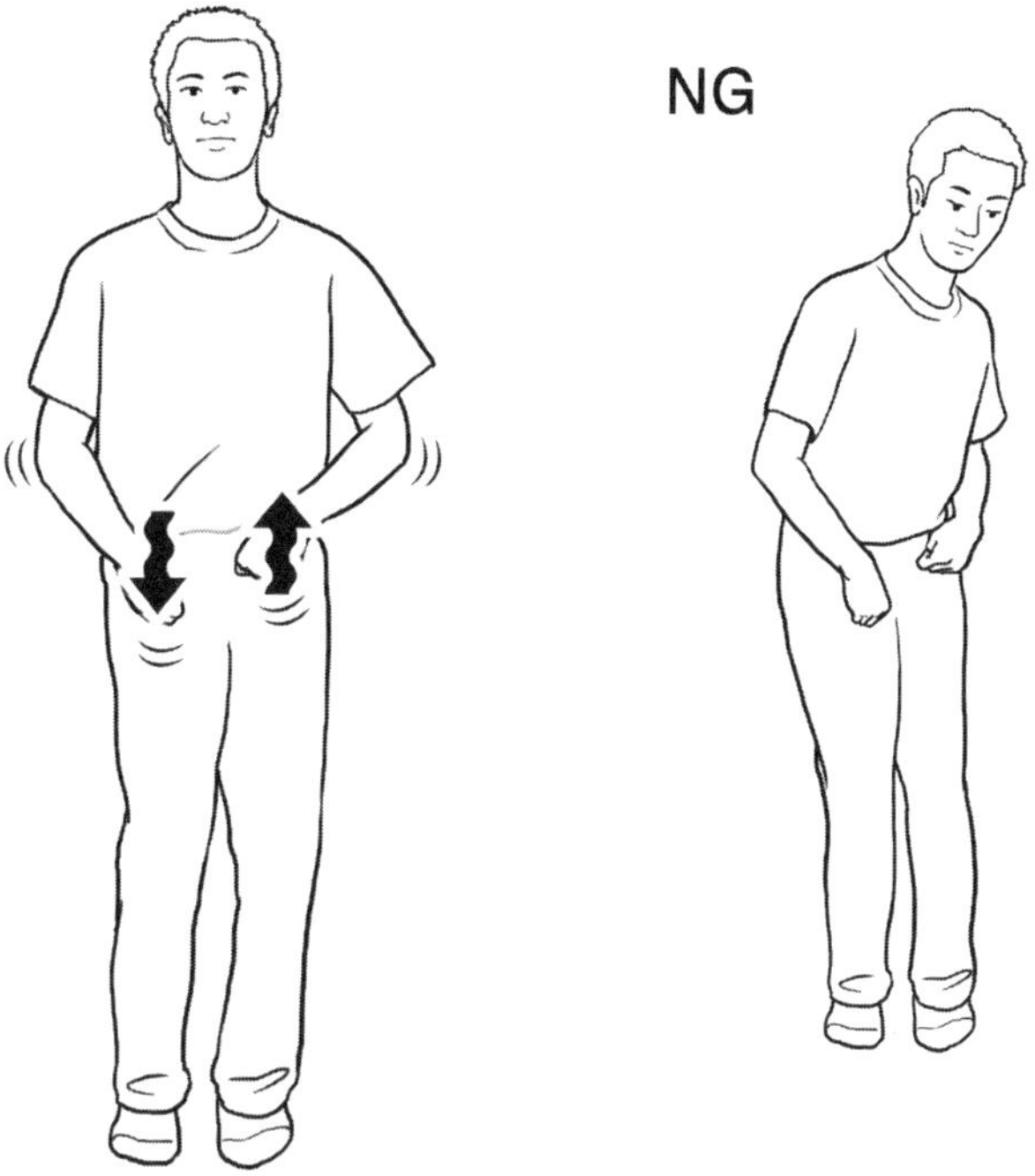

①美しいシルバーの地芯上空6,000kmに乗ってNPSで立ちます。立ち上がるセンターが自分の身体を抜け、天へ抜けていくのを感じます。

②中指突出手法を使って股関節を突きほぐします。

③中指突出手法で突きほぐしながら、股関節が「ペチャクチャ、ペチャクチャ」おしゃべりしているようなつもりで、股関節を細かく揺すりながら、解きほぐします。

④股関節を細かく解きほぐしながら、左の股関節が上へ、右の股関節が下へ垂直にずれていくように5～10秒ほどかけて動かします。その際に骨盤が回らないように気を付けてください。

⑤もうこれ以上は動かせないというところの10%手前まで来たら、その状態を3～4秒ほどかけてキープしたまま股関節を細かく解きほぐします。

⑥股関節を細かく揺すり続けたまま、ゆっくりと5～10秒ほどかけて元の状態に戻します。

⑦今度は右の股関節が上へ、左の股関節が下へ垂直にずれていくように同じ時間をかけて動かします。

⑧もうこれ以上は動かせないというところの10%手前まで来たら、その状態を3～4秒ほどキープしたまま股関節を細かく解きほぐし、ゆっくりと同じ時間をかけて元の状態に戻します。

⑨「左が上、右が下」「右が上、左が下」というふうに左右交互に上下のずれ運動を同じ時間をかけて何度か繰り返します。

⑩指や手だけを動かすのではなく、股関節自体を動かすようにします。股関節を下げるほうの膝が前に出て、骨盤が回ってしまうのはNGです。どこまでも軸の垂直をキープし、体幹を直立しながら行ってください。

●転子前後揺解法

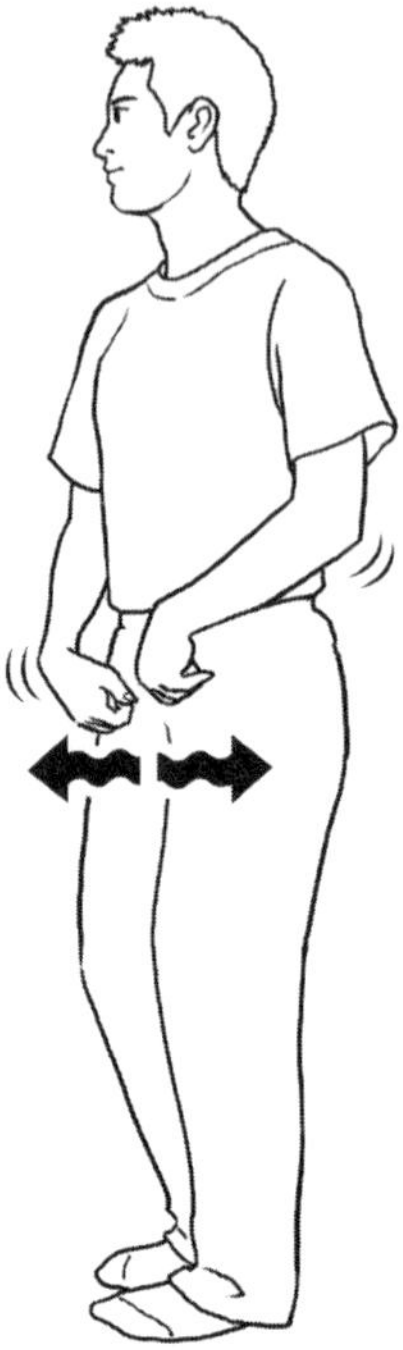

①美しいシルバーの地芯上空 6,000㎞に乗って NPS で立ちます。立ち上がるセンターが自分の身体を抜け、天へ抜けていくのを感じます。

②中指突出手法を使って股関節を突きほぐします。

③中指突出手法で突きほぐしながら股関節が「ペチャクチャ、ペチャクチャ」おしゃべりしているようなつもりで、股関節を細かく揺すりながら、解きほぐします。

④股関節を細かく揺すり、解きほぐしながら、左右の股関節がそれぞれ前後にずれあうように、右の股関節を前へ、左の股関節を後ろへスライドするように 5 ～ 10 秒ほどかけて動かします。身体が回らないように気を付けてください。

⑤もうこれ以上は動かせないというところの 10% 手前まで来たら、その状態をキープしたまま股関節を 3 ～ 4 秒ほどかけて細かく解きほぐします。

⑥股関節を細かく揺すり続けたまま、ゆっくりと 5 ～ 10 秒ほどかけて元の状態に戻します。

⑦今度は左の股関節を前へ、右の股関節を後ろへスライドするように動かします。

⑧もうこれ以上は動かせないというところの 10% 手前まで来たら、その状態をキープしたまま股関節を 3 ～ 4 秒ほどかけて細かく解きほぐし、次にゆっくりと 5 ～ 10 秒ほどかけて元の状態に戻します。

⑨「右が前、左が後ろ」「左が前、右が後ろ」というふうに左右交互に前後のズレ運動を何度か同じ時間をかけて繰り返します。

⑩左右の股関節の高さがずれないように気を付けてください。また、次ページの転子回軸揺解法のように体幹が軸周りに回転してしまったり、股関節を前に出したほうの膝が曲がって下がったりも NG です。どこまでも軸の垂直をキープし体幹を直立しながら行ってください。

●転子回軸揺解法

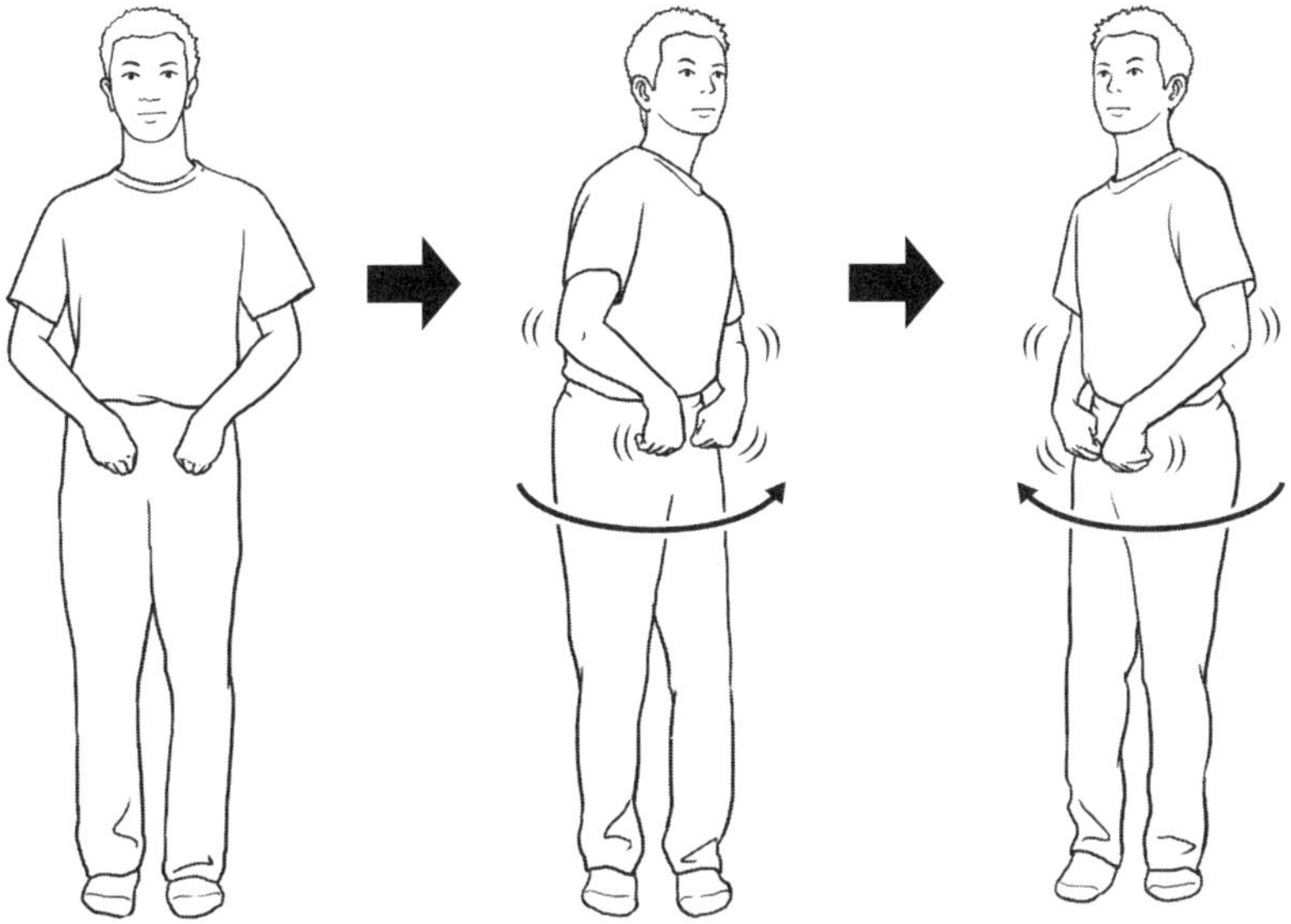

NG

①美しいシルバーの地芯上空 6,000㎞に乗って NPS で立ちます。立ち上がるセンターが自分の身体を抜け、天へ抜けていくのを感じます。軸を垂直にキープしたまま行います。

②中指を突出させ、残りの 4 本の指は中指を補助する手法（中指突出手法）にします。その中指で股関節を突きほぐします。

③中指突出手法で突きほぐしながら股関節が「ペチャクチャ、ペチャクチャ」おしゃべりしているようなつもりで、股関節を細かく揺すりながら解きほぐします。

④股関節を細かく揺すり、解きほぐしながら、背骨の前を通っている軸を中心に体幹を左側へ 5 ～ 10 秒ほどかけて回していきます。

⑤股関節を細かく揺すり続けたまま、ゆっくりと体幹を 5 ～ 10 秒ほどかけて正面に戻します。

⑥今度は体幹を右側に 5 ～ 10 秒ほどかけて回していきます。股関節を細かく揺すり、解きほぐしながら行います。

⑦股関節を細かく揺すり続けたまま、ゆっくりと体幹を 5 ～ 10 秒ほどかけて正面に戻します。

⑧左右交互に何度か、同じ動きを同じ時間をかけて繰り返します。

⑨股関節が動かずに指や手だけが動いてしまったり、軸の垂直をキープできず胸が突き出てお尻が出てしまうのは NG です。

●転子水平横進揺解法

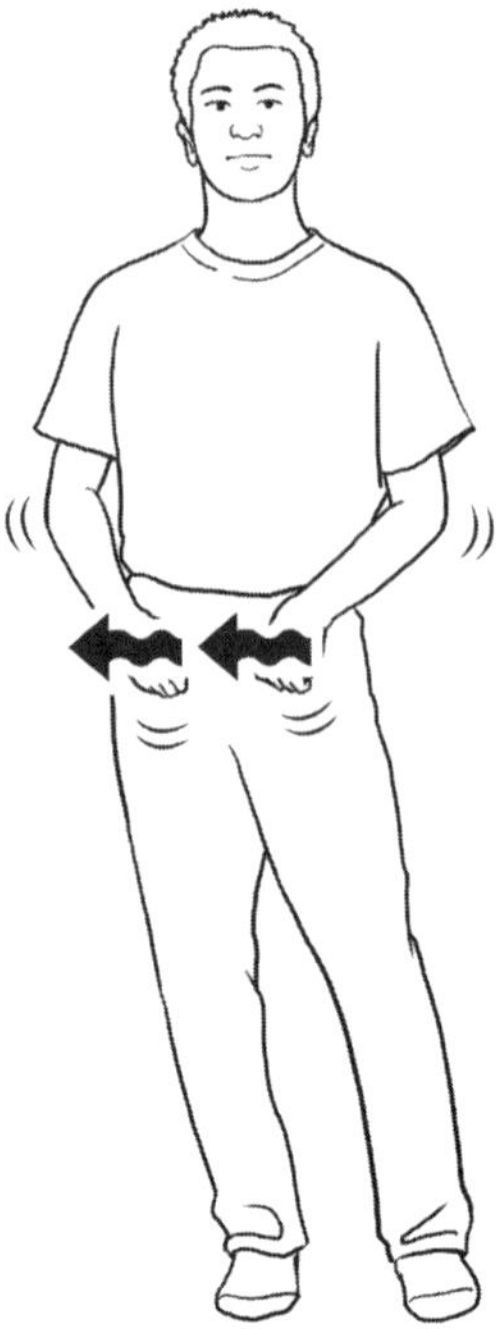

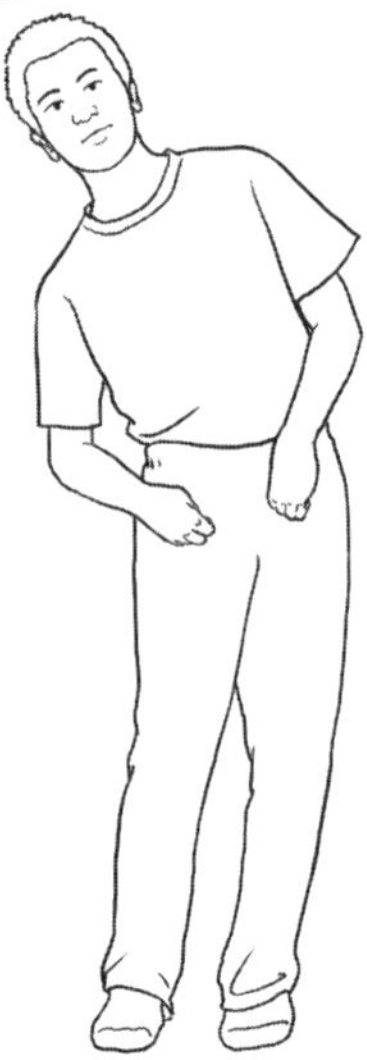

①美しいシルバーの地芯上空6,000㎞に乗って腰幅立位（転子回軸揺解法より足幅を少し広めにとり、足の外側が腰幅になる程度まで脚を開いた立ち方）で立ちます。立ち上がるセンターが自分の身体を抜け、天へ抜けていくのを感じます。

②中指突出手法を使って股関節を突きほぐします。

③中指突出手法で突きほぐしながら、股関節が「ペチャクチャ、ペチャクチャ」おしゃべりしているようなつもりで、股関節を細かく揺すりながら解きほぐします。

④股関節を細かく解きほぐしながら、体幹を左側へ5～10秒ほどかけて水平移動させていきます。左右の股関節を同じ高さの水平に保ち､軸を垂直にキープしたまま行います。

⑤左端限界の30％手前まで来たら、その状態をキープし、体幹を直立させたまま股関節を細かく解きほぐします。※限界近くでは行わないようにしてください。

⑥股関節を細かく揺すり続けたまま、ゆっくりと体幹を5～10秒ほどかけて真ん中に戻します。

⑦今度は右側も同様に行います。

⑧左右交互に何度か同じ動きを同じ時間をかけて繰り返します。

⑨この方法は、左右の股関節の高さを水平に揃えることがポイントです。どちらかの股関節がもう一方の股関節より高くなったり低くなったりしないように気を付けてください。また、水平移動させているときに軸が傾いてしまうのもNGです。

第4章

〝転腸連動〟が最強帝国を作る

——キレッキレの転子は腸骨を巨大な軍事力に変える

「転腸連動」とは

股関節・転子・腸骨の密接な関係

ここまで来ると、皆さん、必然的に非常に面白い状況になってきているはずです。

それは何か。

まず体幹の下端に股関節があって、その左右2つの股関節がいかに重要かについては、よーくご理解いただけていることでしょう。

その股関節の上外側には腸骨があって、一方、体幹の上部には肩甲骨と肩関節があります。その肩甲骨の重要性については、前著「肩甲骨本」で詳細に語っているわけですが、その中で、「肩甲骨を開発すると、即座に腸骨の開発が進む」、「肩甲骨が使えるようになると、腸骨が使えるようになる」という関係性があることを解説しています。

このことを『ベースボールチャンネル』では、「甲腸連動」と説明しました（※「大谷翔平はなぜ走力が高いのか」で検索してみてください）。その中で、大谷翔平を取り上げ、彼は肩甲骨の開発が非常に進んでいることを紹介しました。大谷は人並み外れた肩甲骨の持ち主ですが、腸骨自体の開発度は特段優れているとは言えません。しかし、大谷は肩甲骨の開発が優れているので、その影響で腸骨にも好影響、大きな恩恵を与えているのです。

なぜこうしたことが可能になるかと言えば、そもそも我々人類の祖先がまだ四足動物だった時代に、肩甲骨と腸骨は「相似器官」で、それぞれまったく別の器官でありながら、非常に近い働きをするものとして開発されたからです。

ゆえに我々の遺伝子の中に、肩甲骨と腸骨は同調して動く、同調して育つものとしてインプットされてきた歴史があるわけです。

大谷はそれを利用して、肩甲骨を開発することで腸骨も使えるようになっていきました。彼の場合、動きはじめると、肩甲骨が腸骨の動きを連動させて、引っ張り出すようなことができるようになっていたわけです。

それを踏まえたうえで考えてほしいのは、肩関節と股関節の関係性です。

本書は言うまでもなく、股関節がテーマの書籍です。

股関節と腸骨は切っても切れない関係があるので、この2つは最重要の間柄です。そして、股関節と腸骨は基本的に連動して動くので、「転腸連動」関係が成り立つはずです。

「転腸連動」の「転」とは「転子」のこと。

「転子」とは、股関節周囲の筋肉の硬縮を脱力させ、股関節がキレッキレに組織分化した状態の「キレッキレ股関節」の専門用語、つまり体幹の下部かつ両脚の上端にクッキリと開発された股関節の中心のことです。その「転子」と腸骨との連動を「転腸連動」と言うわけです。この「転腸連動」は周囲の骨格と筋肉を含んだ高度に合理的な運動のことです。

解剖学的に言えば、股関節の球状関節を受け入れている臼状関節は、腸骨とダイレクトにつながっています。したがって、股関節につながっている骨が腸骨ということになります。直接つながっている以上、股関節と腸骨が連動するのは当然なのですが、注意すべきなのは股関節がその三大鈍感性を克服し、「転子」にまで磨きあげられているかです。その股関節の正確な中心と腸骨が周囲の筋骨格を巻き込んで連動するのが、「転腸連動」という概念なのです。

そして肩関節と肩甲骨も同じようにつながっているのですが、その肩関節の中心と肩甲骨の連動を「肩甲連動」と言うのです。

この「肩甲連動」と「転腸連動」に共通するのは、どちらも主に横〜斜め方向に連動関係があるという点です。肩関節と肩甲骨の高さで連動し、股関節と腸骨の高さで連動しているわけです。

この横斜め方向の連動に加え、もうひとつ縦方向の連動も見られます。前述の通り、肩甲骨と腸骨は連動関係が確認できていて、「甲腸連動」の関係があり、それ以前に「甲腸同調性」があるので、それに則って連動するようになっているのです。

股関節と肩関節は同時に開発される

そして、ここまでわかってくると、皆さん、肩関節と股関節の関係が気になるはずです。

さあ、肩関節と股関節の関係はどうなっているのか。

実は、肩甲骨と腸骨が「相似器官」である以上に、そもそも肩関節と股関節は「相似器官」

であるわけです。したがって、当然、肩関節と股関節には同調性があります。

同調性があるので、肩関節を開発すれば股関節がよくなり、股関節を開発すれば肩関節もよくなるという関係があります。その肩関節の中心と、股関節の中心の連動を「肩転連動」と言います。

「だったら、股関節の開発法は教わってきたので、肩関節の開発メソッドにも取り組めば、もっと股関節がよくなるのでは？」と思う人もいるでしょう。まさにその通りです。

肩関節、肩甲骨、腸骨、股関節を左右すべて合わせると、8個のパーツがあります（※次ページのイラスト参照）。

それぞれ同じ高さで同調性があって、肩関節と股関節はクロスラインで同調します。同じく肩甲骨と腸骨もクロスに同調性があります。

この同調性は横方向も強いのですが、クロスの同調性のほうも負けずに強いのです。そしてこのクロスの同調性も強いのですが、同時に、縦方向のストレートの同調性も強いのです。

この縦のラインは4本あり、肩関節と股関節を結ぶストレートの同調性に加え、肩甲骨と腸骨にも縦のラインがあるので、縦とクロスのラインを合わせると、計8本になります。

つまり数の上でも、質の面でも、ここには強い同調性と連動性がたくさんあるのです。

このように、前作の「肩甲骨本」と今回の「股関節本」の2冊の本をご覧になると、たくさんの骨についての優秀性が出てきます。同時に、それを開発するためのメソッドもたくさん紹介されているので、うっかりすると「こんなにいっぱいあったら、どうすればいいのか」と、

●転腸連動、肩甲連動、甲腸連動、肩転連動の連動性関係図

甲腸連動（ストレート）

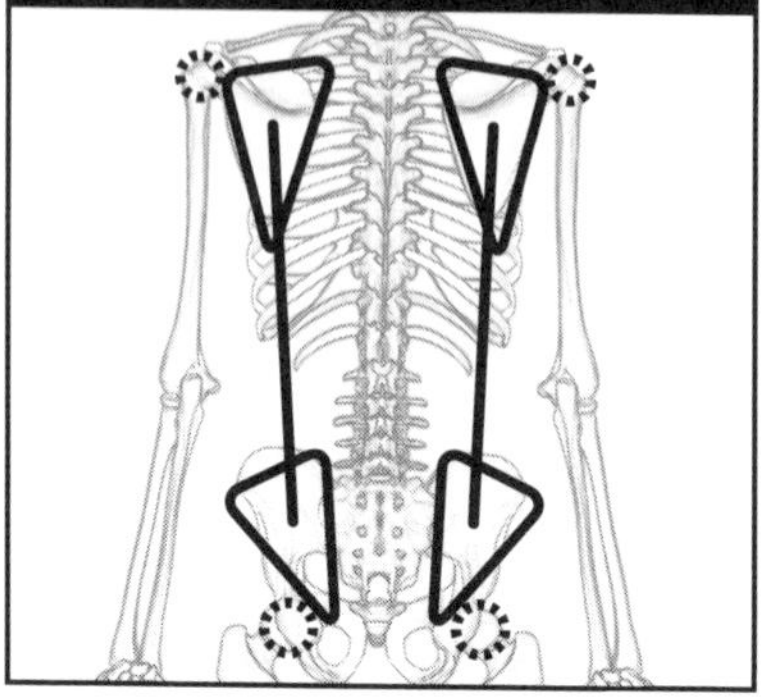

連動性関係図の説明

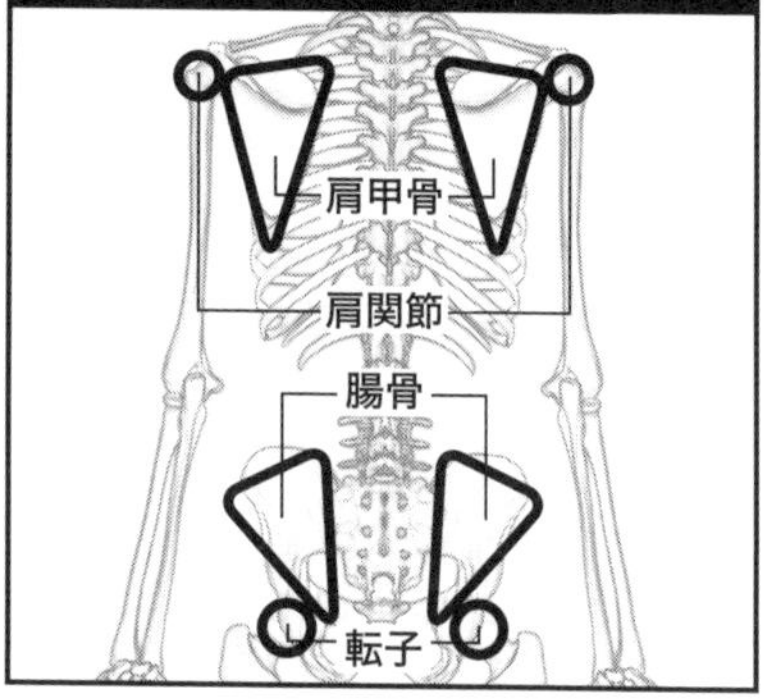

肩転連動（クロス）

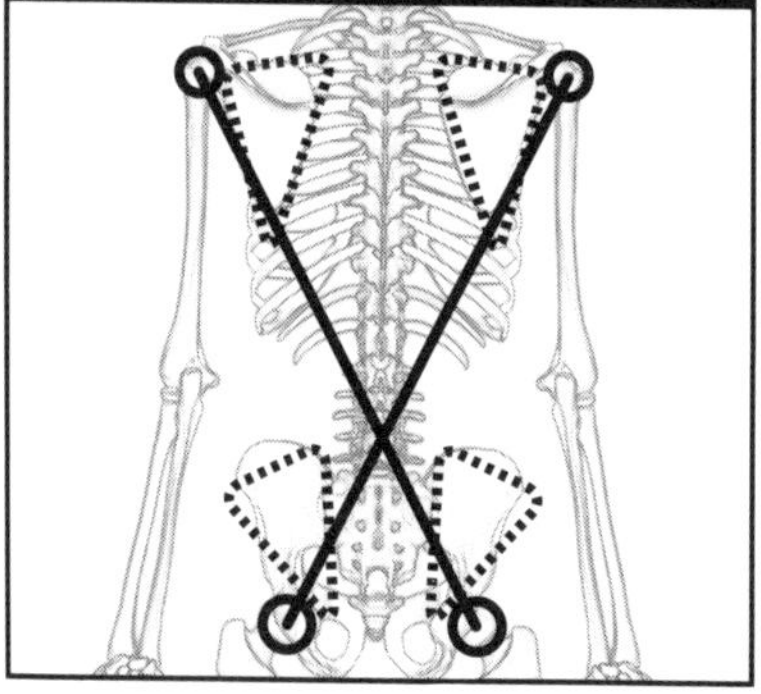

肩甲連動（上）／転腸連動（下）

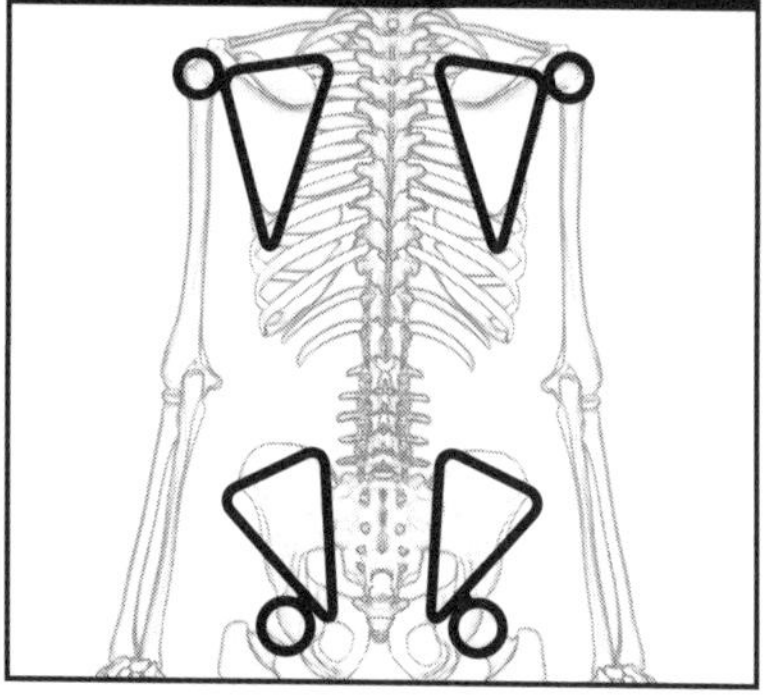

肩転連動（ストレート）

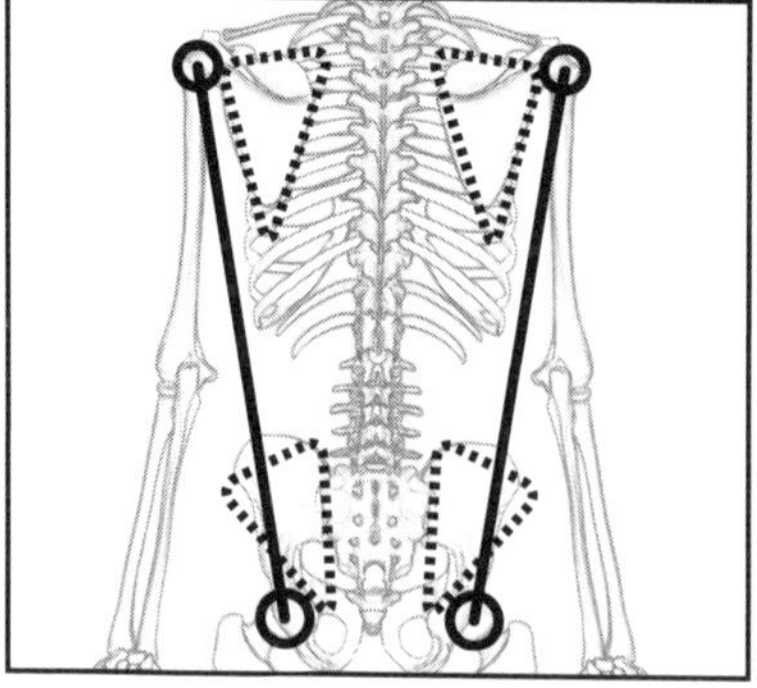

甲腸連動（クロス）

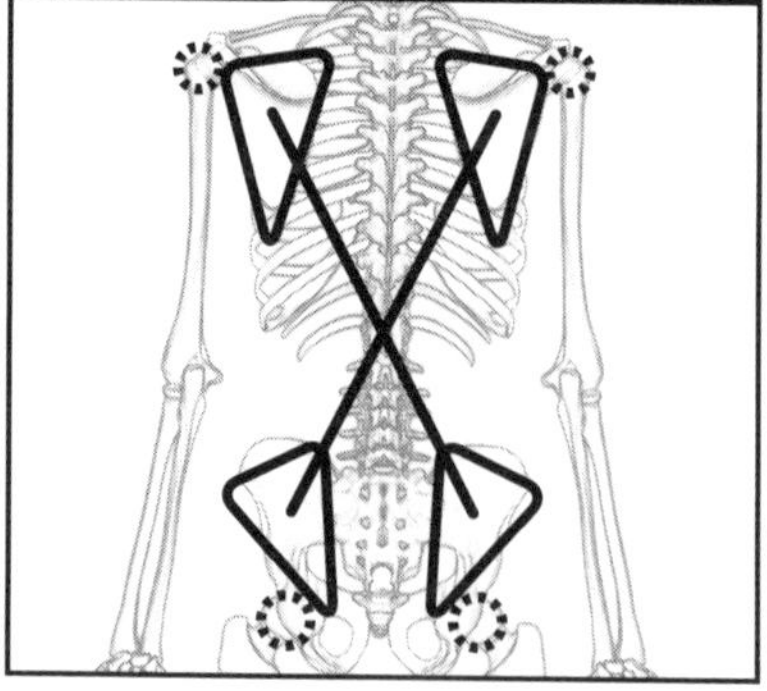

戸惑う可能性すら出てきます。

でも大丈夫です。落ち着いてください。それをあわてて全部やる必要はありません。

なぜなら、これまで語ってきた通り、それぞれを結びつける同調性と連動性があるので、極論すると、どこから取り組んでもらっても効果が得られるからです。

どこからはじめても、きちんとした正しいやり方で丁寧に、効果が身に付くように行う、必ずそこから同調性を通じて連動性が起きて、他の部分もよくなってくるのです。

右の肩関節中心から左右両方の股関節中心へ

実際に、肩関節を開発するトレーニングをやってみましょう。

まずは右の肩関節の一番端を左手で触ってください。もちろん地芯上空6000キロに乗って立ちます。

そして左手の親指と中指で、右の肩関節の一番端を前後に厚みを測るようにつかんでみてください。肩の厚みはだいたい4センチぐらいあるので、そのちょうど中点に人差し指を立ててみましょう。そこが肩関節の中心「肩支」です。

今度は中指を離して、人差し指のすぐ隣に移し、肩関節の縁の部分に中指を立てます。すると、上から人差し指が押さえて、中指はその縁の部分を並んで押さえた形になります。

その状態で「ここだよ、ここだよ、頼むよ、頼むよ」と肩に言いきかせるように、肩が痛くならない範囲で、強くこすり刺激を与えていきます。擦りながら解きほぐしていく、いわゆる擦解法です。左右方向の擦りと前後方向の擦りに分けて十分に擦解してください。

これをやっていくと、肩関節と肩甲骨周りの筋肉まで刺激されます。この後、腕振りをやっていただきますが、腕が鮮やかに肩甲骨から振れるようになっていてビックリするはずです。

2分ぐらい擦り続けたら、立ち上がって「その場歩き」をしてみてください。

どうでしょう。

右腕と左腕の振りやすさ、そして、肩の感じがまったく別モノだというのがよくわかるはずです。

さて、股関節の違いも感じてみてください。右の股関節と左の股関節、どちらが効いている感じがしますか?

これはクロスの同調性・連動性もあれば、ストレートの同調性・連動性もあるので、左右どちらの股関節が効いていても不思議ではありませんが、クロスの関係にある左の股関節のほうに、より強い効き目が表れている人が多いようです。もちろん個人差もありますが。

今度は左の肩関節もやってみましょう。まず右手の親指と中指を使って、肩の厚みを計って、その中央のところに人差し指を乗せる。ここが肩関節の中心なので、その外側、縁の部分に中指を乗せて、「ここだよ、ここだよ、頼むよ、頼むよ」と肩に言いきかせるように、痛くならない範囲で強めに擦っていきます。これも左右方向、前後方向と行ってください。

これをやることで、肩甲骨周りの筋肉まで活動性が高まってきます。また、ゆるんで活動性が高まることで、骨と筋肉の区別がはっきりしてきます。

数分間行ったら、また「その場歩き」をやってみましょう。

明らかに「肩支」だけでなく「転子」までもができてきたことが実感できるはずです。

バットやボールを持たなくてよいので、素振りやピッチング、あるいはサッカーのキックや卓球の素振りなど自分の種目の基本的な動きをして、「転子」を味わってみてください。

さらに中指突出手法を作って「転子」に指を当てて、「ペチャクチャ、ペチャクチャ」と揺すってみましょう。「転子」をさらにハッキリ、クッキリさせるのです。

そしてもう一度、「その場歩き」で確認します。またさらによくなっているはずです。

というわけで、肩関節の開発法をすると当然、「肩支」ができてきます。できてきたことで、「肩関節って、こんなに大事なんだ」ということが、実感いただけたと思います。

実際、腕の動きもすごくよくなり、肩関節周りの筋肉の可動性も高まって、とくにローテーターカフ（肩甲下筋、棘上筋、棘下筋、小円筋の筋群）の活動性は非常によくなります。

同時に「転子」も活性化します。人によっては、クロスの効果を強く感じる人もいるでしょうし、ストレートの効果を感じた人もいるでしょう。でもクロスとストレートの優劣を気にする必要はありません。まずは効果を実感できればＯＫです。本人の主観にかかわらず、実際には必ず左右どちらにも効果が出ているからです。

左右どちらかに肩関節の開発法を施しただけでも成果が得られるわけですが、左右両方やってみると当然、左右両方の股関節に好影響が現れます。「その場歩き」で比較しても、左右の股関節が、より一層効いていることが実感できたことでしょう。

「肩支」の開発は、これだけおいしい話なのです。

だからこそ私は、先に「肩甲骨本」を上梓しました。そして今度は、股関節の開発法についてじっくり解説する本書を手がけたわけです。

ひょっとすると、「何だよ、高岡英夫は肩甲骨が大事だと言っていたのに、今度は股関節が大事だって？　本当はどっちが大事なんだよ」と思う方もいるかもしれません。

しかし、人間の身体はうまくできていて、肩甲骨と股関節には「同調」「連動」という見事においしい関係性があるので、「肩甲骨が大事」「股関節が大事」と言っても、そこに矛盾はまったくありません。

このことを読者の皆さんにも、ぜひともわかってほしいのです。

このことがわかると、実に面白く、興味がさらにわいてきます。

「人間の身体って、そこまで見事にできているんだ」と。それほど人間の脳と身体というのは、素晴らしくできているのです。

四足動物時代に構築されたシステムが、人類にとって、これほど大きな財産を残してくれていたということを知ることができただけでうれしいことですし、感動さえでき、それが人間としての自分の生きる喜びと自信にさえなってくるのです。

やはり事実は、そして真理は知るべきなのです。

キレッキレの転子は腸骨を巨大な軍事力に変える

肩甲骨と股関節を鍛えて腸骨を開発

さて、本章の最後に「キレッキレの転子は腸骨を巨大な軍事力に変える」ということについて、記しておきましょう。

これは、どういう意味なのか。

腸骨をアスリートの強力な武器＝軍事力に変える一番のカギを握っているのは、転子（股関節）だということです。

転子は腸骨と直結している骨なので、転子を変えることが、腸骨を開発することの一番大きな原動力になるのです。

そこに「肩甲骨本」で紹介した「立甲」のトレーニングを加えると、四足動物時代に築いた同調性を利用して、さらに腸骨の開発が進みます。つまり、肩甲骨と股関節を鍛えることで、腸骨がダブルで軍事力化していくということです。

それを補強する形で肩関節を開発していくと、より腸骨に好影響が与えられます。肩関節は体幹の中で腸骨から一番離れた場所にありますが、一番遠いところにある腸骨の原動力が肩関節になるわけです。

肩関節のよいところは、何より刺激しやすくて、とても簡単にできるという点です。先ほど紹介した、「肩支開発法」は誰にだってできますし、遊びながら、テレビを見ながら、仲間とおしゃべりをしながらでもできるはずです。

そうした特性を活かして、暇さえあれば肩を刺激するようになると、どんな変化が生まれるのか。知らず知らずのうちに、肩も股関節もものすごくよくなります。できれば、クセになるのが理想です。

片手でスマホをいじりながら、もう片方の手は肩関節を刺激したり、転子を刺激したりを繰り返す。地芯上空……もさりげなく加えて、これが習慣化したら、強い選手になること間違いなしです。

テレビなどを見るときは、片手で肩を刺激し、もう片方の手の指先で転子（股関節）に当てて擦ることもできます。刺激を与える肩関節と転子の組み合わせは、ストレート、クロスどちらでもかまいません。左右、そして、ストレートとクロスを入れ替えながら、10分もやっていれば、肩支と転子がお互いに刺激しあって、すご〜い効果が得られます。

本書の読者の皆さんには、どうしてもここまでは知ってもらいたかったので、重ねて強調しておきます。

本書には、他にもたくさんの股関節の開発法を紹介してありますが、それらは甲腸連動を含め、股関節を最も強化する方法です。

たとえば、転子を指で押さえながら、かかとを軸に足先をクルクル回すメソッド（踵クルクル立位）がありますが、これは腸骨周りにある筋肉、外転筋系、梨状筋、双子筋、中臀筋などを使います。その一方で内転筋を使って、腸骨周りで逆作用する筋肉自体を働かせながら、股関節を刺激し、開発していく運動です。

つまり、スポーツのパワーの根幹、源になる部分を刺激できるということです。その分、ただ股関節に触れる以上に、腸骨を巨大な軍事力化するための基礎力になり得るのです。

したがって、先の肩関節を刺激するワークが、身体の電子制御のようなシステムを開発していくワークだとすると、実際に軍事力そのものである兵器を優秀化していくトレーニングが、「踵クル立位」のような、実際に腸骨周りの筋肉を使いながら開発していく方法となります。

次ページから、そうしたメソッドを厳選して紹介してありますので、実際にその効果を味わってみてください。

ただし、下半身に障害がある場合には、「スパイダー」は相当に負荷のかかるトレーニングなので、行わないようにしてください。また、「スライダー」「サイドジップ」「ストレートジップ」「Ｊスクワット転子刻み法」「転子四股」も行わないか、少しずつ低負荷ではじめ、安全が確認できた範囲で慎重にトレーニングを進めるようにしてください。

スライダー（筋力ポジション系）

――サイドスライダー／ロールスライダー

立位で行う体操です。サイドスライダー、ロールスライダーともに実際のスポーツに近い動きが鍛えられます。

サイドスライダーは基本的なメソッドで、どんな種目にも役立ちます。脚を横に大きく開いて立っているので、横方向に脚を開いて動いたり、力を出すようなスポーツに適しているのは当然のことながら、脚を前後方向に開いて使う走りや少しだけ横に開いて動き回るような、ほとんどのスポーツ種目で見られる動きにも意外なほどに役立ちます。

ロールスライダーは、サイドスライダーを鍛錬しつつ行うべき上級のメソッドですが、股関節に、より難しくキツい働きを要求するスポーツ動作に直結するトレーニング法です。たとえば、サッカーの体幹を深く回し込むようなインステップキックや、野球のピッチングの後片脚立ちにおける「股関節縦軸全周筋働」、卓球の股関節のキレで打つバックハンド、あるいは卓球界でもまだほとんど行われていない瞬間的に鋭い打球がバック以上に打てるフォアハンドなどにも応用できるものになっています。

いずれにしても転子を意識できるように突擦法を使い、美しいシルバーの地芯上空６０００キロに乗り、軸を垂直に立てて体幹を屹立させていくことが非常に重要です。

●サイドスライダー　その１　両脚転子突擦法

①背骨の直前に軸を通しつつ、体幹を垂直にし、腰割りの形をとります。腰割りの状態では、すねが必ず垂直（股関節周りが柔らかな人はすねが垂直よりさらに開くやり方もあります）になるようにしてください。
②両足のつま先は、正面からそれぞれ60 ～ 70 度程度開くようにします。
③両脚転子突擦法を行いながら、ゆっくりと体幹を右側へ５～ 10 秒で水平移動させます。
④右端まで来たら、しばらくその状態をキープし、ゆっくりと体幹を５～ 10 秒ほどかけて真ん中に戻します。左右の股関節を同じ高さの水平に保ち、軸を垂直にキープしたまま行います。左右交互に何度か同じ動きを同じ時間をかけて繰り返します。
⑤この方法は、左右の股関節の高さを水平に揃えることがポイントです。どちらかの股関節がもう一方の股関節より高くなったり低くなったりしないように気を付けてください。また、水平移動させているときに軸が傾いてしまうのもＮＧです。

●サイドスライダー　その２　両脚筋肉擦法

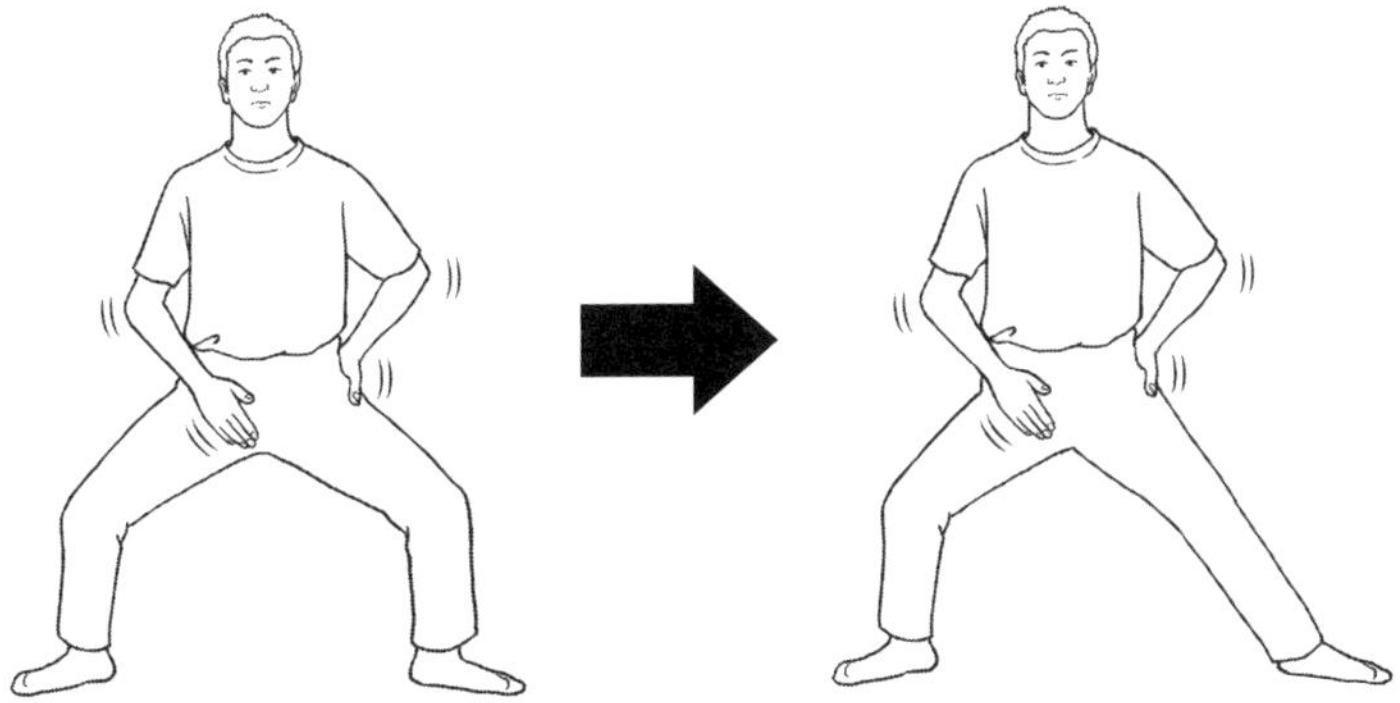

両脚筋肉擦法を行いながら、その１・両脚転子突擦法と同じ動きを繰り返します。

●サイドスライダー　その3　片手筋肉擦法＋片手転子突擦法

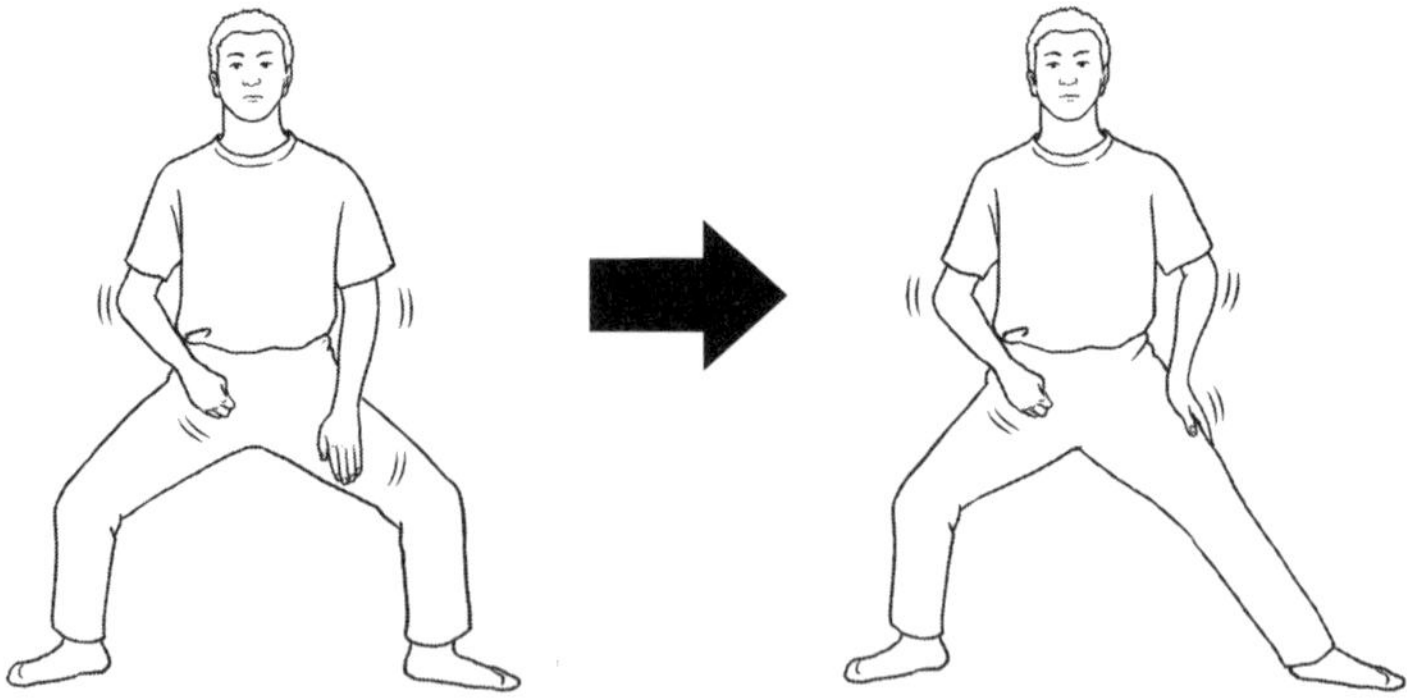

①右手で転子突擦法を、左手で筋肉擦法を行いながら、その1·両脚転子突擦法、その2·両脚筋肉擦法と同じ動きを繰り返します。
②今度は手を逆にして、同じ動きを繰り返します。

●ロールスライダー　その1　両脚転子突擦法・転子縦軸横たたみ法

上からのアングル

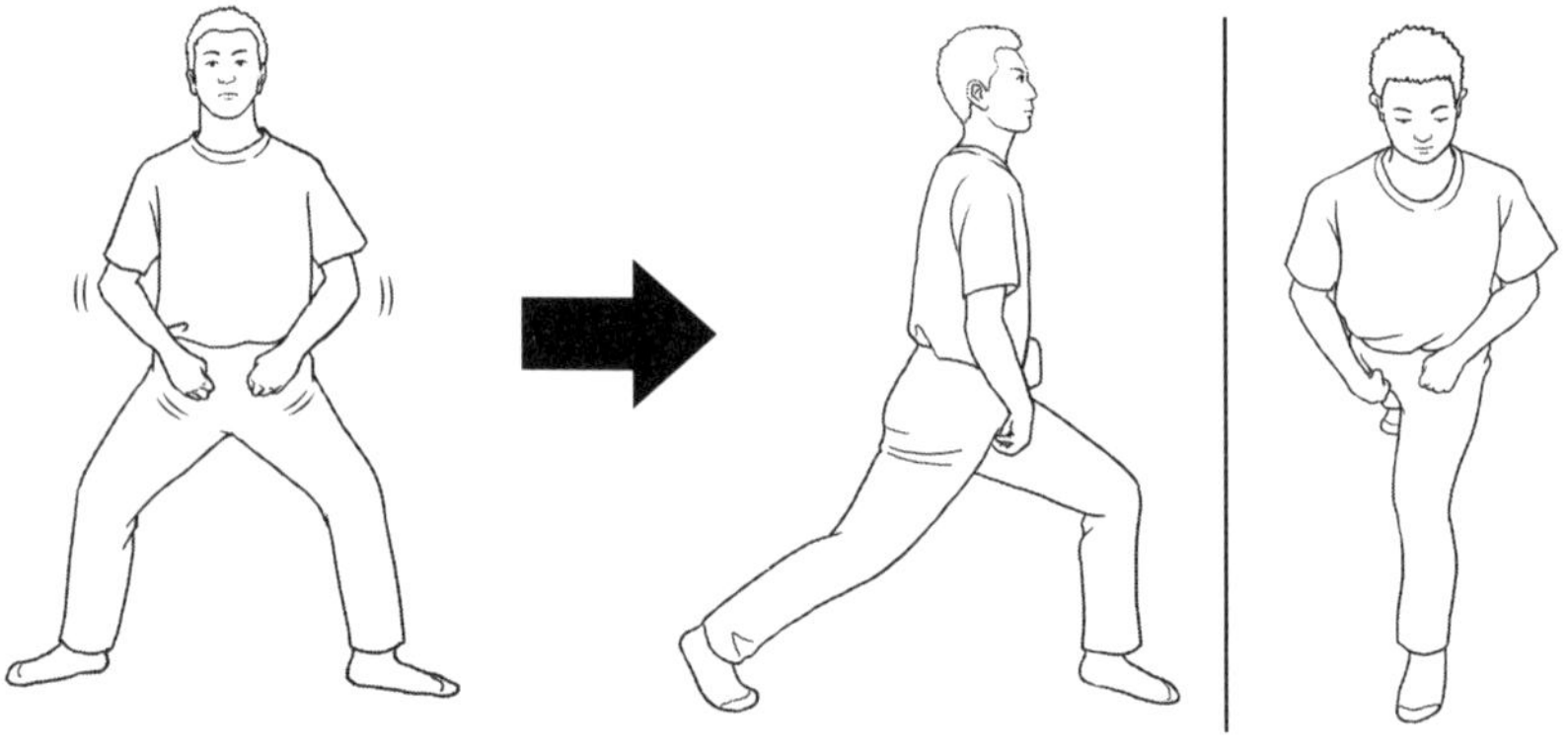

①背骨の直前に軸を通しつつ、体幹を垂直にし、腰割りの形をとります。腰割りの状態では、すねが必ず垂直（股関節が柔らかな人はすねが垂直よりさらに開くやり方もあります）になるようにしてください。前3つの方法よりも足幅をやや狭くして立ちます。
②両足のつま先は、正面からそれぞれ60～70度程度開くようにします。
③両脚転子突擦法を行いながら、左転子縦軸（左転子に上下に垂直に通した軸）と右足の人趾球（運動科学で人差し指の付け根の関節のこと）を中心にして、ゆっくりと体幹を左110～130度方向に5～10秒ほどかけて深く軸回転させていきます。
④体幹を左110～130度方向に向けたら、さらに深く転子突擦法を行いながらしばらくその状態をキープし、ゆっくりと体幹を5～10秒ほどかけて正面に戻します。左右の股関節を同じ高さの水平に保ち、軸を垂直にキープしたまま行います。左右交互に何度か同じ動きを同じ時間をかけて繰り返します。

●ロールスライダー　その2　両脚転子突擦法・転子横軸縦たたみ法

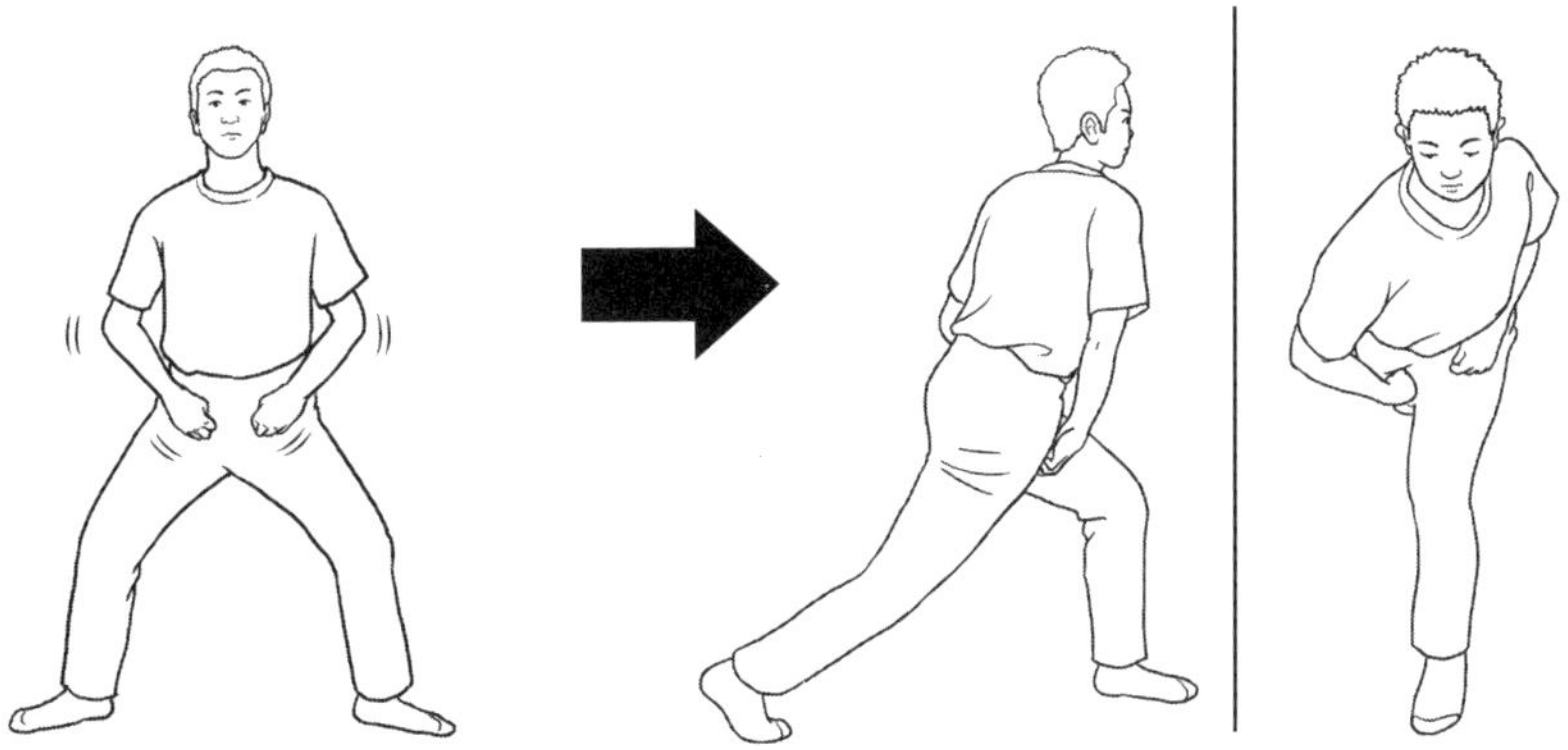

①前述の両脚転子突擦法・転子縦軸横たたみ法と同じように両脚転子突擦法を行いながら、左転子縦軸と右足の人趾球を中心にして、ゆっくりと体幹を左 110 ～ 130 度方向に5～ 10 秒ほどかけて深く軸回転させていきます。左右の股関節を同じ高さの水平に保ち、軸を垂直にキープしたまま行います。
②体幹を左 110 ～ 130 度方向に向けたら、体幹を左転子を中心にさらに捻るようにしながらまっすぐ前方（左 110 ～ 130 度方向）に5～ 10 秒ほどかけて左転子横軸（左転子に左右に水平に通した軸）を中心に前下方にたたむように深く前傾させていきます。そのとき体幹は丸めず、顔は起こして、真っ直ぐ前方を見るようにします。左脚のすねは垂直状態をキープします。
③さらに深く転子突擦法を行いながら、しばらくその状態をキープし、前下方にたたんでいた体幹を5～ 10 秒ほどかけてゆっくりと垂直に戻した後、さらに5～ 10 秒ほどかけて体幹の向きを正面に戻します。左右交互に何度か同じ動きを同じ時間をかけて繰り返します。

スパイダー（筋力ストレッチ系）

――サイドスパイダー

蹲踞《そんきょ》位で行う体操です。以下は、この体操に共通する動作です。

①美しいシルバーの地芯上空６０００キロに乗ってＮＰＳで立ちます。立ち上がるセンターが自分の身体を抜け、天へ抜けていくのを感じます。

②徐々に脚を広げながら腰を深く落として、蹲踞のような姿勢（しゃがみ姿勢）をとります。

③腰を落としたまま、腰と体幹を左右交互に片方向にゆっくり4～5秒ほどかけて移動させます。左に移動したときは左脚が屈曲、右脚が伸展し、次に右に移動したときは右脚が屈曲、左脚が伸展します。1往復で8～10秒をかけます。

④左右交互に何度か同じ動きを同じ時間をかけて繰り返します。

⑤かかとは多少浮いてＯＫです。

⑥自分の筋力と相談しながら、余裕を持って楽にスムーズにできるようになってきたら、段々に体幹をセンターに沿うように屹立させていきましょう。

●サイドスパイダー　その１　片手補助腕＋片手筋肉擦法

片手を補助腕にして、反対の手で筋肉擦法をしながら行う方法です。補助腕を使うことで脱力を進め、転子周りにすき間を作る効果が増します。
左に移動したときは左の太ももの上に左腕を乗せ、右に移動したときは右の太ももの上に右腕を乗せることで、自分の体重を支えます。
このトレーニングの狙いは、あくまで股関節の開発なので、筋力のない人が高い負荷で行うと力んでしまいがちです。力んでしまうと、このトレーニングの効果がなくなってしまうので、補助腕で支えてやることによって股関節の力を抜きやすくすることができます。
楽にスムーズにできるようになってきたら、段々と体幹をセンターに沿って垂直に立て、補助腕を使わないようにしていきます。

●サイドスパイダー　その２　片手補助腕＋片手転子突擦法

片手を補助腕にして、反対の手で転子を突擦しながら行う方法です。補助腕を使うことで脱力を進め、転子のキレを高める効果が増します。
補助腕のやり方は、その１・片手補助腕＋片手筋肉擦法と同じです。
楽にスムーズにできるようになってきたら、段々と体幹をセンターに沿って垂直に立て、補助腕を使わないようにしていきます。

サイドジップ（ジャンプステップリズム系）

——ダブル

立位で行う体操です。以下は、この体操に共通する動作です。

①美しいシルバーの地芯上空６０００キロに乗ってＮＰＳで立ちます。立ち上がるセンターが自分の身体を抜け、天へ抜けていくのを感じます。

②地面に一定幅（※身長の60パーセントほどが適切な幅ですが、集団で行う場合は平均身長の60パーセント前後で行ってください）の２本の線を引き、それを目安にしながら左↓右↓左↓右と足を交互にステップを踏むようにリズミカルに動かしていきます。

③大きく分けて、「中央切り返し」と「外脚使い」の２種類の方法がありますが、両方とも使えるのが理想です。まずは、地芯から立ち上がるセンターがより使いやすい、基本的な中央切り返しができるようになってから、外脚使いに進むというのがおススメです。

④動きは反復横跳びに似ていますが、かなり異なる運動です。自分の鍛錬になるように行ってください。正しく地芯に乗って行えると身体に浮き身がかかり、あたかも床を滑るように行えるようになります。

⑤軸が左右交互に振子状に動き、斜めになる場合も体幹が崩れないように行うことが大切です。

●サイドジップ・ダブル　その１　中央切り返し　＋両脚転子突擦法

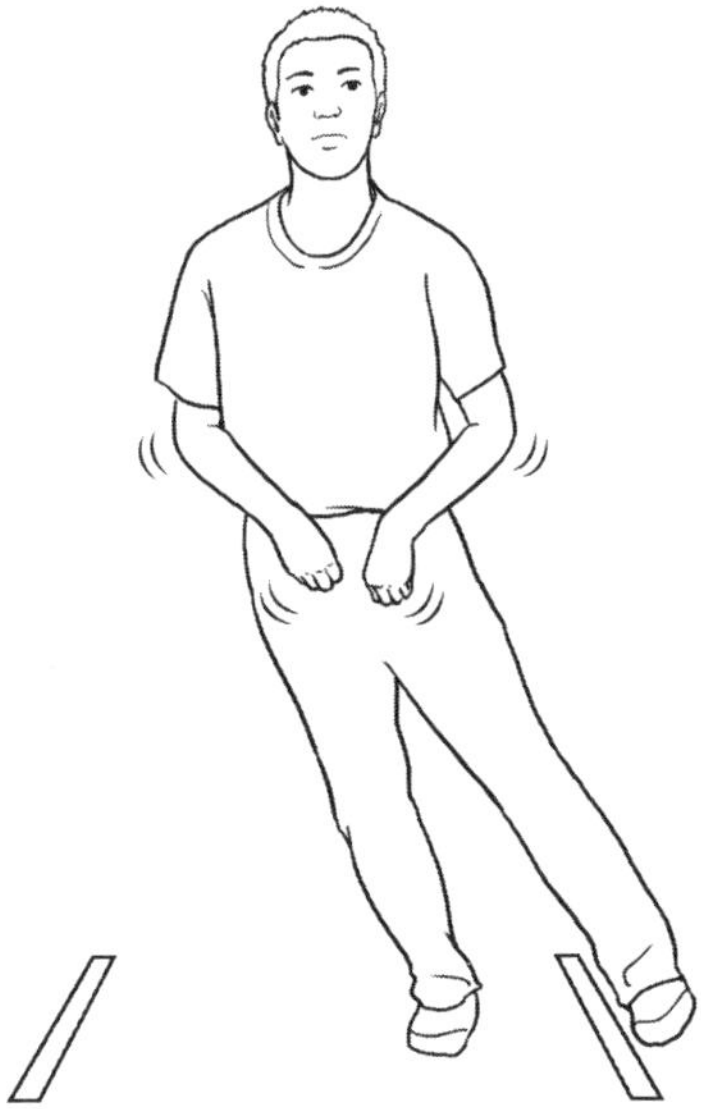

両脚の転子を中指突出手法で突擦しながら、中央切り返しで行う方法です。転子のキレが増し、中央切り返しがさらに滑らかになります。

自分のセンターで転子を動かす感じで行います。あまり重心を動かさずに、軽やかに行うのがポイント。重心はあまり下げ過ぎないように行ってください。このトレーニングに限りませんが、前ページの①を強く意識してください。

●サイドジップ・ダブル　その２　外脚使い　＋両脚筋肉擦法

両脚の筋肉擦法を行いながら、外脚使いで行う方法です。無駄な力みが起こりやすい外脚使いで脱力が進み動きが楽にしなやかになります。

接地離地を速くすることがポイントです。接地とは足が地面に着いてから きちんと体重が床に乗るまでの間、離地とはきちんと乗っている体重が完全に抜けるまでの間のことです。この接地離地の速さが、スポーツの動きの能力において最も基本となります。

●サイドジップ・ダブル　その３　外脚使い
＋両脚転子突擦法

両脚の転子突擦法を中指突出手法で行いながら、外脚使いで行う方法です。脱力が進み、転子のキレが増し、動きに滑らかさとキレが出てきます。

ストレートジップ（ジャンプスステップリズム系）
――ダブル

立位で行う体操です。

①美しいシルバーの地芯上空6000キロに乗ってNPSで立ちます。立ち上がるセンターが自分の身体を抜け、天へ抜けていくのを感じます。

②サイドジップと同じように、地面に一定幅の2本の線を引き、今度はその線が身体の正面と真後ろに来るように身体の向きを変えます。線を目安にしながら、前↓後↓前↓後と足を交互にステップを踏むように、リズミカルに動かしていきます。サイドジップに比べて難しいので、焦らずに取り組みましょう。

③足はできるだけ、身体の正面に真っ直ぐステップを踏み、正面に足を置くようにします。

④サイドステップ同様、中央切り返しと外脚使いがあります。

●ストレートジップ・ダブル

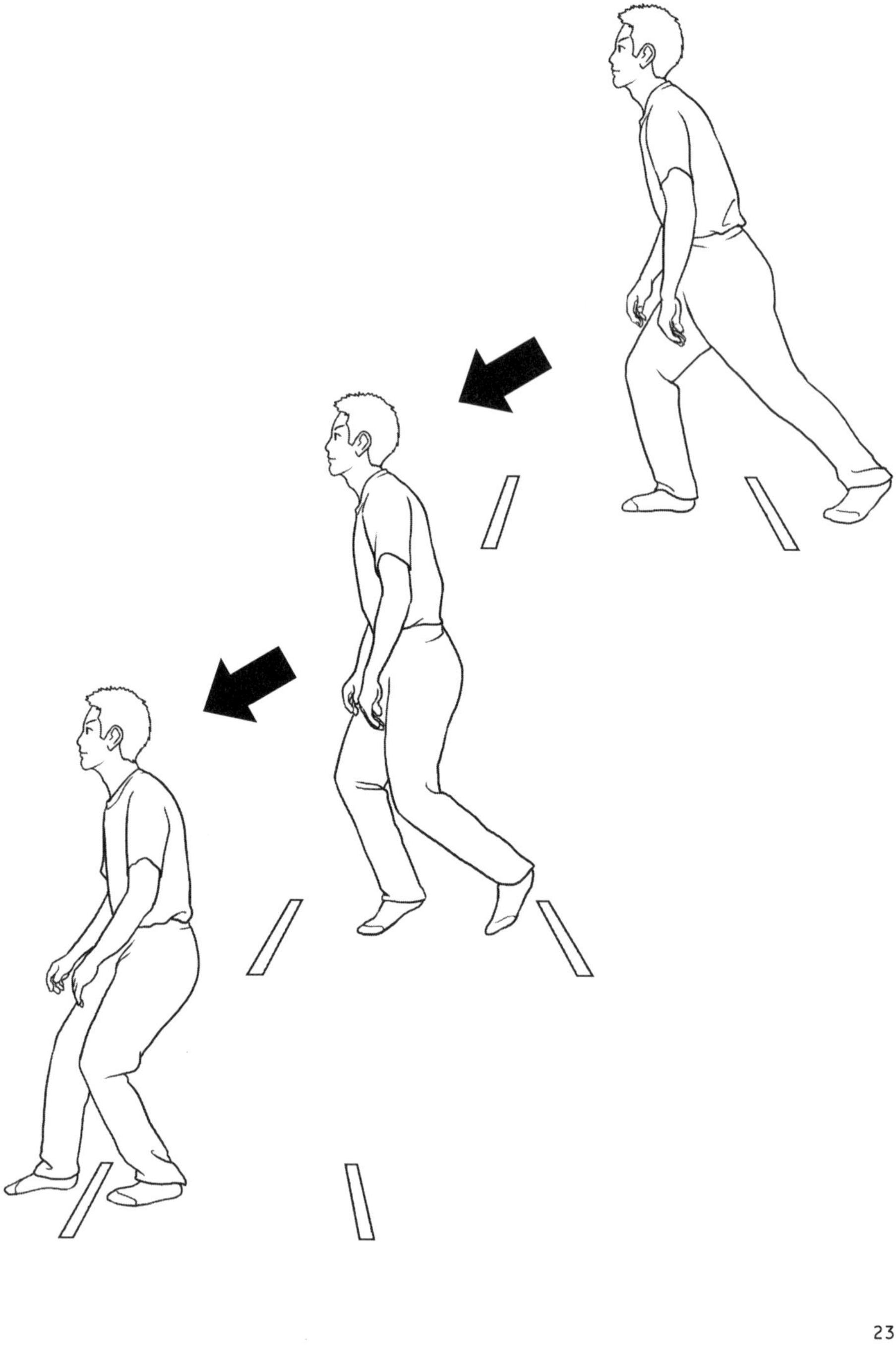

キレッキレ伝統派筋力ポジショニング系

——1.Jポジション（腰割り）

立位で行う体操です。「美しいシルバーの地芯上空6000キロに乗って立つ。立ち上がるセンター（軸）が自分の身体を抜け、天へ抜けていくのを感じる」。これは、この項目で紹介する、すべての体操に共通します。どの方法も、とにかくやればやるほどセンターが垂直に屹立するように行うことが大切です。

本書中のすべてのメソッドと同じく、このJポジションでも、最も重要なことは、いかにセンターが屹立し、股関節周りが脱力し、股関節が周りの組織から明確に区別されるか、股関節の中心が周りのすべての組織をクッキリとリードできるか、です。

●優れた腰割りのイメージ

相撲の伝統の中で大切に育てられてきた股関節と肩甲骨の同時開発メソッド。

●Jポジション　その1　両脚筋肉擦法

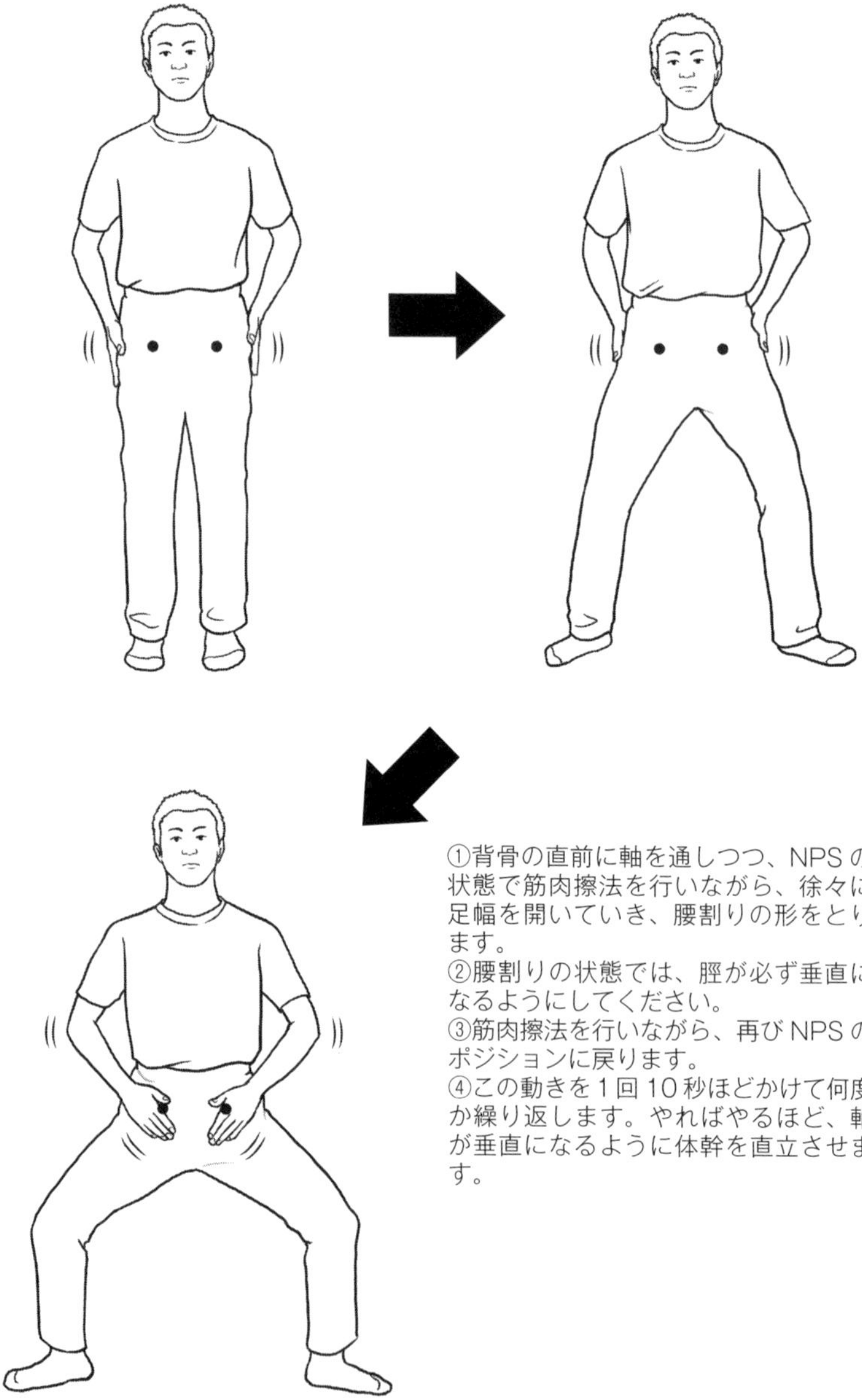

①背骨の直前に軸を通しつつ、NPSの状態で筋肉擦法を行いながら、徐々に足幅を開いていき、腰割りの形をとります。
②腰割りの状態では、脛が必ず垂直になるようにしてください。
③筋肉擦法を行いながら、再びNPSのポジションに戻ります。
④この動きを1回10秒ほどかけて何度か繰り返します。やればやるほど、軸が垂直になるように体幹を直立させます。

●Jポジション　その2　両脚転子突擦法

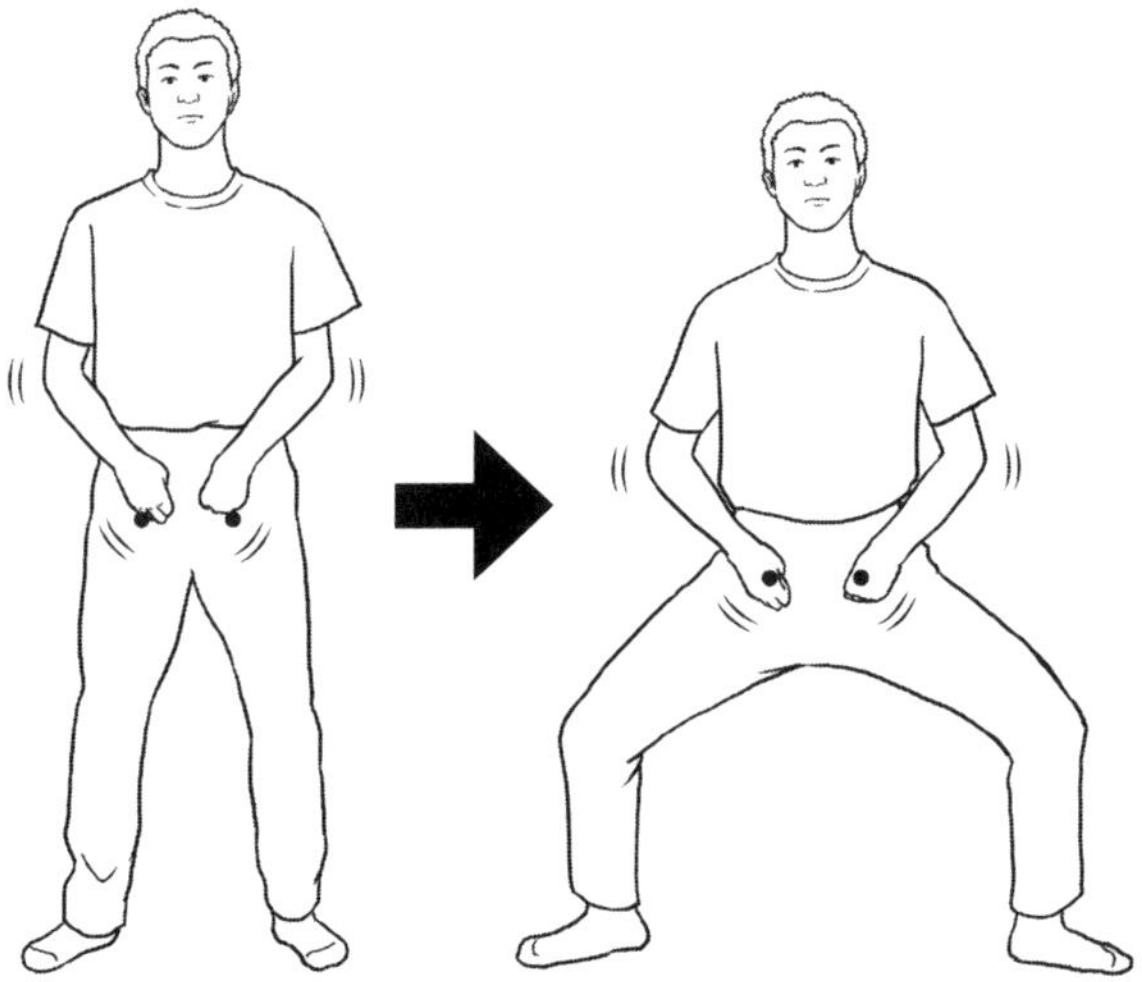

両脚転子突擦法を行いながら、その1・両脚筋肉擦法と同じ動きを繰り返します。

●Jポジション　その3　片手筋肉擦法＋片手転子突擦法

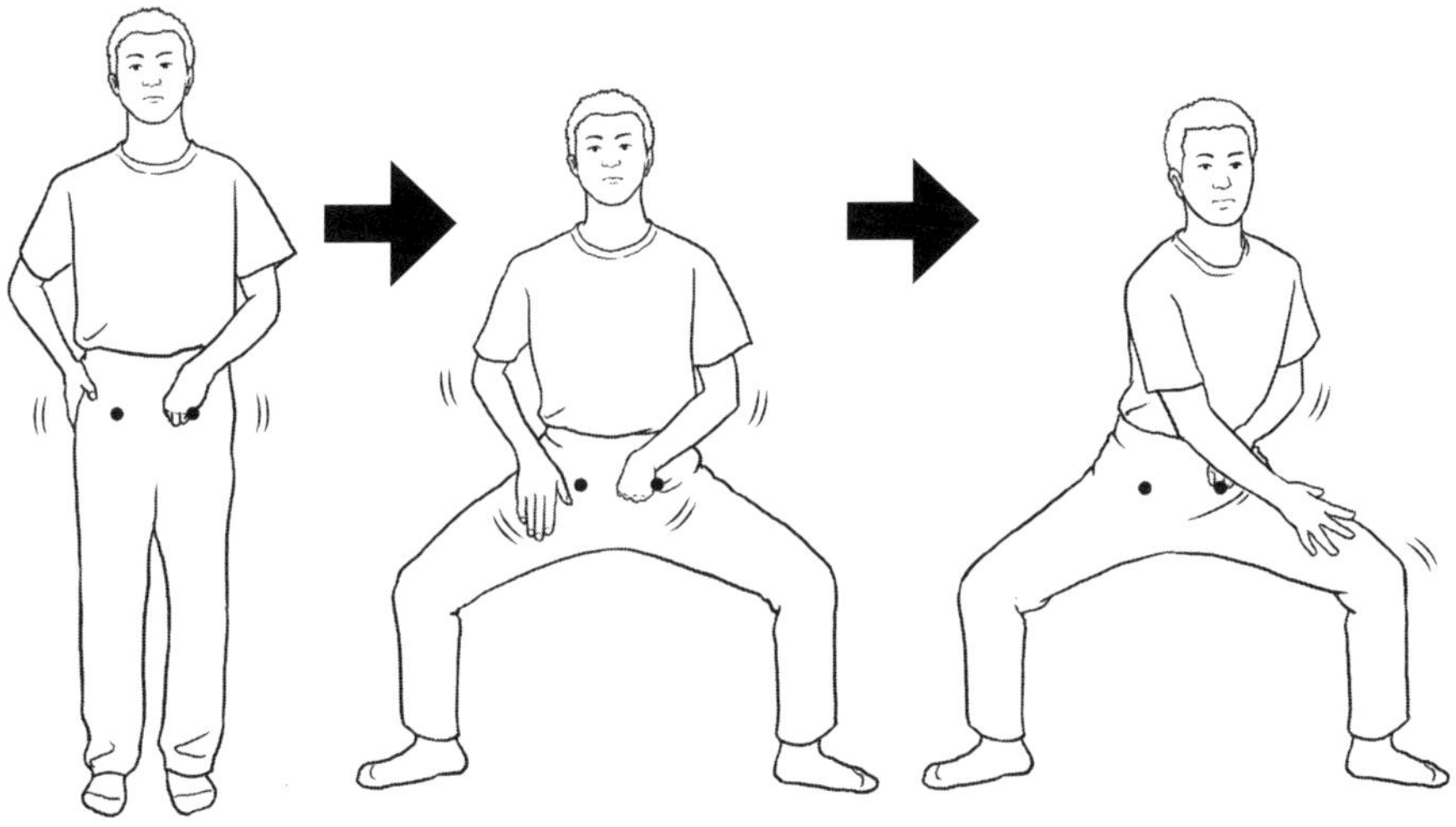

①右手で筋肉擦法を、左手で転子突擦法を行いながら、その1・両脚筋肉擦法、その2・両脚転子突擦法と同じ動きを繰り返します。
②筋肉擦法は同じ手の側の脚だけでなく、反対側の脚も擦るようにします。
③手を逆にして、同じ動きを繰り返します。

キレッキレ伝統派筋力ポジショニング系

——2.Jスクワット転子刻み法

立位で行う体操です。

このJスクワット転子刻み法は正確に行うと、転子が恐ろしいほどキレッキレに開発されるので、ぜひ丁寧に行ってください。慌てて不正確に行うと筋力だけがつき、転子は鈍くなってしまうので、とくに注意してください。

また、「美しいシルバーの地芯上空6000キロに乗ってNPSで立つ。立ち上がるセンターが自分の身体を抜け、天へ抜けていくのを感じる」のは、この項目で紹介する、すべての体操に共通します。

どの方法も、とにかくやればやるほどセンターが屹立するように行うことが大切です。

●Jスクワット転子刻み法　その1　両脚筋肉擦法

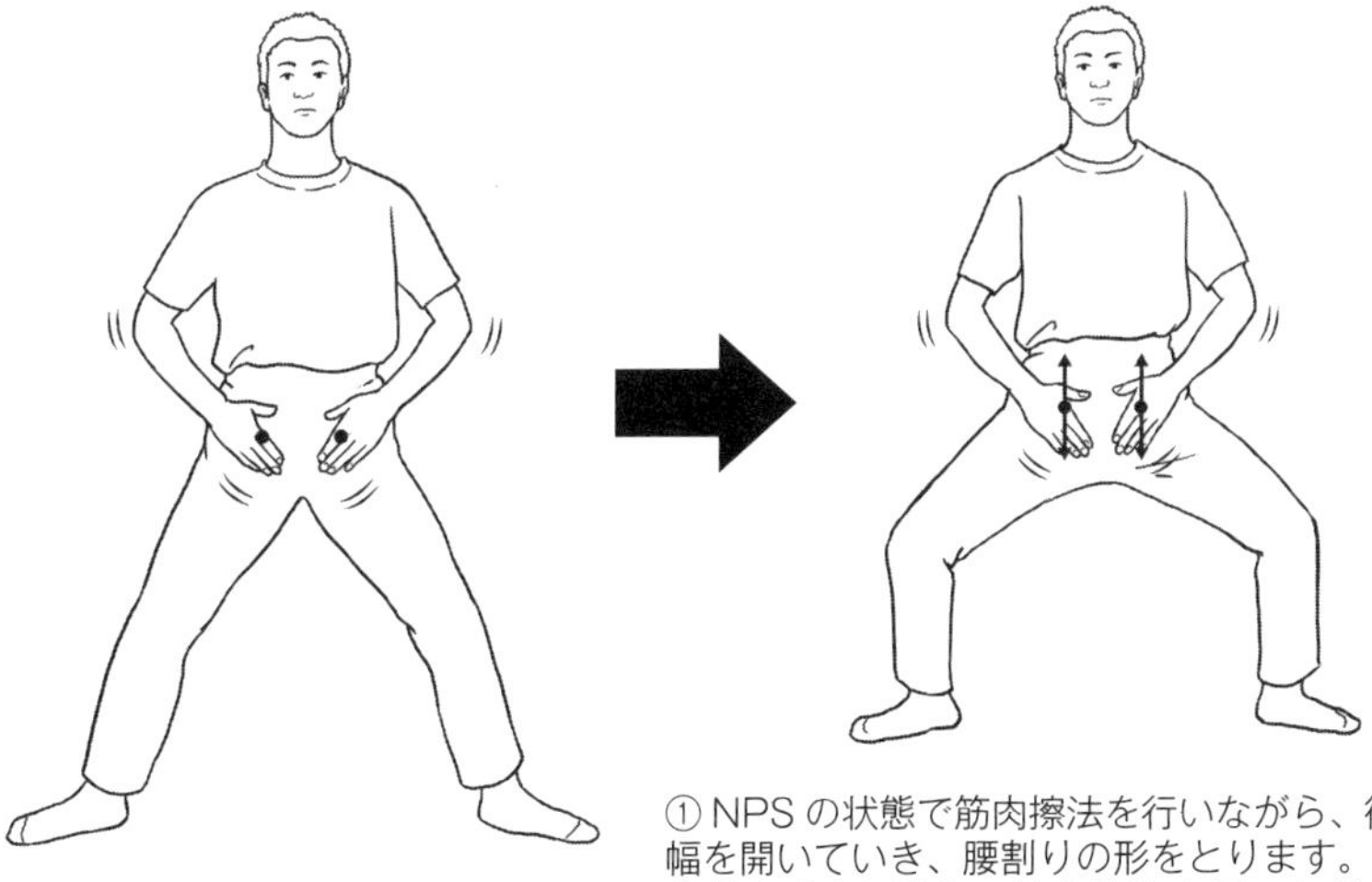

①NPSの状態で筋肉擦法を行いながら、徐々に足幅を開いていき、腰割りの形をとります。
②軸を垂直に通して筋肉擦法を行いながら、腰割りの状態で両転子を1cmのストロークで上下することからはじめます。1回ごとに1cmずつストロークを増やし、10回目で10cmになるようにスクワット運動を行います。
③次に10cmのストロークから1cmずつストロークを減らし、10回目で1cmにして終了です。

●Jスクワット転子刻み法　その2　両脚転子突擦法

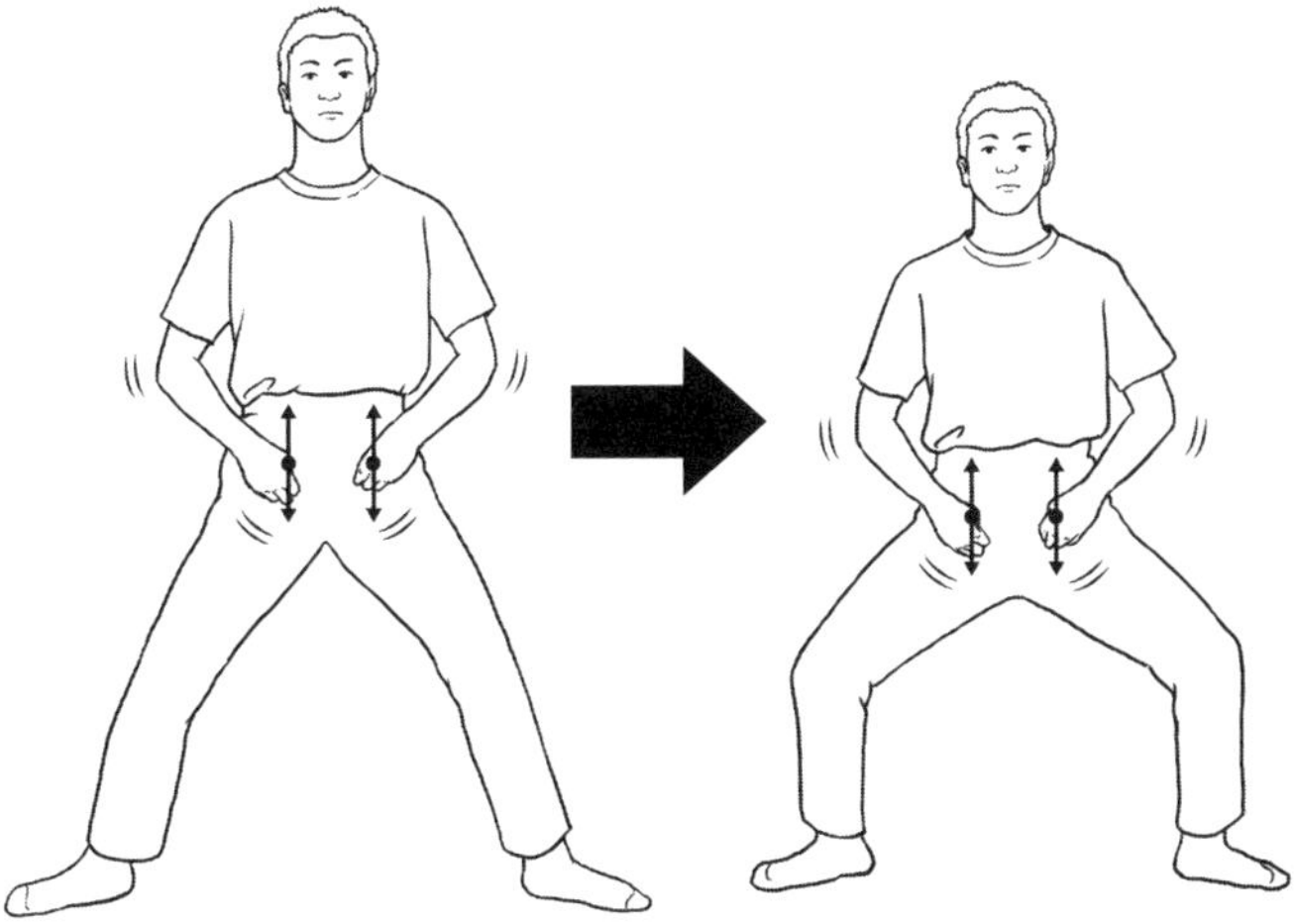

軸を垂直に通し、両脚転子突擦法を行いながら、その1・両脚筋肉擦法と同じことを行います。

●Jスクワット転子刻み法　その3　片手筋肉擦法
＋片手転子突擦法

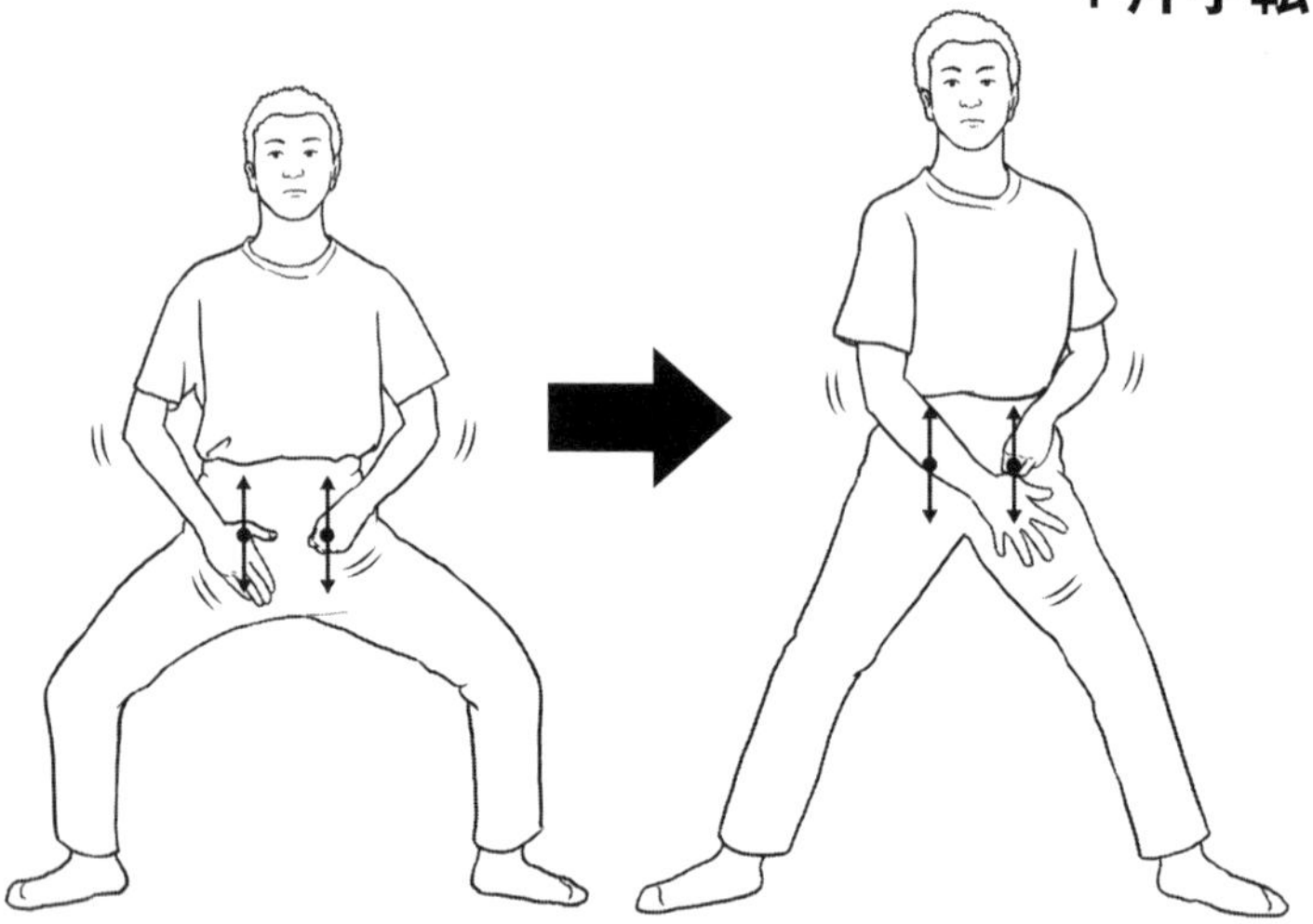

①軸を垂直に通して右手で筋肉擦法を行い、左手で転子突擦法を行いながら、その1・両脚筋肉擦法、その2・両脚転子突擦法と同じ動きを行います。
②手を逆にして、同じことを行います。

キレッキレ伝統派筋力ポジショニング系

――3．転子四股

立位で行う体操です。

転子四股は正確に行うことで、相撲だけでなく野球、テニス、バスケットボール、サッカー、レスリングなど多くの種目に役立ちます。しかし慌てて不正確に行うと、バランス能力が悪く、使えない鈍い下半身ができるだけなので、とくに注意してください。

また、「美しいシルバーの地芯上空6000キロに乗って立つ。立ち上がるセンターが自分の身体を抜け、天へ抜けていくのを感じる」のは、この項目で紹介する、すべての体操に共通します。どの方法で行う場合も、美しいシルバーの地芯上空6000キロに乗り、気持ちよく脱力感をもって行うことが決定的に大切です。体幹が斜めになるところでは、センターは体幹と交叉しながら自分の身体を抜けていきます。美しいシルバーの地芯上空6000キロに乗って片方の軸脚一本でストーンと軸脚が屹立して立っている感覚が大切です。

●転子四股　その１　腕補助

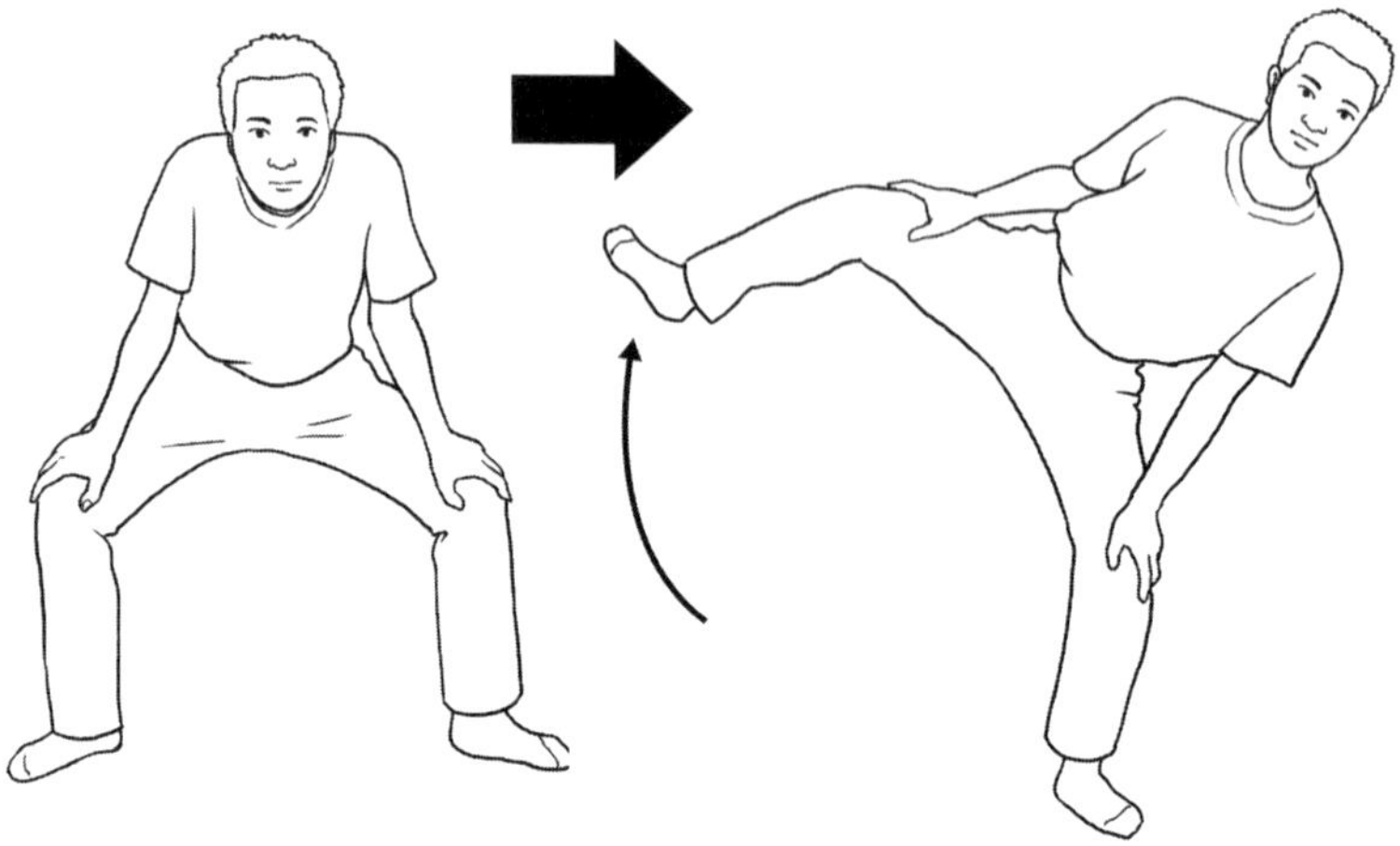

①腰を落として、腰割り姿勢で手を太ももの膝上あたりに乗せます。その状態で四股を行います。まずは右側の脚を上げ、上げた脚を腕で支えながら、その姿勢をある程度キープした後に、上げた右足を降ろし地面を踏み込みます。
②顔と身体は起こした状態で行います。

●転子四股　その２　両脚筋肉擦法

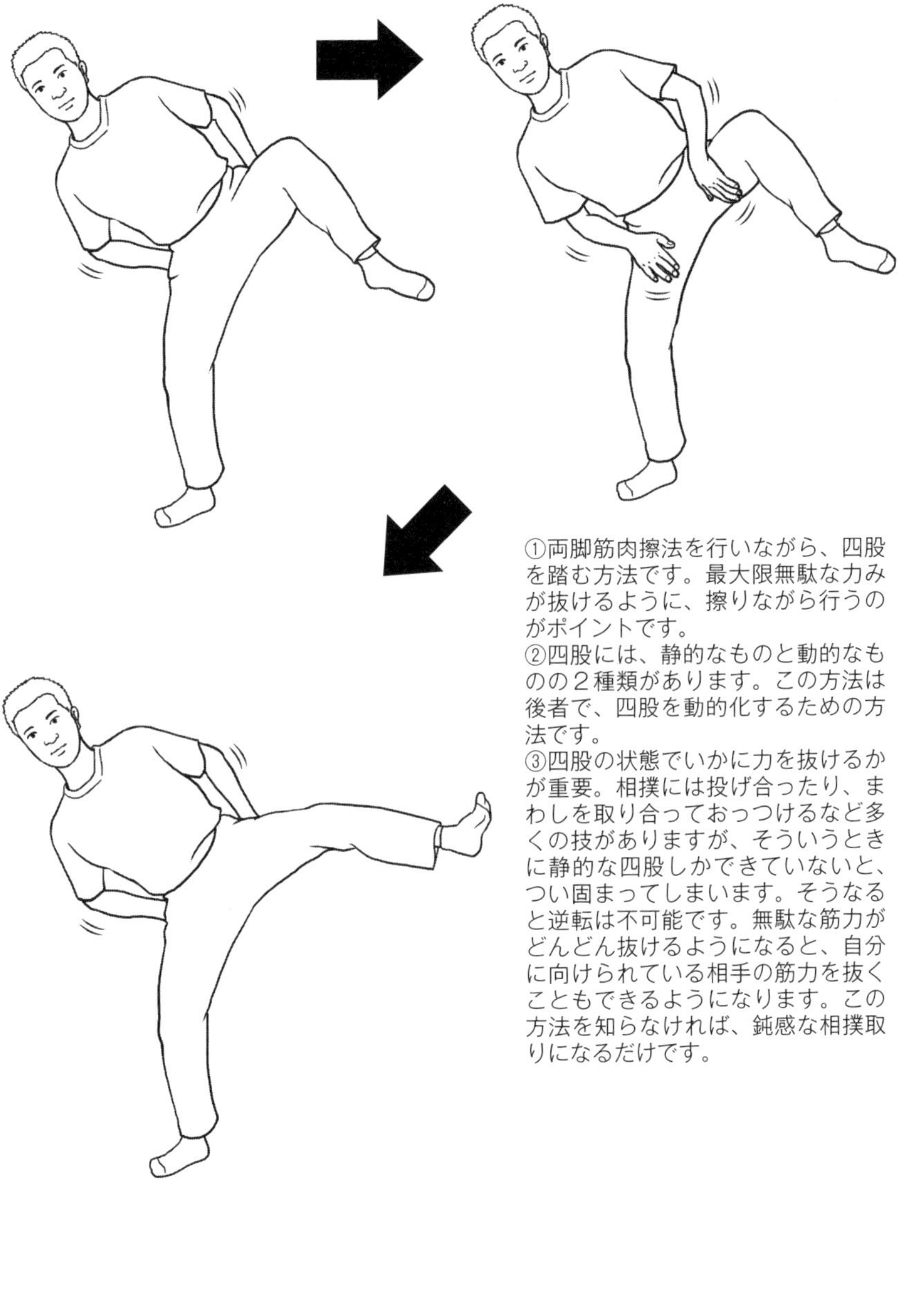

①両脚筋肉擦法を行いながら、四股を踏む方法です。最大限無駄な力みが抜けるように、擦りながら行うのがポイントです。
②四股には、静的なものと動的なものの２種類があります。この方法は後者で、四股を動的化するための方法です。
③四股の状態でいかに力を抜けるかが重要。相撲には投げ合ったり、まわしを取り合っておっつけるなど多くの技がありますが、そういうときに静的な四股しかできていないと、つい固まってしまいます。そうなると逆転は不可能です。無駄な筋力がどんどん抜けるようになると、自分に向けられている相手の筋力を抜くこともできるようになります。この方法を知らなければ、鈍感な相撲取りになるだけです。

●転子四股　その3　両脚転子突擦法

両脚転子突擦法を行いながら、四股を踏む方法です。

●転子四股　その４　軸足突擦法＋筋肉擦法

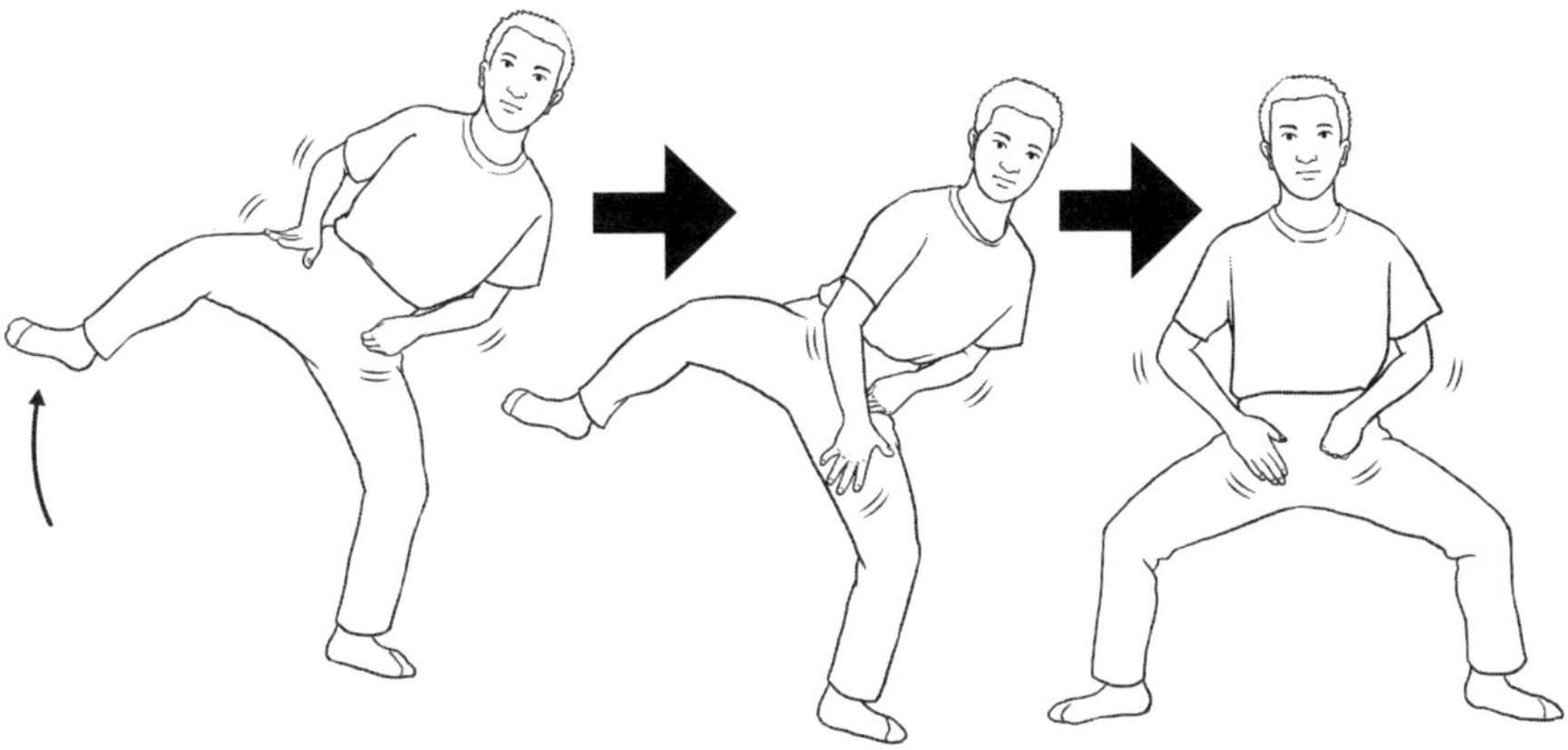

軸足の股関節に対して同じ側の手で突擦法を行い、反対側の手で筋肉擦法を行う方法です。

●転子四股　その５　浮き足突擦法＋筋肉擦法

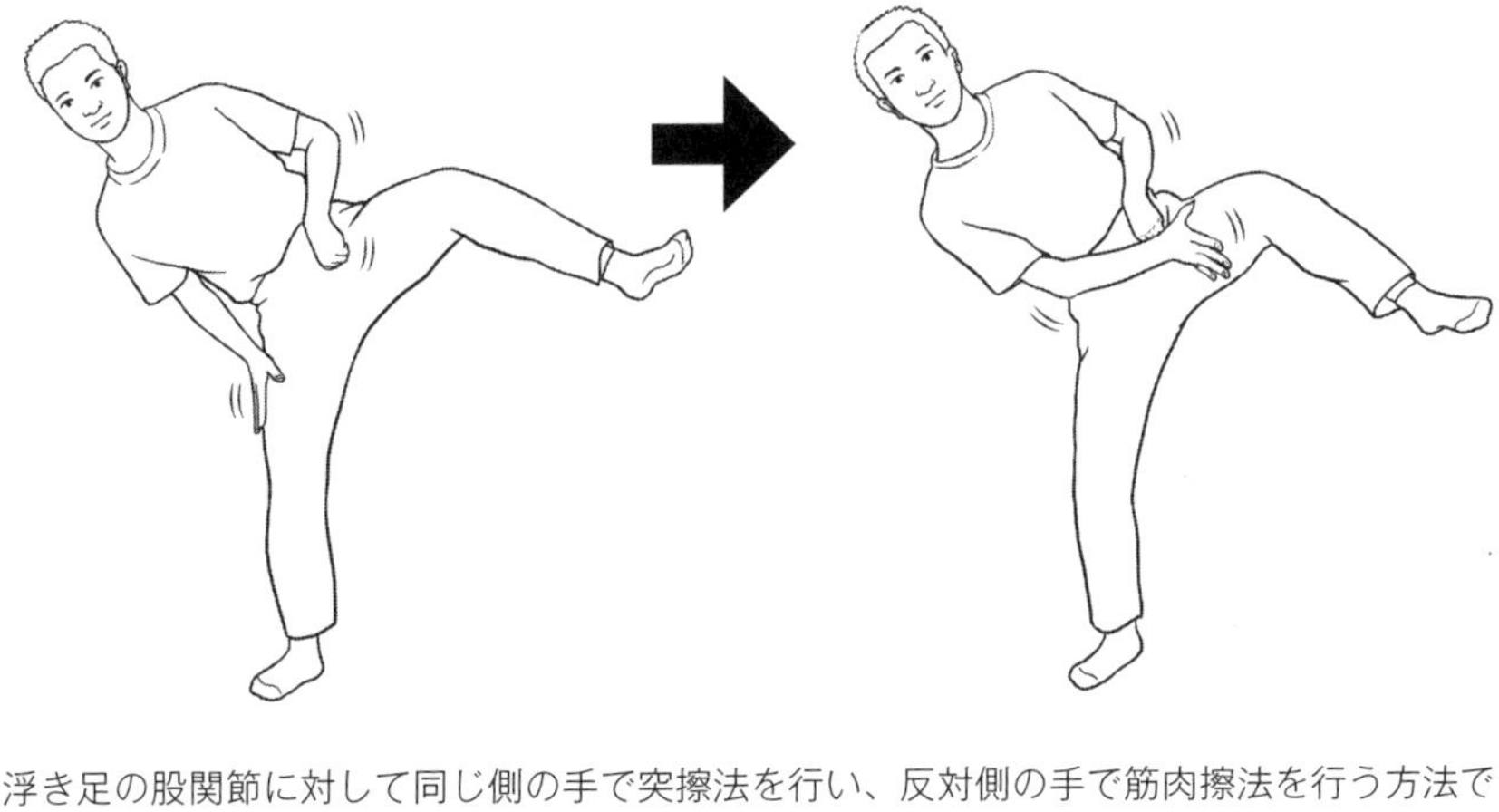

浮き足の股関節に対して同じ側の手で突擦法を行い、反対側の手で筋肉擦法を行う方法です。

おわりに

日本のスポーツ界で歴史上最も股関節の開発度が高い選手、アスリートは、一体誰だと思われますか。野球では金田正一とイチロー、サッカーでは日本人ではありませんがイニエスタ、そして相撲では双葉山といったところでしょうか。ここではイニエスタとイチローについてお話しし、金田については本文で扱わせていただいているという理由で、また双葉山については戦前の大変古い時代の力士という理由で、ここでは触れないことにします。

まずは、イニエスタについてお話しします。日本のサッカー界は、彼にとてつもない注意力をもって注目しなければなりません。なぜかと言いますと、あの体格とあの筋量の少なさ、つまり外見的にはアスリートらしい強さ、逞しさがほとんど感じられない細い身体で、なぜヨーロッパサッカー界の最高峰に長いこと君臨し、30代半ばになっても衰えを見せない、あの洗練された鮮やかな動きを維持できているのか。身体資源をコストと考え、能力、成績というものをパフォーマンスと考えるならば、彼のあの異常ともいえるコストパフォーマンスの高さに誰もが驚いてよいはずだからです。

日本人選手でも彼くらいの体格、筋量を持っている選手はあり余るほどいます。しかしながら、イニエスタクラスのパフォーマンスに達した日本人選手は、残念なことに一人もいません。実はイニエスタは、股関節周りが見事に脱力し、股関節が周りの組織から明確に区別されている、つまり彼の脳が、股関節の中心がどこにあり、そして周りのすべての筋肉や骨格との関係の中でどう使い、周りの組織をどのようにリードしていけばいいのかということを、見事なほどまでにわかっているということです。まさに見事な「股関節脳」を、イニエスタは持っているということです。

日本のサッカー選手たちは、実際に多くの努力を積んできているのですが、残念なことに彼らは、股関節がどれほどの高い開発可能性を持ち、何を、どのように考え、トレーニングをしていけばその開発を最大化できるのか、その最高情報つまりは「股関節脳」について、まったく知らされてこなかったのです。

次に、イチローの話をします。イチローは、50歳になるまで現役選手を続けると宣言していました。諸々の事情があると思うのですが、「股関節という観点からのみ話をすると、「股関節脳」が衰えたということが、彼の予測もしくは計画に反して引退年齢が大幅に早まったことの、身体側の理由のひとつとして挙げられるでしょう。

最盛期の彼は、股関節と、周りの筋肉組織、骨格との組織分化ということに徹底的に執着し、こだわり開発してきた選手です。皆さんも覚えていらっしゃるでしょうが、特徴的なウォーミングアップとして、相撲の股割りに当たるもの、つまり本書で取り上げた「Jポジション」ですが、それでもって体幹を捻り動かし、それもただ体幹を捻り動かしているということではなく、実は股関節（と同時に肩甲骨）の組織分化というものをまさに脳との深い連動関係において行っていたのです。こうした他の野球選手があまり顧みることのない日本の相撲における伝統的なトレーニング法などに精細な工夫を加えることによって、見事に股関節の中心を捉え、周りのすべての組織を、その股関節の中心との関係で使いこなすこと、すなわちこの本で世界で初めて公開した「関節脳」、その中でもとくに「股関節脳」と命名した脳機能というものを、丁寧に開発、育成してきたのです。そのことがあのメジャーリーガーの中で本当に少年のように小さく細い身体にもかかわらず、メジャーリーグシーズン最多安打数の記録を破ることにはじまる多くの記録やパフォーマンスを可能にし、例を挙げれば、日米通算の安打数ならびに最多出場の世界記録であったり、レーザービームと形容されるほどの見事な送球であったり、その他の内野安打や盗塁の記録であったりと、走攻守において八面六臂の活躍につながったわけです。

股関節は、本書で六大重要性を語ったように、人間において身体の中で最も重要な関節であるとともに、三大鈍感性を語ったように最も鈍い関節でもあります。最も重要かつ最も鈍いということを考えれば、その開発の可能性は身体の中でも最大だということが、誰にもわかるはずです。ハッキリ言ってしまえば、いまのスポーツ界の平均的なトレーニングレベルからすれば無限とも言えるほどの、開発可能性が潜んでいる部分だということです。

ぜひぜひ本書を選手、コーチ、トレーナー、医師、スポーツドクター、さらにはジュニア選手の親御さん、そして人間の身体運動に関わる研究者や方法の開発者の方々に、とことん楽しく深く想像力を巡らし、実際に身体を使いながら読み込んでいただきたいと思います。このことによって、人間の脳と身体がいかに優れたものであり、それらを優れて開発できる可能性のあるスポーツという文化がいかに優れたものであるかということを、読者全員の共感をもって理解していただけたら、最高に素晴らしいことだと思っています。

スポーツを志すすべてのアスリートとその支援をされる方々に、この言葉とともに、本書を捧げたいと思います。

スポーツとトレーニングを愛する、あなたの成功を祈ります。

高岡英夫

股関節周りのポピュラーなストレッチ

本書で紹介した方法に加え、下記のような股関節周りのポピュラーなストレッチも合わせて取り組まれることをおすすめします。

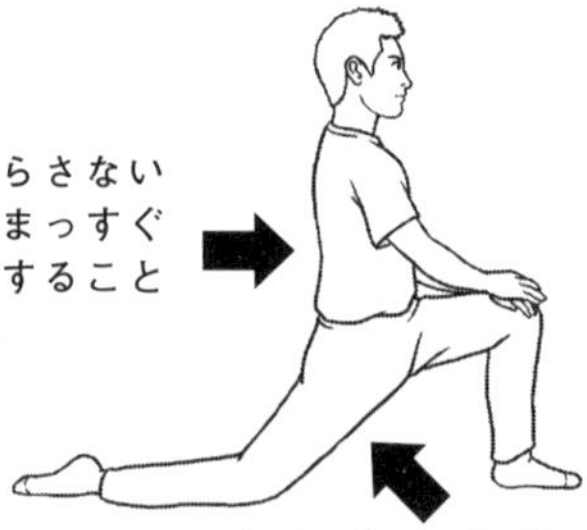
腰を反らさないようにまっすぐキープすることが大切。
無理に伸ばし過ぎないように。

股関節前面筋群のストレッチ

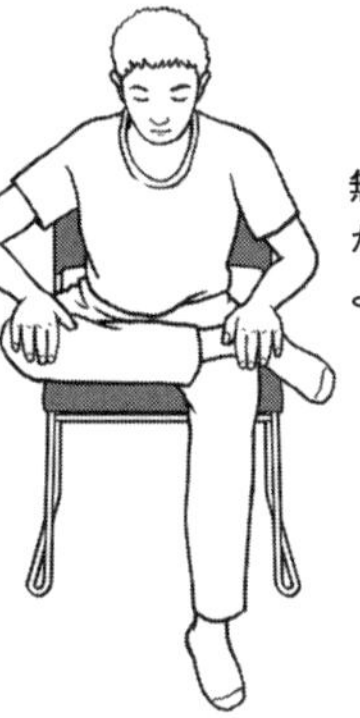
無理に体重をかけ過ぎないように。

大臀筋等のストレッチ

両腕の力で無理に引きつけ過ぎないように。
体軸回りに無理に捻りすぎないように。

外転筋群のストレッチ

著者略歴

高岡英夫（たかおか・ひでお）

運動科学者、高度能力学者、「ゆる」開発者。運動科学総合研究所所長、NPO 法人日本ゆる協会理事長。

東京大学卒業後、同大学院教育学研究科を修了。東大大学院時代に西洋科学と東洋哲学を統合した「運動科学」を創始し、人間の高度能力と身体意識の研究にたずさわる。オリンピック選手、企業経営者、芸術家などを指導しながら、年齢・性別を問わず幅広い人々の身体・脳機能を高める「ゆる体操」をはじめ「身体意識開発法」「総合呼吸法」「ゆるケアサイズ」など、多くの「YURU PRACTICE（ゆるプラクティス）」を開発。運動総研主催の各種講座・教室で広く公開、一流スポーツ選手から主婦、高齢者や運動嫌いの人まで、多くの人々に支持されている。地方公共団体の健康増進計画などにおける運動療法責任者もつとめる。東日本大震災後は復興支援のため、ゆる体操プロジェクトを指揮し、自らも被災地で指導に取り組む。

著書は、『肩甲骨が立てば、パフォーマンスは上がる！』（カンゼン）、『究極の身体』（講談社）、『日本人が世界一になるためのサッカーゆるトレーニング55』（KADOKAWA）、『脳と体の疲れを取って健康になる　決定版 ゆる体操』（PHP 研究所）など、100冊を超える。

ライティング協力　藤田竜太
構成　三谷 悠
カバー・本文デザイン　二ノ宮 匡（ニクスインク）
カバーイラスト　中山けーしょー
本文イラスト　中山けーしょー、株式会社 BACKBONEWORKS
DTP オペレーション　株式会社ライブ
編集　滝川 昂　小室 聡（株式会社カンゼン）
編集協力　佐藤英美
取材・企画協力　運動科学総合研究所
イラストモデル　大久保貴弘

キレッキレ股関節で
パフォーマンスは上がる！

発行日　2019年6月 3 日　初版
2022年6月23日　第4刷　発行

著者　高岡英夫
発行人　坪井義哉
発行所　株式会社カンゼン
〒101-0021 東京都千代田区外神田2-7-1 開花ビル
TEL 03（5295）7723
FAX 03（5295）7725
https://www.kanzen.jp/
郵便為替　00150-7-130339

印刷・製本 株式会社シナノ

ISBN 978-4-86255-496-3
Printed in Japan
定価はカバーに表示してあります。